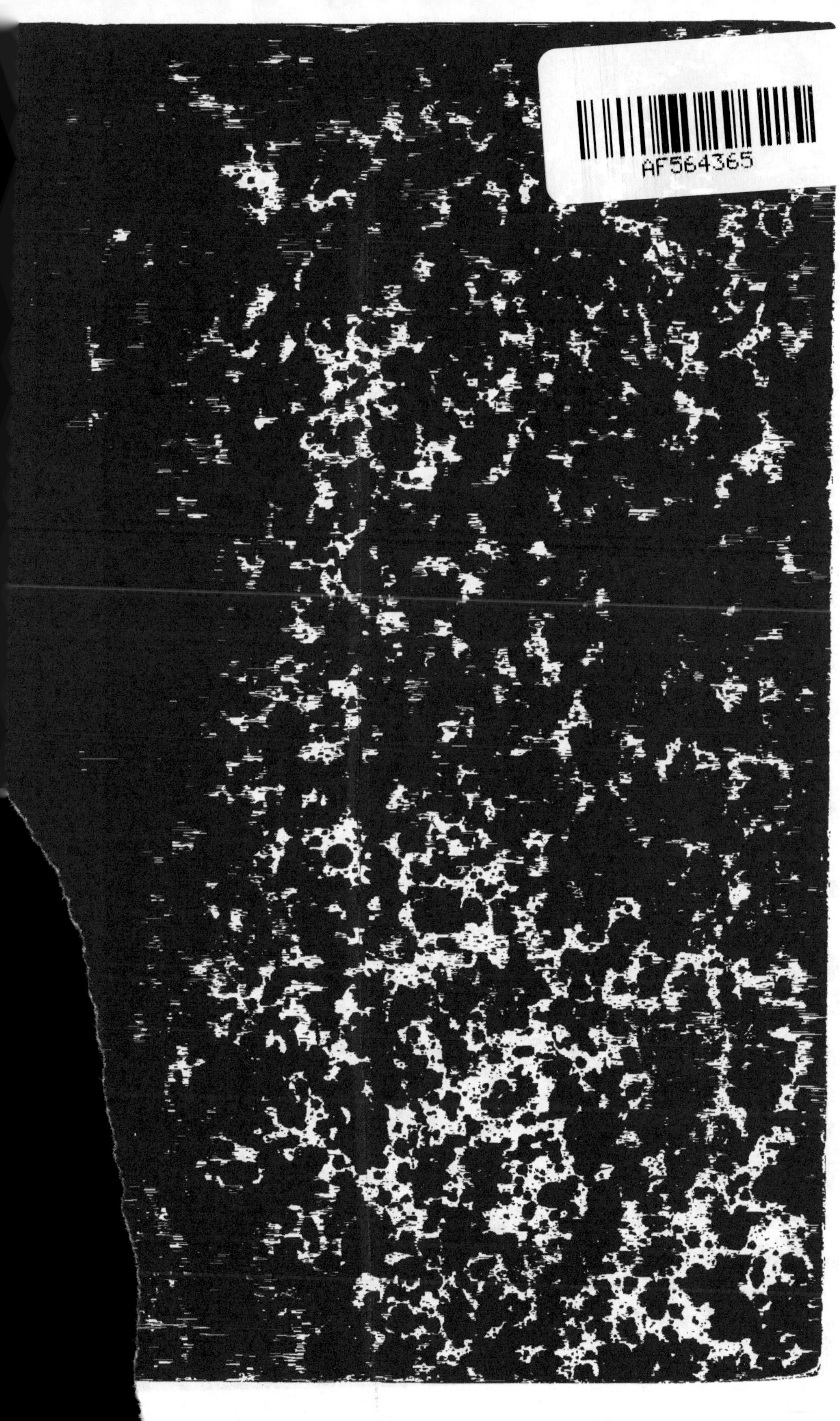

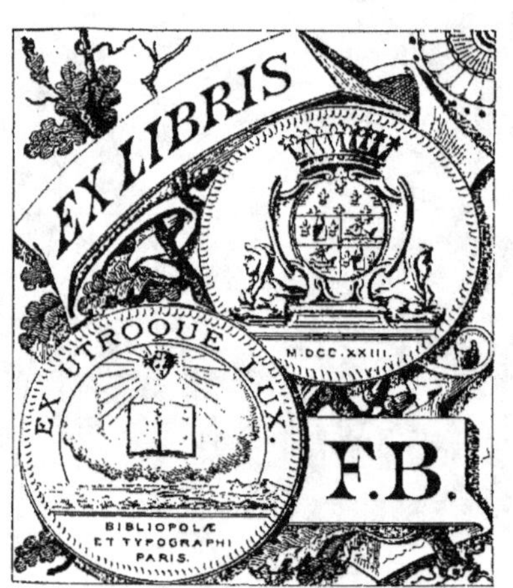
EX LIBRIS
M.DCC.XXIII.
EX UTROQUE LUX.
BIBLIOPOLÆ
ET TYPOGRAPHI
PARIS.
F.B.

MYSTÈRES

DES

VIEUX CHATEAUX DE FRANCE.

PARIS. — IMPRIMERIE D'ALEXANDRE BAILLY,
10, RUE DU FAUBOURG-MONTMARTRE.

MYSTÈRES

DES

VIEUX CHATEAUX DE FRANCE

OU

AMOURS SECRÈTES

DES ROIS ET DES REINES,

DES PRINCES ET PRINCESSES, AINSI QUE DES GRANDS PERSONNAGES DU TEMPS

AVENTURES MYSTÉRIEUSES, SCÈNES DRAMATIQUES,

FAITS MERVEILLEUX, APPARITIONS, REVENANTS, FANTÔMES, ETC.

PAR UNE SOCIÉTÉ D'ARCHIVISTES

SOUS LA DIRECTION DE

A. B. LE FRANÇOIS.

TOME TROISIÈME.

PARIS.
EUGÈNE ET VICTOR PENAUD FRÈRES, ÉDITEURS
10, RUE DU FAUBOURG-MONTMARTRE.

E. Devéria del.

MLLE DE LA VALLIÈRE

elle n'aima Louis XIV que pour lui-même

MYSTÈRES

DES

VIEUX CHATEAUX DE FRANCE.

CHATEAU-L'ÉVÊQUE

. . . . Fuis, spectre épouvantable !
Porte au fond des tombeaux ton aspect redoutable!...

Hamlet.

Si le démon peut faire des miracles, et changer l'ordre de la nature, il faut que Dieu opère lui-même, et qu'il lui prête, pour ainsi dire, sa toute-puissance.

SAINT-EVREMOND.

RUINES DU CHATEAU L'ÉVÊQUE.

(Mystères des Vieux Châteaux de France.)

CHATEAU-L'ÉVEQUE.

Un écrivain, déjà cité dans cet ouvrage, a publié la chronique d'un manoir situé autrefois en Normandie, et qui aurait porté, à cause de son dernier possesseur, le nom de *Château-l'Évêque*. Voici, en substance, la légende que l'auteur dont nous parlons s'est amusé à broder, pour dramatiser son histoire :

Au commencement du quinzième siècle, pendant que les Anglais saccageaient la Normandie, il y avait dans une charmante vallée, sur les bords de l'Aure, à trois lieues de Bayeux, un château habité par un évêque dissolu et libertin.

Non-seulement le châtelain impitoyable refusait asile et protection à ses vassaux, qui étaient à chaque instant tués ou pillés par l'ennemi ; mais il ne voulait pas même encourager, par sa présence, les habitants de la ville de Bayeux, qu'assiégeait le duc de Bedfort, et qui se défendaient bravement, malgré les privations et la famine.

Cependant, au péril de sa vie, un homme déterminé, un bourgeois nommé Guy Tête de Fer, pénètre jusqu'à l'évêque ; il lui représente la position critique de ses concitoyens, et le prie de venir relever leur courage par sa bénédiction épiscopale. L'évêque, étonné de tant d'audace, congédie le bourgeois et lui promet, avec une feinte bonté, de se rendre en personne dans les murs de Bayeux. Mais à peine ce malheureux s'est-il éloigné, que le prêtre parjure envoie à sa poursuite un arbalétrier ayant mission de l'assassiner !...

Un soir que l'orage grondait et que la pluie tombait par torrents, deux religieuses font demander l'hospitalité au châtelain mitré. Il n'ose refuser. Les nonnes sont introduites ; elles sont voilées. L'évêque désire voir leurs visages ; mais les saintes filles résistent : elles ont fait vœu de ne lever leurs voiles que lorsqu'elles seront parvenues à découvrir le meurtrier, l'une de son frère, l'autre de son fiancé, de Guy Tête de Fer !... A ce nom, l'évêque pâlit et se trouble... le remords commence à entrer dans le cœur du sacrilége.

En ce moment, une fumée épaisse s'élève de toutes parts : les Anglais ont incendié le château. L'évêque veut fuir en gagnant un escalier dérobé dans l'angle d'une tourelle ; mais les nonnes sont là, l'y retiennent et brûlent avec lui, sans qu'il soit possible de leur porter secours...

A la suite de cet événement, il n'est resté du manoir épiscopal que des ruines, qui ont disparu, ensevelies sous le lit de la rivière d'Aure, et qui n'apparaissent que dans les basses eaux.

Un vieillard, devant qui nous faisions le récit qui précède, a bien voulu nous promettre l'historique d'un *Château-l'Évêque,* le même sans doute dont il s'agit ici. Le feu du ciel n'aurait laissé debout, de ce manoir, que les ruines calcinées d'une tourelle. C'est à peine si la tradition s'en est conservée dans le pays, à travers les événements de la grande révolution, les guerres de l'empire, les tendances rétrogrades de la restauration et la fièvre actuelle des intérêts matériels. Notre vénérable interlocuteur ayant consenti, de la meilleure grâce du monde, à satisfaire notre curiosité, nous avons recueilli, de sa bouche, les souvenirs dont se compose l'histoire qu'on va lire.

Dans une riante vallée, au bord de la rivière, en face d'un village dont l'église aux clochers élancés offre encore un coup d'œil vraiment pittoresque, s'élevait, au dix-septième siècle, un manoir féodal entouré de fossés toujours pleins, avec son pont-levis, ses tourelles et ses remparts crénelés. Le seigneur du castel ne sortait que la nuit, vivait retiré avec sa femme et quelques domestiques, et ne fréquentait point la noblesse des environs. On disait tout bas qu'il avait commerce avec un homme de feu. Pour ces diverses causes, les paysans l'avaient surnommé *le Hibou,* et ils ne le désignaient jamais autrement.

Un matin de l'année 1685, le village entendit sonner en fête la cloche de la chapelle du château. Était-ce en réjouissance de la révocation de l'édit de Nantes, dont la nouvelle circulait déjà?... Le Hibou, quoique bon catholique, n'aimait pas les grandes démonstrations. Que se passait-il donc au logis seigneurial? L'homme de feu avait paru, et madame la comtesse venait de mettre au monde un fils, que le chapelain allait baptiser. En mémoire d'un sien aïeul mort en terre sainte, le nouveau-né reçut le prénom de Godefroy, et fut destiné à entrer dans les ordres. On ne prévoyait même pas alors que sa vocation dût être consultée.

Godefroy grandit sous l'aile maternelle, et se prépara au sacerdoce dès qu'il commença à savoir lire. Le chapelain l'instruisait de son mieux, et le Hibou ne cessait de lui vanter les avantages qu'il trouverait dans l'Église, bien qu'il aurait pu vivre heureux et tranquille dans ses terres, qui rapportaient un honnête revenu et dont il était, en sa qualité de fils unique, le seul héritier.

Tant que Godefroy resta au château, il se laissa diriger au gré de ses parents. L'âge étant venu, on le plaça au grand séminaire. Là il se soumit encore à toutes les pratiques religieuses, étudia avec le même zèle et la même docilité que ses condisciples, et se concilia l'estime et l'affection de son supérieur. Celui-ci ayant été nommé évêque *in partibus*, amena avec lui à Paris le jeune Godefroy, lui fit prendre les ordres, le nomma ensuite son grand vicaire, et le produisit dans le monde et à la cour. C'était en 1715. Le Parlement venait de casser le testament de Louis XIV, le régent préludait au gouvernement de la France, c'est-à-dire au relâchement des mœurs. Godefroy avait alors trente ans, une santé florissante, une imagination inflammable, un esprit fin et délié, et l'extérieur plein de distinction et de grâce. Il n'en fallait pas plus pour réussir avec les femmes à la mode.

Bientôt le fils du Hibou fut renommé pour ses bonnes fortunes, et se trouva lancé dans le tourbillon d'un monde galant et corrompu. Une femme de la cour, qui le trouvait aimable et le recevait dans son boudoir, sollicita et obtint pour lui un bénéfice important, avec un siége épiscopal, sans obligation de résidence. Dès lors les déréglements de l'évêque Godefroy ne connurent point de bornes. Il se trouva mêlé à toutes les intrigues amoureuses, à toutes les disputes théologiques, alors très-acharnées et où son scepticisme le faisait briller : tantôt prenant parti contre la bulle *Unigenitus,* avec le cardinal de Noailles et le Parlement ; tantôt pour, avec les adversaires de ce prélat, ligués au cardinal Dubois. Cette mobilité d'opinions valait à Godefroy des amitiés ou des antipathies dans l'un et l'autre camp. Un homme de feu, disait-on, lui soufflait ses idées diaboliques.

Jusque-là les choses avaient marché sans encombre pour notre évêque ; mais, un jour, il s'avisa de s'enamourer d'une jeune fille de bonne maison, et eut le tort de la séduire. Il se faisait passer pour un gentilhomme de province, riche de son patrimoine et maître absolu de sa personne : en effet, le comte son père et la comtesse sa mère étaient morts depuis quelques années. Godefroy, qui se faisait appeler le comte d'Oisyville, du nom d'un de ses fiefs, et qui portait à merveille la cape et l'épée, était le bienvenu chez les parents de sa belle maîtresse. Il aurait ménagé longtemps encore cette liaison, s'il n'eût craint l'esclandre que pouvait, d'un jour à l'autre, faire éclater la jalousie d'une marquise, sa première passion. La conséquence inévitable était un duel avec les frères de la jeune fille trompée, braves officiers, et une séparation éternelle... Ces considérations l'amenèrent à proposer à sa maîtresse, la tendre Marguerite, un enlèvement et la vie solitaire et heureuse, à l'abri de tous les regards, dans son manoir natal. La jeune fille, n'écoutant que son cœur, accepta, et ils disparurent l'un et l'autre, sans que personne, à la cour ni à la ville, soupçonnât le lieu de leur retraite.

Dans les premiers mois, le tête-à-tête charma l'amoureux Godefroy, tant sa compagne avait de séduisantes qualités ; mais bientôt la satiété lui fit regretter la vie de dissipations, de disputes et d'orgies qu'il avait menée à Paris. A l'exemple de son père, il ne laissait pénétrer personne dans le manoir, ni nobles, ni paysans. Il s'ennuyait de plus en plus, et chacun disait, en passant : « Voilà le *Château de l'Évêque!* » et l'on ne s'arrêtait point à le considérer. Soit respect ou terreur, chacun s'en éloignait au plus vite.

C'est alors que Godefroy pensa à mander auprès de lui ses compagnons ordinaires de débauche. Peu de temps après, le castel, jusque-là si paisible, était habité par une bande joyeuse d'hommes et de jeunes femmes, qui passaient leurs journées à la chasse ou à table, et leurs nuits en bacchanales, qui scandalisaient au dernier point le vieux chapelain de la famille, l'ancien et fidèle commensal du manoir. Plusieurs fois, il hasarda d'humbles remontrances ; mais son disciple lui répondait sur un ton de soudard en goguettes, qui ne souffrait aucune réplique. En désespoir de cause, le saint homme prit le parti de la résignation et de la prière.

Un soir, les hôtes du château, ayant plus que de coutume la tête échauffée par le vin, discutaient bruyamment tous ensemble. C'était véritablement la tour de Babel... Godefroy, d'un geste d'autorité et d'un ton solennel, imposa silence à l'assemblée.

« Si nous parlions du diable ? » leur dit-il.

Le chapelain se signa, et la compagne de Godefroy, la triste Marguerite, qui était dans un état de grossesse fort avancé, poussa un profond soupir...

« Parlons du diable ! se mirent à hurler les convives.

— Eh bien donc, ajouta Godefroy, parlons du diable.

— Les enfants et les vieilles femmes, remarqua un petit abbé, l'un des interlocuteurs, se sont dit tant de choses effrayantes de Satan, ils en ont fait un portrait tellement monstrueux, qu'il serait capable d'en être effrayé lui-même, s'il se rencontrait dans l'obscurité, sous la forme que lui prête l'imagination de l'homme...

— Tiens ! est-ce que tu vas, l'abbé, nous faire l'apologie de la sainteté de Lucifer ? interrompit avec un hoquet un mousquetaire à moitié endormi.

— Pourquoi non, mon brave ! lui répond le tonsuré. Il est certain que Satan ne manque pas de religion ; et, à cet égard, il est moins inutile qu'on semblerait le penser ; car si, par considération pour les susceptibilités de nos frères, je ne le place pas au nombre des ecclésiastiques, je ne saurais nier, cependant, qu'il prêche souvent avec le dessein de servir les intérêts de ses auditeurs.

— Aberration ! murmure le chapelain.

— Eh bien, quoi ? exclame Godefroy d'une voix tonnante. Est-ce qu'on n'a pas dit que le diable a reçu les ordres, et qu'un certain pape, fameux par l'amitié extraordinaire qu'il lui portait, a donné à Satan l'Institution et l'Induction ? mais comme on ne pourrait en fournir la preuve par des documents authentiques, je n'affirme pas le fait, et d'ailleurs je serais désolé de calomnier le diable...

— On prétend aussi, poursuit à son tour le petit abbé, et je suis assez d'humeur à le croire, on prétend que Satan a eu une liaison fort étroite avec le saint-père, le pape Sylvestre II. Il y a même des gens qui l'accusent d'avoir fait le personnage du pape Hildebrand dans une occasion extraordinaire, et d'avoir été assis dans la chaire apostolique, en pleine congrégation. Au reste, comme on ne trouve pas le nom du pape *Diabolus* sur la liste des souverains pontifes, je laisse la chose comme elle est.

— De quelle religion est-il? reprend encore le mousquetaire.

— Qui, le diable?

— Oui.

— Le diable est un croyant, plus que vous et moi, poursuit l'abbé; il craint Dieu, ainsi que le prouve l'histoire sacrée. Il a pris une grande part à la propagation de la foi, et surtout il a contribué à diviser et subdiviser les opinions en matière de religion. N'est-ce pas lui aussi qui a suscité aux puissances et aux princes chrétiens de l'Europe, l'envie de conquérir la terre sainte; et, après les y avoir entraînés, s'est malicieusement rangé du côté des Sarrasins, qui ont vu tomber treize ou quatorze cent mille chrétiens?... N'est-ce pas lui encore qui a poussé au massacre des Vaudois, des Albigeois et des victimes de la Saint-Barthélemy?... Parlerai-je de l'influence du diable sur la politique du genre humain?...

— Non! dit le mousquetaire. Je voudrais savoir de Satan si le siége de Troie et l'enlèvement de la belle Hélène est une fable de l'invention d'Homère, ou si c'est une véritable histoire.

— Va le lui demander! s'écrie un maître des requêtes, qui n'avait encore rien dit.

— Tu tâcheras de savoir, en même temps, si le mot *diable* est un nom singulier ou un nom collectif, ajoute un jeune marquis un peu débraillé.

— L'Écriture, dit Godefroy, le nomme *grand dragon rouge*, le *diable*, ou *Satan*. Cependant, selon la même autorité, *le diable interrogé, répond :* « J'ai nom *Légion, car nous sommes plusieurs.* »

— Buvons! s'écrie le mousquetaire.

— Buvons! » répondent les convives.

Et le vieux prêtre continue sa prière, et la jeune femme soupire tout bas, et l'orgie est à son comble.

« Dieu me damne ! reprend en ricanant le mousquetaire, si le seigneur châtelain, ici présent, ne va au diable !

— Dieu te damne donc ! Mais je m'étonne où toi-même tu as envie d'aller ?

— Au diable aussi, sans doute ! s'écrie le mousquetaire ; car je ne vaux pas mieux que toi, monseigneur l'évêque !...

— Tu n'es qu'un sot et un faquin, riposte Godefroy hors de lui ; et, s'il y a un enfer, c'est la place qui convient aux fous de ton espèce... »

A ces mots, les deux interlocuteurs, égarés par l'ivresse, se ruent l'un sur l'autre ; les tables sont renversées, les assiettes volent en éclats, les bougies s'éteignent, et dans l'obscurité se forme et s'agite un horrible pêle-mêle, d'où s'échappent des jurements, des blasphèmes, le cri des femmes effrayées...

En ce moment, le tocsin sonne au beffroi, un éclair illumine cette scène de désordre ; le vieux chapelain est en prière, la malheureuse compagne de Godefroy est évanouie... Le tonnerre gronde !... A un second éclair, l'orgie a disparu ; Godefroy est seul, les vêtements souillés, l'œil hagard ; il paraît lutter avec un être surnaturel, avec son mauvais génie,... Satan, peut-être...

Le lendemain, il ne restait plus du château épiscopal que les murailles dénudées ; la toiture était totalement enlevée, et l'évêque avait disparu, ainsi que ses compagnons de débauche.

Seulement, un vieux prêtre était agenouillé près d'un enfant nouveau-né... Cet enfant, présenté à l'église par le saint homme, a été baptisé sous les nom et titre de Robert, comte d'Oizyville...

Le chapelain, dont la raison avait subi une rude secousse, ne survécut pas longtemps à la catastrophe du château. Quand on lui demandait des explications, il répondait : « Au plus fort de l'orgie, j'ai vu apparaître, dans les ténèbres, un être surnaturel dont le corps, semblable à un brasier incandescent, incendiait tout ce qui l'approchait. Déjà, en 1648, un an avant la naissance du seigneur Godefroy, j'avais remarqué la présence au château de ce même homme de feu. Je m'en suis délivré par exorcisme. En même temps, un guerrier qui tenait un glaive à la main, et que j'ai reconnu pour être l'archange Michel, a pris dans ses bras la malheureuse Marguerite, qui venait d'être mère, et l'a emportée en me laissant son enfant, que j'ai lavé du péché originel. »

Les gens les mieux informés prétendaient que Godefroy s'était battu en duel, dans le jardin du château, avec un chevau-léger, frère de Marguerite de Vaudray, et que celui-ci, après avoir tué et enterré l'évêque sacrilége, avait emporté sa sœur mourante pour l'enfermer dans un cloître. Quant à la société joyeuse, elle avait pris le chemin de Paris et ne s'était jamais vantée de cette lugubre aventure.

Le manoir foudroyé resta longtemps à l'abandon ; mais un riche seigneur, ancien mousquetaire, le duc de Clarinville, étant venu un jour se promener dans l'endroit, fit restaurer le château, afin de le remettre, plus tard, disait-il, au légitime propriétaire. Cependant, vingt ans après l'incendie, personne encore n'avait osé l'habiter ; on prétendait que l'évêque apparaissait quelquefois la nuit, sur le donjon, avec l'homme de feu...

A cette époque, c'est-à-dire en 1744, le jeune comte Robert d'Oizyville, qui avait été élevé à Paris, accomplissait sa vingt et unième année. Il venait de prendre du service dans l'armée du roi, et avait suivi en Alsace le maréchal de Noailles.

Dans cette campagne, le comte Robert fit rencontre de la comtesse Frédérique, connue dans le monde galant par ses charmes et par ses faiblesses. Il l'épousa en 1750, au Château-l'Évêque, et en eut deux filles. La première ne vécut que trois ans, la seconde, Fernande, hérita de la beauté de sa mère, et malheureusement aussi du désir immodéré de plaire.

Des troubles domestiques, inséparables des affaires de cœur, aboutirent à un divorce, que les lois souvent importunées finirent par légitimer. Le comte d'Oizyville, las d'un long célibat, rentra sous le joug de l'hymen en 1772, et le porta avec une dame de Reigen, marquise hongroise, dont le cœur était encore fort exercé. Comme il n'avait pas pris la moindre information sur le passé, il ne vit rien de ce qui arrivait sous ses yeux et s'inquiéta encore moins de l'avenir.

Il y a des hommes qui sont dans l'heureuse impuissance de voir, de comprendre, de soupçonner. Le comte d'Oizyville aimait sa femme, lisait la gazette, montait à cheval, mangeait son bien, allait à la comédie, gâtait ses enfants, et goûtait cette espèce de bonheur qui est l'absence de toute espèce de contrariété.

M. de Saint-Firmin, officier aux gardes-françaises, était son ami, l'amant de sa femme et le mentor de sa fille, âgée alors de dix-huit ans. Elle annonçait un de ces caractères précoces, enclins aux étourderies, et qui prennent des conseils qu'on leur donne, uniquement ce qui leur est nécessaire pour dérober les routes qui les mènent à leur but. Figure piquante, taille avantageuse, grâce de maintien, esprit enjoué, une prudence qui ressemblait à de la finesse, et un fonds d'habileté qui aurait sûrement alarmé une belle-mère moins indifférente, et un père plus clairvoyant.

Le comte d'Oizyville était si peu soupçonneux, qu'on en était venu insensiblement à négliger ces précautions d'usage, qui répandent du moins une obligeante obscurité sur ces sortes de liaisons. Un soir, il rentre chez lui plus tard qu'à l'ordinaire; il ne trouve ni lumière, ni valets. En cherchant à tâtons l'escalier, il aperçoit une lueur par la fente d'une des fenêtres de l'appartement de sa fille. Il parvient à sa garde-robe, où une femme de chambre, qui semblait fatiguée, dormait en désordre, à côté d'un laquais. Un reste de bougie, à chaque instant près de s'éteindre, donnait encore de funestes moments de clarté. Il entre doucement chez sa fille, pareillement endormie dans les bras amoureux d'un jeune officier, M. d'Anglaur.

Personne ne se réveille. Un éclat était dangereux, le comte se retire sur la pointe du pied, et va pour se coucher avec sa femme. Il trouve la porte fermée. Mais il avait une double clef d'un cabinet de toilette; il l'ouvre, et reconnaît les habits, l'épée, le chapeau de M. de Saint-Firmin, qui occupait tranquillement sa place auprès de la comtesse.

Il commence à se douter que sa maison n'était pas aussi bien gardée qu'il l'avait cru. Les partis à prendre ne se présentaient pas tout de suite à son esprit. Il se retire, et, plus embarrassé qu'affligé, médite sur ce qui lui reste à faire. Après un bon quart d'heure de réflexion, il destine un château solitaire à sa femme, un couvent à sa fille, une scène à son ami, une volée de coups de canne à son laquais; se couche et s'endort philosophiquement jusqu'au lendemain.

A neuf heures du matin, sa femme entre chez lui comme à l'ordinaire, l'embrasse tendrement, lui trouve un *moins bon visage*, lui adresse avec douceur quelques légers *reproches*, et finit par lui assurer qu'elle *l'a attendu fort tard;* sans faire attention ni à son silence, ni à l'air composé de son visage, elle entre en conversation :

« Avant que votre fille descende, mon ami, je veux vous faire part de quelques idées qui me sont venues *cette nuit* sur son établissement. Elle est formée, *très-neuve,* ne pensant à rien. Ne seriez-vous pas d'avis de la marier? Je crois que Saint-Firmin la prendrait. Je l'ai *éprouvé,* il nous est attaché, et a tout ce qu'il faut pour faire un excellent mari.

— M. de Saint-Firmin, madame! réplique M. d'Oizyville stupéfait.

— Oui, Saint-Firmin; qu'y a-t-il donc là de si surprenant?

— Soit; mais convient-il aussi à votre fille? J'avais *quelque raison* de croire que M. d'Anglaur ne lui est pas indifférent.

— Qui a pu vous donner pareille idée? Elle ne lui a pas parlé deux fois. »

Sur ces entrefaites, arrive mademoiselle Fernande d'Oizyville. Elle embrasse son père, feint un mal de tête, croit qu'elle est malade, et assure qu'elle l'a été toute la nuit.

« Ma fille, lui dit sa mère, nous pensons à vous établir. Votre cœur a-t-il prévenu nos arrangements? ou vous reposez vous sur notre sollicitude du soin de votre bonheur? »

Fernande rougit, et répliqua avec un modeste embarras :

« Mon cœur est libre et chérit sa liberté. Le plus grand bien que je connaisse, c'est d'en conserver l'usage. J'ai pour le mariage ou pour les hommes une répugnance d'autant plus extraordinaire, que l'exemple journalier de votre bonheur semble me promettre une partie de votre félicité.

— Un vrai enfantillage, continue la mère; M. de Saint-Firmin, qui me paraît propre à vous rendre également heureuse et aimable, vous montrera les objets sous un autre jour.

— Mes chers et respectables parents, ajoute Fernande, commandez à mes désirs. Mon bien suprême est de vous plaire. D'ailleurs, mon cœur ne se fait nulle violence en acceptant vos arrangements. »

M. d'Oizyville ne savait plus s'il rêvait; lesquels il en devait croire de ses yeux ou de ses oreilles. Il abrégea le déjeuner pour réfléchir tout à son aise sur ce qu'il venait d'entendre.

Un instant après, il revint chez sa femme, et lui tint, avec un sang-froid imperturbable, le discours suivant : « Madame, vous voudrez bien faire vos malles, et partir dans quelques heures pour le château d'Aigrefeuille, où vous ne connaîtrez ni le besoin ni le superflu. Ce que j'ai vu cette nuit est le prétexte, votre horrible proposition en est le vrai motif. Fernande marche dignement sur vos traces. La fermeté avec laquelle elle m'a répondu m'a tout autant révolté que votre incroyable projet. Si vous préférez un éclat, soit. Nous joindrons notre aventure à celles de ce genre qui, tous les ans, amusent les oisifs et les plaisants de cette capitale. »

Madame d'Oizyville n'avait pas eu le temps de se préparer à une effronterie. Il fallut céder. Elle proposa cependant de retourner en Hongrie, avec une pension modique, plutôt que de s'exposer aux vengeances que lui conseillerait sans cesse l'ennui d'une solitude forcée. Il accepte. Tout s'exécute sans bruit. La marquise part pour Pesth, Fernande pour une petite ville du Dauphiné; M. de Saint-Firmin voyage; M. d'Oizyville fait casser son mariage, et tâche, pendant l'ennui des procédures, d'oublier dans les bras complaisants de la volupté les dégoûts de l'hymen.

Fernande, précipitée dans un cloître, connaissait pour la première fois l'amertume des larmes que fait couler le repentir. Pleine d'idées romanesques, elle s'attendait à quelque entreprise chevaleresque de la part de M. d'Anglaur : en méditant les moyens de briser ses fers, elle arrangeait l'usage de sa liberté, prenant pour modèle Ninon de l'Enclos. Dans cet âge de l'étourderie, le besoin de se confier est presque aussi pressant que celui d'aimer. Il y avait dans cette maison de regrets, une dame qui, par son ton et l'aisance de ses manières, annonçait une grande naissance, ou, ce qui revient au même, l'usage de la cour et du grand monde.

L'espèce de recommandation dont on accompagne l'entrée d'une jeune demoiselle dans un couvent pique la curiosité des religieuses, ordinairement peu discrètes. On se doutait que Fernande y venait expier quelque imprudence, et l'on désirait en savoir les détails. La dame que nous avons citée, et qui s'appelait la vicomtesse de Brémoy, partageait cette curiosité. De légères prévenances hâtèrent l'épanchement, et voici comment Fernande présenta la cause de ses malheurs :

« Je suis née d'un père qui n'aurait jamais dû se marier, parce qu'il n'entend rien à la façon de vivre en ménage et à l'éducation des filles. Au lieu de prévenir les fautes, il ne sait que les punir. Livrée à moi-même dès mon enfance, j'ai passé mes jours à lire des ouvrages qui me promettaient le bonheur, à désirer des objets agréables, à chanter des airs tendres, et à mêler les accompagnements de ma harpe aux paroles que l'on m'assurait avoir été inspirées par moi. Maîtresse de mes volontés, de mes liaisons, je voyais tous les jours des jeunes gens. L'un tombait gravement amoureux, cela m'amusait; l'autre résistait à mes agaceries, cela me piquait; celui-ci m'offrait l'hommage de ses talents, celui-là faisait briller les miens. Je tenais à tous par quelque chose, à aucun par un vrai sentiment.

« L'état de mon cœur changea lorsque j'eus vu l'auteur aimable de ma disgrâce. J'aime autant vous le nommer : c'est M. d'Anglaur, fils d'une dame distinguée dont madame Riccoboni a écrit l'histoire. J'ai ouï dire à beaucoup de femmes que la figure n'avait sur elles aucun empire. J'ai le malheur de ne pas leur ressembler. J'avoue que celle de M. d'Anglaur me fit une impression profonde. Ses manières, le son de sa voix, la douceur de son caractère, rien ne m'échappa.

« Mon secret, renfermé dans mon cœur, ne transpirait point. J'épiais seulement les mouvements de M. d'Anglaur, et je bornais, du moins je le croyais, tous mes désirs à ne lui être pas indifférente. Nos entretiens roulaient, trop souvent peut-être, sur l'amour. Il m'assurait que ce sentiment lui serait interdit à jamais, parce qu'il avait tous les défauts qui feraient le malheur d'une femme : une sensibilité déraisonnable, une jalousie inaccessible aux démonstrations mêmes, un désir de plaire si minutieux, qu'il entraînait mille ridicules dès qu'il n'était pas partagé.

« Avec quelle joie secrète j'écoutais le détail de ces charmants défauts. N'osant le combattre, je glissais dans toutes les occasions quelques mots sur la tendre indulgence d'une femme sensible. Je ne vous ennuierai pas de la peinture de nos feux naissants. Tout ce que je puis vous dire, c'est qu'en parlant sans cesse de ses défauts, il me fit adorer ses qualités, et qu'à force de m'exhorter à la sagesse, il me la fit oublier. Jamais sacrifice ne fut accompli avec si peu de scrupule. Il me semblait, tant ma passion était ardente, que je ne pouvais faire un plus digne usage de mes faibles charmes que de les consacrer au mortel qui les embellissait; je mettais enfin dans notre liaison une franchise, j'ai pensé dire une imprudence, qui était l'effet d'une forte passion.

« Ma belle-mère, très-occupée de son amour, et mon père qui ne l'était de rien, ne s'aperçurent jamais de cette intrigue. L'habitude finit par donner trop de sécurité. Je ne sais quelle fatalité conduisit un soir mon père dans ma chambre ; il y trouva mon amant qui dormait sur mon sein ; et moi, plongée dans un doux sommeil, je remerciais en songe le Dieu qui donne de si délicieux instants.

« Mon père fit cette même nuit une autre découverte, plus funeste encore à son repos ; et, dans l'accès de ce double chagrin, il s'est défait en un instant d'une femme perfide et d'une fille imprudente. Tels sont mes torts... »

Madame de Brémoy, qui l'avait écoutée avec attention, fut moins surprise de l'événement que de la manière dont il était raconté. Elle trouva dans ce caractère je ne sais quoi de marqué, qui lui plut et l'alarma pour l'avenir.

« Je crains, lui dit-elle, ma chère enfant, que le premier de vos chagrins ne soit pas le plus vif. Céder à un homme aimable est peut-être moins mal que d'excuser si facilement sa faiblesse. Il y a beaucoup d'êtres intéressants dans le monde ; et si l'extrême sincérité avec laquelle on les aime, légitimait certaines démarches, il y a peu de femmes qui auraient des reproches à se faire. Les détails dans lesquels vous venez d'entrer prouvent que la nature a plus fait pour vous que l'éducation. Si la confiance que vous prendrez en moi égale l'intérêt que vous m'inspirez, peut-être cette retraite ne vous sera-t-elle pas inutile. » On verra, dans la suite, combien cette rencontre eut d'influence sur l'existence de Fernande.

Cependant M. d'Anglaur n'avait point encore passé sous les fenêtres de ce couvent, ni séduit un jardinier ou risqué un incendie, événement dont elle se flattait. Sans doute, il ignorait le lieu de sa retraite, ou trouvait-il que ces expédients d'éclat sont rarement suivis de succès.

Quant au comte d'Oizyville, il venait de gagner son procès et de faire un petit mariage avec mademoiselle Thisbé, danseuse à l'Opéra. Avant de lui donner, non son cœur, mais son lit, elle avait pris quelques informations sur son amant futur. La manière dont il terminait ses aventures l'inquiéta. Elle se mit à l'abri des événements par une conduite exacte. Il croyait enfin avoir trouvé le bonheur, lorsqu'un accident imprévu l'éloigna pour longtemps.

Nous avons dit que la comtesse d'Oizyville était retournée en Hongrie. Elle avait raconté à deux de ses frères l'insulte que son mari lui avait faite. L'orgueil de ces deux nobles Hongrois se courrouce. Ils prennent un parti violent, montent en voiture avec leur sœur, arrivent à Paris. Ils s'informent si M. le comte d'Oizyville était remarié. On leur dit que non, mais qu'en attendant une femme selon son cœur, il avait pris une fille selon son goût, plus jolie qu'aimante, plus adroite que spirituelle, comme elles sont presque toutes.

Le second des frères médite une vengeance analogue au sujet qui les conduit à Paris. Il fait offrir de l'or à la Thisbé, et promettre cinq cents louis pour cinq minutes. Elle en avait tant accordé pour rien, qu'elle ne pensait certainement pas à en refuser d'aussi utiles.

Elle donne rendez-vous pour le lendemain. Mais, dès le soir, nos Hongrois s'étant fait instruire de sa demeure, vont chez elle à dix heures, accompagnés de deux heiduques. Les amants soupaient tête à tête, et la Thisbé avait toutes les attentions qu'on met en usage la veille d'une infidélité. M. d'Oizyville, surpris, veut crier au guet; mais on l'apaise en lui adressant cette courte allocution :

« Monsieur, vous nous avez fait, il y a quelques années, l'honneur d'entrer dans notre famille, et tout récemment le chagrin d'en sortir. Nous avons été également sensibles à ces deux procédés. Vous avez quitté votre femme et pris une maîtresse. Nous venons remettre tout dans l'ordre, en vous rendant l'une et vous débarrassant de l'autre. »

Pendant ce discours, le second frère emmène la Thisbé dans une autre chambre, sous prétexte qu'elle ne devait pas être témoin d'une affaire de famille. Il lui montre le billet par lequel elle lui donnait rendez-vous.

« C'est une lettre de change payable à vue, répond-elle ; il est juste de l'acquitter. »

M. d'Oizyville, qui ne trouvait rien de plaisant dans cette proposition, veut leur apprendre que le mariage a été cassé, et les raisons qui ont mis la justice de son côté. Le Hongrois ne veut rien entendre, exige une réparation authentique, une promesse de ne jamais contracter d'autre mariage. On dresse ces actes divers.

Pendant qu'on les passait, le second frère arrive, et, de son côté, exige cinq cents louis pour la Thisbé, et ajoute : « Ce n'est pas trop, monsieur, pour le plaisir qu'elle vient de me faire, et ce n'est rien pour tous les moments qu'elle vous destine. »

Il fallut se soumettre. Heureux s'il avait pu dérober au public cette humiliante anecdote. Les bulletins, qui s'emparent de tout, en amusèrent la province. La vicomtesse de Brémoy l'apprit par cette voie. Le cloître qu'elle habitait n'était pas une retraite volontaire ; depuis longtemps elle employait toutes sortes de moyens pour en sortir ; mais ses ennemis n'avaient nul égard aux instances de ses protecteurs. D'ailleurs, la haine est active et la protection ordinairement stérile.

Il y avait dans le voisinage un des seigneurs de France, le plus puissant, le plus magnifique, le plus aimable, le plus galant, à qui la disgrâce a rendu tous les amis qu'une faveur trop éclatante lui avait enlevés. Madame de Brémoy avait spéculé sur son désir d'obliger, et un peu sur son penchant pour les jolies femmes. Son âge ne favorisait pas son ambition ; les charmes de Fernande lui parurent une ressource plus sûre. Elle fit naître le désir d'en juger au duc de Clarinville ; l'aventure des Hongrois éclata dans ce moment. Au ridicule dont on couvrit le père, on joignit un peu de calomnie. Fernande se trouva une victime sacrifiée par un père libertin, dont elle gênait les allures, et les femmes surtout s'empressèrent de la soustraire à la tyrannie de ses parents. Madame la duchesse de Franval l'invita à dîner au château de Clarinville. On ne pouvait rien refuser à la plus vertueuse dame de la cour. La supérieure du couvent crut pouvoir prendre sur elle de la confier à une des femmes qui vint la prendre.

Fernande fut d'abord un peu embarrassée au milieu de ce cercle brillant; mais l'empressement des hommes, les bontés des femmes lui rendirent la confiance. Elle inspira de l'intérêt à tout le monde, et quelque chose de plus au duc. Il lui offrit d'abord la liberté, et puis son cœur. Elle refusa l'un et l'autre. Ce fut le second de ses sacrifices à M. d'Anglaur.

« Le bonheur de vous servir, dit-il, me consolera du malheur de ne pouvoir vous plaire.

— Je ne me flatte pas, répondit-elle, je n'ose vous parler de ma reconnaissance. Les gens de la cour ne croient guère qu'à nos faveurs. »

Le duc parla sentiment comme ceux qui l'éprouvent. Alors elle ne trouva de moyens de défense que dans l'aveu d'une passion pour M. d'Anglaur. Cette confidence, au lieu de le déconcerter, sembla lui donner des droits. Du moins il espéra qu'un cœur ouvert à la tendresse ne se fermerait pas impitoyablement à ses désirs.

Le seigneur du château avait trop d'esprit pour en faire avec les femmes. Le lendemain matin, il arrive à neuf heures chez Fernande. Elle avait le teint de l'aurore; ses cheveux, attachés sans art avec un ruban qui flottait sur ses épaules, faisaient partie du désordre du réveil. Elle se pressa de trouver un mantelet ou un fichu. Le duc l'aida à achever sa toilette, et ajouta qu'il venait la chercher pour la conduire où les dames du château s'étaient rassemblées pour déjeuner. Elle accepta son bras; ils descendirent dans des bosquets délicieux, où ils trouvèrent ce que l'art et la nature présentent d'enchanteur, lorsqu'ils ont combiné leurs ressources. Ils parvinrent à une grotte solitaire où était préparé un déjeuner recherché. Fernande non-seulement n'apercevait point les dames du château, mais tout, jusqu'aux oiseaux, semblait se taire. Alors sa gaicté fit place à la crainte, et le nuage de l'inquiétude couvrit ses beaux yeux. Elle s'assied sur un sofa de gazon ; le duc tombe à ses pieds et lui dit :

« Je sais, belle Fernande, toute votre histoire ; voulez-vous sacrifier à une fidélité chimérique le bonheur de votre vie ? Devenez libre, indépendante et riche. Cette preuve d'amour vaut bien de longs soupirs. Vous êtes chez moi, soyez sûre que nulle violence n'est à redouter pour vous.

— Cependant, M. le duc, le lieu où nous sommes, la posture où vous êtes, ne dérogent-ils pas un peu au respect que vous avez voué à l'hospitalité. Jugez vous-même de ma position. Si je refuse, je deviens à vos yeux une bégueule qui ne mérite ni la fortune qui me prévient, ni le plaisir qui l'accompagne ; si je cède, je prends place parmi ces femmes dont on paye les faveurs, et qu'on n'ose mettre en société avec celles qu'on estime. Je suppose que l'éclat de votre réputation tentât ma vanité, que les charmes de votre esprit égarassent ma raison ; faut-il, pour un bonheur passager, se préparer tant de regrets ! Enfin, conseillez-moi vous-même, et supposez, pour un instant, que je vous ai inspiré le plus léger intérêt.

— Le joli roman que vous venez de faire, ma belle Fernande, est d'autant plus adroit, que, tout en redoublant mes désirs, il impose à mon expérience. Mais, si l'on s'en rapportait aux femmes, elles ont de si bonnes raisons pour ne pas céder, que les hommes finiraient toujours par être refusés.

— Eh bien, M. le duc, il ne tient qu'à vous de ne pas l'être ; à condition cependant que vous supprimerez ces présents, odieux dans les circonstances. Mais voyez quel est le sort des femmes ! Vous m'aurez désirée quelques minutes, possédée quelques secondes, et rendue peut-être malheureuse pour ma vie entière ! »

A peine elle achevait ces mots, que le sofa s'enfonce. Ils se trouvent dans un boudoir dont les murs sont de glaces. Une femme masquée déshabille Fernande qui, sans avoir eu trop le temps de réfléchir, se trouve dans un bain où son nouvel amant la serre amoureusement dans ses bras. La morale, la réflexion, les scrupules étaient bannis de ce petit temple consacré à la volupté. Le plaisir en est le dieu, la pudeur est la seule victime qu'on y immole.

Le sacrifice dura une heure, et cette heure passa comme un éclair. Fernande reprit modestement ses habits, et porta au déjeuner un teint aussi reposé que si c'était des bras du sommeil qu'elle sortît. Elle y fut conduite par la femme masquée qui l'avait précipitée dans le bain. Le duc, pour ne pas provoquer des regards indiscrets ou importuns, n'y parut que fort tard, lorsque les attentions de cette obligeante société l'eurent rassurée.

On imagina une loterie, dont les lots étaient des diamants, des roses, des montres émaillées, des bracelets et des éventails. Le sort fut dirigé de façon que Fernande se trouvât comblée de présents, dont quelques-uns même étaient superbes. Cette journée fut partagée par différentes fêtes. Le duc saisit un moment pour lui demander comment ils étaient ensemble.

« Je voudrais, lui dit-elle, qu'il fût permis à mon sexe d'offrir par gratitude ce qu'il refuse par devoir. »

Il lui serra la main et disparut. Mais la nuit, il vint à trois heures lui prouver qu'il voulait mériter son bonheur.

« A peine je vous connais, lui dit-elle, et mon cœur enchanté est tout à vous. Est-ce que l'amabilité a sur vous un empire si puissant? Si vous êtes si séduisant quand vous voulez plaire, que doit-ce donc être quand vous aimez? »

A quatre heures, ils se séparèrent.

Le lendemain, Fernande partit pénétrée de reconnaissance, avec la promesse que sa lettre de cachet serait levée, et l'engagement de sa part, de venir passer huit jours à Clarinville, avant de retourner chez son père.

A peine rentrée dans sa solitude, la réflexion amena le remords, les frayeurs, et l'ennui, qui jamais n'exerce plus durement son cruel empire que lorsqu'il se venge des plaisirs qu'on a goûtés là où il ne fut jamais. Elle raconta les trois quarts des événements à la vicomtesse de Brémoy, mais un incident pensa lui tout révéler. En défaisant ses malles, elle y trouva une bourse pleine d'or avec une lettre. Le duc, pour sauver à sa délicatesse l'embarras des refus ou des remercîments, avait mis lui-même dans ses coffres cette marque de générosité lorsqu'il alla lui faire certains adieux. Comme la vicomtesse assistait à cette opération, elle vit le présent, la sollicita d'ouvrir la lettre elle : renfermait une bague que le duc chargeait Fernande de remettre à la vicomtesse.

« Permettez, madame, que j'y joigne cette bagatelle, car je soupçonne que je vous dois mes succès. »

C'était une jeannette gagnée à la loterie du déjeuner.

Elle attendait des nouvelles de sa liberté avec une impatience qui avait une autre cause, lorsqu'elle apprit qu'un monsieur demandait à la voir seule à la grille. Elle soupçonnait M. d'Anglaur ou le duc de Clarinville, et craignait qu'ils n'ignorassent l'usage des couvents, où l'on parle comme Junie à Britannicus. Elle descend ; quelle est sa surprise ? C'est son père ! Ne pouvant résister aux sarcasmes que lui valaient ses Hongrois, il prenait le parti de quitter la France et de s'établir chez un peuple moins enclin à la plaisanterie. Il venait chercher sa fille, avec laquelle il se proposait de continuer sa route en Suisse.

Fernande n'était point préparée à ce plan. Il fallut se taire et obéir. Elle prévint cependant son père de sa visite à Clarinville, mais n'entra dans aucun détail. Elle voulut auparavant consulter la vicomtesse, qui trouva le cas un peu épineux. Les bijoux, passe ; mais les mille doubles louis trouvés dans la malle ne pouvaient-ils pas inquiéter un père qui savait que sa fille avait déjà une fois assez mal défendu son cœur. Cet article fut donc retranché des confidences. Fernande écrivit au duc et le pria de se charger de cette somme comme d'un dépôt qu'elle lui redemanderait un jour.

On examina ensuite si Fernande pouvait se dispenser de tenir sa promesse envers son bienfaiteur.

M. d'Oizyville répondit : « Je me rappelle qu'un bon négociant hollandais amena à Paris, il y a vingt ans environ, une des plus jolies femmes de l'Europe ; elle était fort aimable, et lui l'était très-peu. Un homme de la cour lui disait : « Monsieur N..., envoyez votre femme en Hollande faire vos affaires et passez le carnaval avec nous. » On rit beaucoup, j'en ris aussi ; je ne veux pas aujourd'hui rendre à ces messieurs le service que ce bon Hollandais leur rendit. »

Il ne restait qu'à prendre congé de madame de Brémoy. Fernande lui devait des conseils plus utiles que sévères, et sentait pour elle cette espèce d'attachement que produit le besoin de se lier dans certaines positions, plutôt que le rapport des goûts. Après mille promesses de s'écrire et surtout de se réunir le plus tôt possible, on alla se coucher. Fernande était dans son premier sommeil, lorsqu'elle entend gratter à sa porte. Elle se réveille, écoute et reconnaît la voix de la vicomtesse qui lui dit avoir oublié quelque chose d'essentiel. Voici ce dont il s'agissait :

« J'ai balancé jusqu'à ce moment, ma chère Fernande, à vous confier ma position. C'est votre âge et non votre cœur que je redoute. Détenue dans cette maison pour des causes secrètes, je désespère de ma liberté, tant que mon protecteur sera dans la disgrâce. Auriez-vous le courage de m'aider à la recouvrer? Puis-je vous demander un double service ! »

Fernande l'interrompt pour lui offrir tout ce qu'elle possède et, s'abandonnant à son cœur, elle propose son argent, ses bijoux, tout ce qui dépend d'elle, en un mot. La vicomtesse, enchantée, l'embrasse, et dès ce moment les voilà à concerter le plan de leur fuite.

« Vous me laisserez prendre vos habits, lui dit-elle; je partirai au jour naissant; vous préviendrez votre père par un billet, la voiture s'éloignera tout de suite. Vous viendrez seulement une heure après dans une seconde voiture, où vous prendra M. votre père.

Le plaisir de faire un enlèvement, le merveilleux qui accompagne ces sortes d'aventures romanesques, l'agrément d'avoir une compagne aimable, voilà tout ce qui occupait Fernande, et nullement la difficulté de réussir, ni les dangers qui pouvaient suivre le succès.

Il est un Dieu qui favorise les étourderies des femmes. Presque toutes réussissent. Celle-ci surpassa l'espoir de madame de Brémoy. Elle sort du couvent sans être reconnue. Fernande s'applaudissait du succès; mais sa joie fut bientôt remplacée par une forte inquiétude. Deux heures s'étaient déjà écoulées sans qu'elle eût entendu parler ni de voiture, ni de son père. Le reste de la journée finit de même. D'un autre côté, le couvent entier était en rumeur de l'évasion de madame de Brémoy; on ne doutait pas que Fernande ne fût complice.

Le lendemain n'apporta aucun changement à la situation. Abandonnée de son père, trahie par sa confidente, privée de son argent, livrée à la colère de ses compagnes, elle ne savait par quelle route sortir de ce pas fâcheux, lorsqu'elle imagina d'écrire sa fatale aventure au duc. Mais comment lui faire parvenir cette lettre?

Il y avait dans le couvent un aumônier qui lui montrait beaucoup d'égards, depuis la visite de Clarinville; elle feint de vouloir se confesser. Après avoir débité quelques broutilles, elle ajoute :

« Je voudrais bien, mon père, faire une bonne œuvre. Ce serait de vous procurer un bénéfice, qui est à la nomination de M. le duc. Augmenter vos revenus, c'est augmenter celui des pauvres. Si vous voulez porter vous-même la lettre que je vous remettrai, vous reviendrez sûrement bien pourvu. »

Il est peu de prêtres qui ne sourient au mot de bénéfice. Celui-ci donna son absolution, et sa parole de partir dès le lendemain. M. le duc fit honneur à la recommandation de Fernande, et lui répondit que dans vingt-quatre heures elle aurait de ses nouvelles.

L'aumônier lui rendit la joie et le bonheur. Elle vit paraître, en effet, l'officieuse dame qui l'avait aidée à se mettre au bain. Elle montra à la supérieure un ordre qui rendait la liberté à mademoiselle Fernande d'Oizyville, et remit à celle-ci un coffret. Il renfermait une lettre tendre, délicate, et de l'or ; M. le duc lui conseillait de se faire accompagner jusqu'à Paris par l'aumônier, de se mettre dans un couvent jusqu'à ce qu'elle eût reçu des nouvelles de son père, à moins qu'elle n'aimât mieux occuper un château en Suisse, dont elle pourrait disposer pendant plusieurs années. Elle choisit ce dernier parti.

Il existe dans le voisinage de Genève, un château situé sur une colline, d'où il domine le lac et la campagne la plus riante. C'est la retraite où Fernande se trouve transplantée ; et, fondant son existence future sur les bienfaits d'un homme qu'elle a vu quarante-huit heures, elle s'y établit avec une femme de chambre, une cuisinière et quelques domestiques.

Une étrangère qui arrive dans un pays, fait toujours une espèce de sensation ; elle est moins vive dans un pays accoutumé à recevoir les habitants de toutes les autres parties de l'Europe. Fernande n'eut l'air ni de trop rechercher, ni de trop dédaigner ses nouveaux compatriotes. Elle se procura des livres, un cheval et des fleurs. Un très-petit événement la rendit tout à coup célèbre. Le baron du Mirail revenait de l'Italie. Ami intime de M. le duc, il savait la visite et peut-être d'autres incidents de Clarinville. Les grands, d'ailleurs fort aimables, ont une espèce de discrétion qui met tout le monde au fait de leurs affaires. Le baron descendit au château, où il demeura deux jours. C'est l'homme du siècle le plus gai, le plus séduisant. Il n'a point d'esprit plus qu'un autre, mais il a plus de ce charme qui seul fait aimer. Donner deux jours à Fernande, c'était annoncer une femme extraordinaire. De ce moment, on s'empressa de tous les environs à la connaître. Les hommes se firent présenter; quelques-uns proposèrent une fête, où ils invitèrent des femmes. On se rencontre aisément, quand on désire mutuellement se connaître. Parmi ceux qu'elle vit, elle distingua M. du Plessy. Dans un âge dont la raison s'empare, il avait le désir de plaire, et la gaieté qui y fait réussir. Il cachait ses prétentions avec tant d'art, que ses rivaux mêmes ne pouvaient lui trouver un ridicule. Son regard ressemblait à une déclaration, et ses manières à des remercîments. — Elle remarqua aussi :

M. de Rione, qui se pique de ne ressembler à personne et qui y réussit. Père tendre, époux philosophe, ami chaud, amant capricieux, mais attentif; doué de cette heureuse tournure d'esprit dont les autres se font un besoin, s'ils s'y sont une fois accoutumés. Parlant assez et même beaucoup, s'il mettait moins de variété dans ses sujets et moins de cette gaieté froide si fort au-dessus des épigrammes et de ce qu'on appelle la causticité...

M. C. de Heincourt, d'un commerce charmant quoique d'une probité insupportable, mettant dans l'amitié une passion violente, et dans le commerce des hommes, en général, une humeur inséparable des observations auxquelles nous forcent leurs imperfections, et plus que cela sans doute...

Madame de Gémonière, qui rappelle toujours les femmes célèbres de l'antiquité; la nature l'avait faite caustique, et la raison et l'expérience l'ont rendue indulgente. Elle n'a aucune des prétentions que les femmes affichent, et en a beaucoup de celles qu'elles n'ont pas.

Madame de Bricville, pleine de saillies, vive jusqu'à l'imprudence, connaissant parfaitement les hommes, le monde, et rendant inutile, par une confiance précipitée, une étude approfondie du cœur humain. Amie vraie des hommes, amie inconstante et froide des femmes; possédant des talents sans prétention; estimée pour des qualités essentielles, négligée pour des dehors imprudents, croyant que l'amabilité est la déesse de la terre.

Fernande entrevit dans une société ainsi composée, des ressources de plus d'un genre. Quoique jeune, elle distinguait la curiosité de l'intérêt, et voulait inspirer l'une en satisfaisant l'autre. Elle commença d'abord par écrire à son bienfaiteur. Il est si doux d'avoir à parler de sa reconnaissance à celui qui ferait naître et mériterait un autre sentiment. Au plaisir d'entretenir une correspondance dont le cœur fait les frais, elle joignit celui de lire les ouvrages nouveaux. Elle revenait volontiers aux productions du chevalier de Cubières, parce qu'il a beaucoup d'idées heureuses, et toujours cette fraîcheur d'expression qui est à la poésie ce que la rosée est aux jardins. Stéphanie, Cécilia, étaient les compagnes de sa solitude. M. de Parny lui plaisait comme un homme dont on médite la conquête. Elle avait le malheur de bâiller aux douceurs enfantines de M. Berquin, aux leçons graves de madame de Genlis, aux froides beautés de M. de Saint-Lambert; on ne sait pourquoi elle craignait le grand Thomas, le grand La Harpe, et presque tous les grands hommes de France.

A la lecture, elle joignait la musique, le premier délassement; la peinture, qui vient immédiatement après les arts utiles; l'ouvrage des mains, destiné à occuper l'esprit quand il se repose.

Ses charmes aux talents réunis lui attirèrent une foule d'adorateurs. N'oublions pas qu'aux agréments d'une brune piquante, elle joignait les grâces, l'élégance de la taille, des manières séduisantes, de la gaieté, et cette vivacité dans les sens qui donne de l'esprit à tous les hommes et du bonheur à quelques-uns.

Le premier qui mit à ses pieds sa fortune, son cœur, et quelques prétentions, fut un prince russe, que sa mauvaise santé avait amené en Suisse. Il avait le malheur, car c'en est un lorsqu'on a le goût des femmes, d'être laid comme une chenille, négligé comme un mari, fat comme un amant heureux, et bourru comme un bel esprit gâté. Avant de s'expliquer sur le prix qu'elle gardait à ses assiduités, elle commença par faire ses conditions. Elle lui interdisait les aveux, les déclarations, les soupirs, les bouquets, les fadeurs, jusqu'au mot d'amour, enfin ; elle voulait qu'il lui permît un adorateur, sans se montrer même inquiet, et des moments de coquetterie pour entretenir la gaieté de l'esprit qui s'altère dans un commerce uniforme et sentimental : cet article du traité était cruel. Mais le prince était amoureux. Est-ce qu'on raisonne alors ! Dès qu'il eut souscrit à ces clauses, il prit possession de ses droits, c'est-à-dire qu'il put venir chez elle à toutes les heures. Il manquait encore quelque chose à son bonheur : c'est que le baiser de l'amour scellât ces articles. Après avoir ri aux éclats, elle finit par y consentir ; mais elle exigea qu'il choisît, pour ses moments de tendresse, ceux où elle serait occupée de quelque autre chose, afin qu'elle ne s'aperçût seulement pas de ce qu'il faisait : cet article était aussi désagréable que difficile dans l'exécution.

« Je peins, lui dit-elle, je chante souvent, je vous abandonne un de ces moments ; tâchez d'en tirer le meilleur parti possible. »

A quoi nous réduit la crainte de déplaire ! Celle de perdre encore ces apparences de faveur, lui faisait accepter en esclave les ordres de sa souveraine

On serait surpris peut-être de sa facilité, si nous ne donnions la clef de cette conduite. Le prince était riche, libre de ses volontés ; il mêlait des projets d'hymen aux erreurs de l'amour ; la position de Fernande lui commandait de faire entrer l'avenir dans ses plans.

Mais ces demi-projets sont sans cesse détruits par le cours des événements, dont la cause inconnue semble se faire un jeu continuel de renverser les châteaux de cartes des humains.

Les Anglais, qui depuis cent ans ont la bonté de croire qu'on apprend le français à Genève, sont dans l'usage d'y envoyer leurs enfants. Il y en a toujours en assez grand nombre qui font l'amour aux mères, promettent aux filles de les épouser, s'endettent avec leurs frères, et s'affilient insensiblement à une maison. Milord Land y avait deux de ses enfants sous les yeux d'un homme qui s'est fait, par ses ouvrages, une réputation méritée. L'aîné, tout à fait formé, voyageait pour son bon plaisir, et plus encore pour celui des autres. Nous l'appellerons Arthur. Qu'on se représente un vrai héros de roman pour la beauté. Il avait la figure d'Antinoüs, la taille d'Hercule, la voluptueuse douceur d'Adonis, l'esprit d'Ovide, avant qu'il fît des vers ; les manières d'Alcibiade, le courage de Bayard, la patience de Turenne, la sensibilité de madame de Boufflers. Personne ne croit à ces sortes de perfections, et l'on n'a pas tort; mais on est forcé d'admettre des exceptions.

Arthur apprit que le château de Ripaille était habité par une demoiselle de dix-neuf ans, dont on commençait à dire déjà infiniment de mal. Il en conçut une opinion avantageuse, et, sans chercher des détours romanesques, il se rendit à Ripaille, d'où il écrivit le billet suivant : « Un Anglais qui voyage pour voir ce qu'il y a de plus curieux dans les pays qu'il parcourt, n'aura pas rempli son but s'il n'a l'honneur de présenter ce matin son hommage à la belle Fernande. » Elle écrivit au bas de ce billet : « Fernande n'a rien d'extraordinaire, elle n'est point belle ; mais elle donne volontiers à dîner aux Anglais, aux Français, aux Russes, aux Persans, s'ils ressemblent à milord Land. »

Arthur, enchanté du laconisme gai de cette réponse, vole au château ; il était midi et demi. On l'introduit dans un salon. Deux minutes après, un laquais entre, et lui apporte, de la part de Fernande, quelques livres : c'étaient *les Sacrifices de l'amour, les Dangers de la calomnie,* et *les Égarements du cœur et de l'esprit.* Il s'en tint à ce dernier, et relut cette charmante production pendant près d'une heure, lorsqu'il vit paraître Fernande, à qui le prince russe donnait la main, précédée d'une grande dame que conduisait un abbé.

Fernande s'avance pour faire des excuses à Arthur de l'avoir laissé seul si longtemps ; mais, au premier aspect, elle est embarrassée : le prince prend de l'humeur, l'abbé sourit, et madame de Gémonière, dans trois coups d'œil rapides, saisit ce que cette première entrevue fait naître de sensations extraordinaires. Arthur se trouve naturellement au courant de tout ; ce n'était ni galanterie, ni bavardage, ni envie de briller, ni prétention de plaire : c'était un homme uni, qui réussissait d'autant plus, que ses yeux et ses manières ne sollicitaient ni égards ni attention.

Le dîner fut de cette gaieté durable qui naît du bonheur de se trouver assortis. L'abbé, un peu verbeux, était dans son centre, parce que personne ne connaissait non-seulement ses contes, mais, ce qui valait mieux, sa manière originale de les faire. Le prince réfléchit au bout d'un quart d'heure, qu'Arthur voyageait ; Fernande croit s'apercevoir qu'il pourrait bien rester, et madame de Gémonière qui, toute sa vie, a eu la passion des gens aimables, et qui n'a point eu de passions malheureuses, se félicite intérieurement de ce qu'un Anglais, enfin, la dédommagera de l'ennui que ses compatriotes lui ont causé, à cet âge où l'on n'amuse que soi.

Le dîner fut suivi d'une promenade moins gaie, mais peut-être plus intéressante ; et comme on était sur le point de rentrer, Fernande dit :

« En vérité, milord, je crois que, pour réparer mon impolitesse de vous avoir fait attendre, je devrais vous retenir à souper.

— Mademoiselle, répond-il, je ne vous le conseille en vérité pas, parce que j'accepterais, et qu'un étranger ne laisse pas de gêner.

— Est-ce que vous êtes un étranger ? Il y a longtemps que je l'avais oublié.

— A merveille, mademoiselle, dit tout bas le prince en grinçant des dents.

— La difficulté, continue Arthur, n'est pas de rester ce soir ; mais ce sera de partir demain. »

Tous ces beaux traits d'esprit finirent comme à l'ordinaire : Arthur resta ; chacun se retira dans sa chambre pour quelques moments. Le prince put enrager, Fernande rêver, l'abbé et madame de Gémonière médire, et Arthur s'examiner.

Fernande sentait bien que tout ce qui se passait en elle ressemblait à une folie. Sa raison lui promettait de la sauver de l'espoir de fixer un homme résolu d'achever ses voyages; mais dans son âme de feu, elle croyait toujours entendre ce son de voix enchanteur; elle souriait à son image, et le chagrin romanesque de perdre un homme qui ne lui appartenait pas commençait déjà à se faire sentir.

De son côté, Arthur capitulait avec lui-même. L'Angleterre, la France, l'Italie lui avaient offert vingt femmes plus belles que Fernande; mais nul part il n'avait vu cet ensemble de grâces, de talents, d'esprit d'indépendance. Mesdames Riccoboni, de Beauharnais avaient plus d'esprit sans doute; madame Le Brun peignait mieux; mais la réunion de ces avantages n'était que chez Fernande.

La nécessité de souper suspendit les réflexions, et les visages s'étant apprêtés pour paraître ensemble, le vin de Champagne rappela la gaieté. On était à la fin du repas, lorsque les lettres arrivèrent : ce moment interrompt tout; c'est le seul où les absents ont raison. Il semble qu'on s'ennuie mutuellement, et chacun brûle d'interroger les papiers dépositaires de tous les petits intérêts de la société. Chacun lisant, c'était une suite de propos assez plaisants :

« *Les Barmécides* sont tombés, disait l'abbé...

— La duchesse de *** a donc sauté le bâton?... ajoutait l'un.

— Diderot va en Russie ; la plupart des grands hommes font mieux d'envoyer leurs ouvrages que de montrer leurs personnes, poursuivait l'autre.

— Voilà donc Chabanon un des immortels... L'impératrice veut avoir raison des Turcs.

— Cette guerre cache un grand système, dit le prince.

— Et montre une grande injustice, » ajoute madame de Gémonière.

Fernande seule lisait avec une attention profonde une lettre qui avait l'air d'un mémoire. Elle la plie brusquement, la serre, et se met au courant des nouvelles que chacun débitait.

« Floricourt est enfin remarié! dit madame de Gémonière.

— Qu'est-ce que Floricourt? demande l'abbé.

— C'est un homme d'un certain âge. Marié deux fois, continua-t-elle, veuf depuis quelques semaines, au milieu de sa douleur, il apprend l'histoire d'une demoiselle conduite à l'autel par un homme qui satisfaisait à l'honneur en l'épousant. Ce monsieur, en entrant dans l'église, aperçoit une femme en faveur de qui son cœur réclamait les serments qu'il allait profaner; il se trouble, remet la future à ses parents et disparaît. Floricourt, plus attendri qu'étonné, demande des chevaux de poste, part, et le voilà pour la troisième fois amoureux, marié et bientôt... »

Après avoir ri un moment aux dépens de ce bon et sensible Floricourt, on se retira.

Arthur demanda la permission de venir prendre congé le lendemain au déjeuner. Fernande reconduisit madame de Gémonière, et se retrouva seule avec plaisir, pour descendre au fond de son cœur et réfléchir sur une singulière lettre qu'elle avait reçue trois quarts d'heure auparavant. Elle était de M. d'Anglaur, instruit enfin du lieu de son séjour par le baron de Mirais : il lui mandait que toutes ses recherches ne lui avaient rien découvert de sa retraite, depuis que les résolutions sévères de M. d'Oizyville l'enlevèrent à Paris; qu'étant la cause de ses premières larmes, il n'avait pas deux moyens de les faire oublier; que sa main, sa fortune passable pour le moment,—il jouissait de dix-huit mille livres de rente,—son cœur étaient à ses ordres; qu'il arriverait dans peu à Ripaille. Le mariage était sans doute la seule façon de réparer un pareil éclat. Elle y trouvait deux difficultés : l'une venait du voyage à Clarinville; la cause de la seconde était plus récente et plus forte. Mais s'abandonner à une pareille impression, paraissait si inexcusable à Fernande, qu'elle s'estimait encore trop pour se faire des reproches. La nuit cependant était fort avancée et ces nouvelles idées ne laissaient pas approcher le sommeil. La raison fait voir les inconséquences et ne les prévient pas. Quelques heures de repos, enfin, préparèrent Fernande au déjeuner, où tout le monde fut exact, parce que chacun y portait un petit intérêt. Il fut même augmenté de M. de Heincourt, qui revenait de Genève.

On s'y rendit mutuellement compte de sa nuit

« Quant à moi, dit Arthur, j'ai fait un rêve pas tout à fait aussi bien écrit que celui de M. Ducis dans *Macbeth,* mais dont les effets me plaisent infiniment davantage. J'ai donc rêvé que, las de courir le monde, j'avais trouvé dans un lieu charmant une société plus agréable encore ; voulant en jouir, je me suis informé s'il n'y aurait pas aux environs une petite terre à acheter où je puisse vivre en philosophe qui aime le plaisir, et en homme du monde qui aime la culture de l'esprit. Mon hôte officieux m'a conduit dans un château éloigné d'une demi-lieue de celui-ci. Il m'a plu ; je l'ai acheté. Je me réveille, et me trouve le contrat dans les mains.»

Il tire un papier de sa poche et dit : « Lisez-le, mesdames ; voyez s'il n'est pas en bonne forme. »

Il faudrait le pinceau de Loutherbourg pour rendre l'indiscrète satisfaction de Fernande, le muet étonnement du prince et les regards malins de madame de Gémonière et de l'abbé.

« Je venais vous proposer, continua Arthur, de me faire l'honneur d'y dîner demain, pour m'apprendre ce qu'il y manquera à votre agrément; car vous sentez que cet ermitage n'en peut tenir que de vous. »

Cette nouvelle façon de déclarer ses sentiments, acheva la conquête de Fernande. Mais outre qu'elle était trop bonne pour désoler le prince, elle était trop adroite pour ne pas disputer la victoire. Un événement même servit assez bien sa raison. Le duc lui écrivit que si elle voulait épouser M. de Thiare, jeune homme très-bien élevé, il allait le faire nommer fermier général, et pour présent de noce, il la priait d'accepter une maison qui lui était inutile, dans la rue Saint-Honoré. Il ajoutait qu'il y avait un genre de folie qu'une femme d'esprit ne faisait jamais : telle serait celle de refuser la fortune.

Fernande sentit le prix des conseils de son bienfaiteur, et le danger de ne les pas suivre. Elle se décida donc à combattre un penchant qui ne faisait que de naître, de remercier le prince, et d'envoyer au duc la lettre de M. d'Anglaur, afin qu'il choisît pour elle l'un des deux partis, ajoutant que la reconnaissance seule pouvait la faire balancer un moment, puisqu'elle ne perdait jamais de vue ce qu'elle devait au dernier.

Arthur l'entretint plusieurs fois comme s'il savait ce qui se passait dans son cœur ; il lui parlait de son établissement en Suisse comme la suite naturelle d'un arrangement consenti. Elle n'avait ni le courage de le nier, ni la force d'en faire l'aveu.

« Il est rare, lui dit-elle un jour, que le moment où l'on se rencontre, ne soit pas précédé de quelques-unes de ces vues sur lesquelles chacun fixe son avenir. Nos amis, nos parents, s'en occupent quelquefois plus que nous-mêmes, et l'on se trouve à moitié engagée sans avoir prévu la perte de sa liberté.

— J'ai bien imaginé que le premier qui vous offrirait ses hommages, aurait tout à la fois à triompher de votre cœur et de cent rivaux ; mais plus nous serons pour faire votre bonheur, et moins nous aurons à redouter l'ennui, ce véritable fléau de la terre et de l'amour. »

Cette phrase étonna bien un peu Fernande ; mais elle crut l'avoir mal saisie, et se contenta d'ajouter que l'espoir de la félicité était la chimère immortelle dont le ciel amusait les humains.

« La femme qui commande à mes destinées m'aime peut-être plus qu'elle ne m'aimera.

— L'amour-propre des hommes les égare presque toujours, dès qu'il s'agit des femmes.

— S'il est excusable, c'est dans ce moment. D'ailleurs, je ne parle de mon bonheur qu'à celle qui le fait naître.

— Mais, Arthur, vous me mettez dans l'impossibilité de répondre.

— Vous taire est tout ce que vous devez et ce que je puis exiger.

— Avez-vous pensé que mon origine, mon état, mon existence vous sont inconnus?

— Non ; si j'avais pensé à tout cela, je ne vous aimerais pas.

— Vous ignorez si j'ai des engagements, si je puis les rompre.

— Vous ne pouvez rien dans ce moment, vous pourrez tout le jour que vous m'aimerez.

— Si j'ai des torts, l'aveu est la seule façon de les expier.

— Si vous avez des torts, ce sont ceux de la jeunesse, de l'inexpérience. S'il était possible que je m'inquiétasse aujourd'hui, ce serait de ceux que vous pourriez avoir un jour, et non de ceux que vous avez eus. »

Ce premier entretien se passait le soir, à la promenade, dans les jardins du château.

Fernande, enfin, sut qu'elle était aimée. Cet homme, si parfait, va lui vouer son existence. Quel est son espoir, son caractère, sa fortune? Que faire du prince russe? Que répondre à d'Anglaur? Comment refuser le duc? Fera-t-on toutes ces confidences à un homme que l'on connaît depuis trois jours? C'est à l'examen de ces préliminaires que Fernande employa la nuit qui suivit cette explication.

Il y a, dans tous les pays du monde, certains personnages désœuvrés qui mettent tout en gazettes ou en brochures, vivent des sottises d'autrui et des faiblesses des jolies femmes. Fernande cherchait avec Arthur le moyen d'échapper à ces chenilles littéraires.

« Il n'en est qu'un, mon ami, lui dit-elle : c'est de vivre uniquement l'un pour l'autre. »

Arthur croyait que la prétention de se suffire l'un à l'autre était une combinaison de l'amour-propre ; que tout ce qui était hors de la nature ne pouvait jamais durer.

Chez tout autre, de pareils principes eussent alarmé une amante délicate ; mais Arthur les compensait par tant de soins, et par une suite de preuves de tendresse si peu équivoques, que Fernande ne regardait ses raisonnements que comme les travers d'un esprit fortement attaché à son opinion.

Le prince avait enfin ouvert les yeux. C'était un de ces caractères sournois que l'orgueil dévore en secret. Il ne pouvait se dissimuler la supériorité d'Arthur ; au lieu d'en convenir, il s'efforçait de la noircir. Il essaya de séduire Fernande par l'offre d'une grande fortune, et du titre de princesse. Il avait trois cent mille livres de rentes. Elle le remercia et lui promit sa réponse dans quelques jours.

Arthur ne tarda pas à être instruit, par sa bouche, des propositions du prince.

« Il est difficile de vous conseiller, lui dit-il, mais c'est le moment de m'expliquer sur mes vues. Quant au nom, à la fortune, je puis vous offrir les mêmes avantages ; mais vous épouser n'est pas aussi aisé. Si l'amour constant me paraît une chimère, le mariage me semble une folie. »

Fernande répliqua :

« L'hymen n'est point ma marotte, mais je crains qu'en dérogeant hautement aux lois sévères de la société, le refus de certains égards n'inquiète tôt ou tard votre amour-propre. Je vous ai raconté mon histoire : il est possible que je connaisse demain la nécessité de vous fuir.

— Le fait est que vous n'aimez pas le prince qui vous offre sa main, et que mes craintes ne s'accordent point avec votre délicatesse. Reposez-vous sur moi du soin de les concilier.

— Ne perdez pas de vue, Arthur, que vos principes sur la possibilité d'adorer plusieurs femmes, et de n'appartenir qu'à une, me font désirer de vous mieux connaître.

— Encore une fois, ne craignez rien; j'espère que nous ne nous épouserons pas.

— Fort bien, mon cher Arthur; mais il y a un malheur plus grand encore, ce serait de vous perdre ; s'il en fallait venir là, il vaudrait mieux cent fois s'épouser que se quitter.

— Si nous nous trouvons réduits à cette extrémité, sans doute il faudra bien nous sacrifier ; mais j'espère dans la divine influence qui nous sauvera de ce précipice.

— Enfin, je remets mon bonheur entre vos mains. »

D'après cette assurance, elle pria le prince d'accepter ses remercîments, en lui disant que sa position ne lui permettait pas de suivre son sort en Russie.

« J'en suis fâché pour vous, lui répondit-il, mademoiselle, mais je vous aime et c'est pour la vie. Vous n'êtes pas de ces femmes qu'on adore et qu'on oublie avec la même facilité. Ce n'est point la Russie qui vous effraye, c'est l'Angleterre qui vous tente. Je conviens que milord est plus séduisant que moi. Mais mon amour ne me permettra jamais de céder.

— Mon cher prince, votre amour m'inspire sans doute la plus vive reconnaissance ; mais cet amour ne voudrait pas faire une victime. Vous êtes un grand seigneur, je vous en fais mon compliment ; vous êtes fort riche, cela vaut encore mieux ; mais, enfin, si je ne veux être ni princesse, ni opulente, j'en suis bien la maîtresse.

— Je vais me battre contre le lord.

— Extravagance inutile. Si vous êtes malheureux, vous ne m'épouserez pas ; si vous triomphez, je vous détesterai.

— Ah ! vous aimez donc Arthur.

— Je n'aime pas les questions et je fuis les gens qui cherchent à deviner, dit-elle en se levant.

— Et moi, je poursuis ceux qui m'échappent. »

Cette conversation devenait vive. Elle fut interrompue par un courrier qui annonçait l'arrivée de son maître, c'était M. d'Anglaur.

D'Anglaur était un homme solide, généreux, également capable d'un service et d'un conseil.

Un bal lui avait donné occasion de voir Fernande. Elle lui plut infiniment. Il s'informa de sa position, hâta sa confiance, partagea ses petits chagrins domestiques, lui proposa l'amour pour contre-poids, arracha un aveu, redoubla de soins, embellit l'avenir, peignit le charme des faveurs, en obtint de légères, en sollicita de plus grandes, démontra leur innocence et fut récompensé tout à la fois de son éloquence et de son amour. On se rappelle comment M. d'Oizyville eut occasion de le connaître.

Il venait apprendre les intentions de Fernande. Ce qui agitait son âme ne rendait pas cette explication fort aisée; elle le revit cependant avec l'intérêt de l'amitié.

Comme d'Anglaur était extrêmement aimable, il partagea les suffrages qu'Arthur enlevait. D'ailleurs, il arrivait.

Les femmes ont toujours une prédilection secrète pour celui qu'elles ne font que de connaître. Cette réflexion n'est pas pour Fernande, tout entière à l'objet de son amour. De tous ceux qui virent M. d'Anglaur avec plaisir, Arthur fut celui qui le témoigna le plus hautement. Les hommes vraiment supérieurs ne connaissent pas la jalousie.

D'Anglaur ne tarda pas à s'apercevoir des prétentions du prince, du triomphe d'Arthur et de l'embarras de Fernande. Il se ménagea un entretien avec elle, où il lui sauva avec beaucoup d'adresse des aveux toujours pénibles. Cette ouverture l'ayant mise à son aise, elle lui confia sa position, lui demanda conseil; l'intérêt de la plus tendre amitié semblait animer cet entretien.

« Votre confiance ne sera point trahie, répondit-il; mais, auparavant, j'ai bien des choses à vous apprendre de M. votre père et de la vicomtesse de Brémoy, que je quitte. Cet entretien sera un peu long.

— Très-bien, dit-elle ; ce soir nous irons nous promener dans un bois, avec Arthur, et là vous mettrez enfin un terme aux vives inquiétudes dont le nouvel orage qui est dans mon cœur ne peut pas même me délivrer. »

Fernande trouva le temps bien long. Le moment arriva cependant. Déjà ils sont dans le bois, avec M. d'Anglaur, assis au pied d'un arbre. Il commence en ces termes :

« Je me promenais un jour aux Tuileries, lorsqu'une femme, assez mal vêtue, me remet un billet écrit au crayon. Je le refuse, la prenant pour une de ces malheureuses victimes de la misère, qui promettent le plaisir et donnent la douleur.

— Lisez ! lisez ! me dit-elle. Ce n'est pas ce que vous pensez.

« Je lis en effet :

« Une dame est chargée de vous donner des nouvelles de mademoi-
« selle d'Oisyville ; mais cette femme ne peut vous voir que dans une
« de ces maisons qui renferment également le crime et l'innocence.

« Vicomtesse DE BRÉMOY.

« De Sainte-Pélagie. »

« Ce nom m'était connu en effet. Je répondis à l'émissaire que le lendemain je verrais madame la vicomtesse. Je me rends à cette maison de larmes ; on m'introduit, et j'aperçois une dame d'une taille avantageuse, qui, sous les haillons de la pénitence, conservait un air noble et fier. Près d'elle se trouvaient deux religieuses à l'œil sévère, préposées à la surveillance de la personne qu'on a la permission d'entretenir.

— Celle, me dit la vicomtesse, qui doit faire le sujet de notre conversation était avec moi en Dauphiné, il y a environ six mois. Elle eut occasion de voir le duc de Clarinville, qui vint au secours de sa jeunesse, et lui rendit une liberté dont elle jouit au château de Ripaille, sur le lac Léman. » En articulant ces mots, elle avait les yeux constamment fixés sur le banc où j'étais assis. J'allongeai indifféremment la main sous ce banc, et j'y rencontrai un papier. Je répondis alors : « Madame, vous pouvez nommer hautement mademoiselle d'Oizyville. Comme un prompt mariage va être le terme de notre liaison, je ne vois pas pourquoi nous y mettrions du mystère.

— Je suis dépositaire, continue-t-elle, d'une assez forte somme, que j'ai consignée entre les mains du magistrat dont les ordres m'ont conduite ici. Je voudrais que Fernande la réclamât : cet argent lui appartient. »

« Je promis de vous en instruire, et lui demandai si la cause de sa détention était un secret. A ce mot, les deux surveillantes se lèvent ; la vicomtesse me crie : « Rue des Bourdonnais, n° 21, au quatrième !... » Un rideau tombe, j'entends des cris, et je sors de ce lieu infernal.

« J'ouvre mon papier. Il était piqué. Je ne découvre aucun caractère ; mais à l'aide d'une poussière de charbon, je déchiffre ces mots : « Parlez à un homme caché dans la rue, etc... » Il n'y avait plus de sens. Mais je me rappelle la rue des Bourdonnais, n° 21. Je m'y rends à la nuit. Je trouve au quatrième étage un homme qui écrivait, et dont la figure hâve annonçait de profonds chagrins. Il se lève inquiet. Je lui présente le billet, après lui avoir raconté la manière dont il m'était parvenu. Il hésite, puis me répond :

« Il est vrai que j'ai connu madame de Brémoy. Tout le monde l'accuse ; elle est innocente.

— Je ne vous demande aucune explication, lui dis-je. J'ai vu aujourd'hui cette dame pour la première fois. Elle m'a donné des nouvelles chères à mon cœur... La reconnaissance m'inspire ; mais que puis-je ? Jeune et sans crédit...

— Vous pouvez, monsieur, comme tout citoyen libre, ouvrir les yeux du souverain et lui procurer la satisfaction de venger la vertu opprimée. Voici, en peu de mots, l'histoire de cette malheureuse victime de l'intrigue des cours. Transportez-vous à ce moment qui vit tant d'orages dans le sein de la magistrature, la dispersion de ses membres, l'embarras de l'administration, la désunion des princes, le mécontentement des peuples. Cette foule d'écrits clandestins qui révélaient des turpitudes et empoisonnaient jusqu'aux succès des maîtres alors de la France. L'auteur de ces écrits, dévorés dans le temps par la curiosité publique, était un homme vrai, honnête, patriote; convaincu qu'il devait la vérité à son pays. Madame de Brémoy lui était attachée par de doux liens. Il est enlevé et jeté dans un cachot. Madame de Brémoy, ayant réclamé en sa faveur, partage le sort de son complice.

« Elle passa de son souterrain dans un couvent, où, pendant plusieurs années, elle n'eut d'autres consolations que celles d'apprendre la chute honteuse de ses persécuteurs. L'homme qui était la cause innocente de ses tourments sortit également de prison, mais à la condition qu'il se tairait et quitterait Paris. Il découvrit la retraite de madame de Brémoy, et lui fit savoir que le sentiment le plus sincère et l'espoir de la revoir l'animaient encore.

« Quelques années se passèrent sans que cette femme pût faire entendre sa voix. Un événement la servit. Une jeune demoiselle de Paris fut renfermée dans ce couvent; son père favorisa l'évasion de madame de Brémoy. Elle arrive à Paris avec M. d'Oizyville. Celui-ci apprend qu'on fait des informations contre lui; qu'on l'accuse de bigamie, et d'avoir enfermé sa fille dans un couvent pour se livrer plus ouvertement à la passion qu'avait allumée dans son cœur une fille de l'Opéra. Il se défend, et déclare au magistrat que la marquise hongroise est sa seule femme; que madame de Brémoy l'a suivi malgré lui.

« Dès le lendemain, madame de Brémoy fut arrêtée et conduite dans l'affreux séjour où elle respire. »

« Quand il eut cessé de parler, je lui fis observer que je ne voyais rien dans madame de Brémoy qui pût inquiéter l'administration, à moins que son amant ne fût un de ces esprits fougueux dont les écrits emportés troublent l'ordre de la société, et qu'elle ne partageât les mêmes principes.

« Non, me répliqua-t-il ; c'est un homme qui a écrit contre la tyrannie des lettres de cachet. Et quand le zèle l'eût égaré, madame de Brémoy était étrangère à ces sortes d'occupations. »

« Après lui avoir promis le secret et témoigné l'intérêt que m'inspiraient ses malheurs, j'ajoutai : « J'ai peu de protecteurs, quelques amis, nul crédit. Mais le ministre de Paris, M. de Malesherbe, est un homme juste, bienfaisant ; j'irai le voir. »

« Cette démarche m'a réussi. M. de Friocourt a eu la liberté de revenir à Paris, en donnant sa parole de ne publier aucun écrit inconnu aux censeurs, et madame de Brémoy a recouvré sa liberté.

« Vous imaginez sans peine, Fernande, que je n'ai pas oublié de demander où était M. d'Oizyville. On ignore sa destinée. »

Un seul article inquiétait encore la curiosité de Fernande : c'était de savoir pourquoi madame de Brémoy l'avait laissée dans ce couvent. M. d'Anglaur feignit de l'ignorer.

« Savez-vous ce qui nous reste à faire ? dit Arthur. Essuyer les larmes de ce couple infortuné ; lui choisir une retraite dans ces cantons, et réparer, autant qu'il est en nous, les torts de la fortune, des rois, ou plutôt de leurs ministres. Un Anglais ne les aime pas, mais il faut être juste. »

Cette idée entre promptement dans le cœur de Fernande et d'Anglaur, et déjà l'on concerte la manière dont la proposition leur sera faite. On les invite à venir passer quelques semaines au château de Ripaille.

« Venons-en maintenant, dit d'Anglaur, aux conseils qu'exige votre position. Vous vous aimez, dites-vous, cent fois trop pour vous épouser. Je ne combattrai pas, pour l'instant, le sophisme caché sous un pareil raisonnement. Du moment que mademoiselle n'a point fixé son état, sous quel prétexte éloigner ceux qui voudront mettre à ses pieds une fortune, un rang, comme le prince ? Comment se rassurer pour l'avenir et prendre dans la vie sociale le rang que chacun de nous doit y tenir? Je ne vois pas, je l'avoue, comment vous établirez votre domicile, comment vous réglerez vos intérêts...

— Ce sont des raisons, sans doute, reprit Arthur; mais la plupart sont fondées sur un préjugé. Mes répugnances le sont sur l'expérience. Où sont les heureux que l'hymen a faits? Chez qui voit-on les désirs lui survivre? Quel est le goût qui résiste à la nécessité d'être toujours ensemble? Quel rôle joue un mari affublé des ridicules de la jalousie s'il est soigneux, ou du vil défaut de passer pour complaisant s'il la néglige? Sa présence importune. Il faut qu'il inspire l'envie ou la compassion, qu'il soit dupe ou martyr. Or, un homme sensé peut-il se dévouer à une manière d'exister qui tourmente nécessairement son amour-propre et l'expose à se venger sur celui des autres?

— Encore une raison, ajouta Fernande. Si la famille de milord avait disposé de sa main, s'il venait un jour à attacher moins de prix à mes sentiments, aurais-je la bassesse de profiter d'un serment prononcé dans l'ivresse de l'amour? Si l'on peut jurer de sa constance, c'est lorsque la crainte de perdre l'objet qu'on aime est mêlée à l'espoir de le posséder. Vous appellerez cela des sentiments romanesques; mais croyez-vous que les bons romans ne soient pas la meilleure histoire du cœur?

— J'admets, pour un moment, dit le chevalier d'Anglaur, que vous exécutiez votre plan; quel sera l'état de Fernande?...

— Celui d'une demoiselle libre, qui vit chez elle.

— On dira...

— Qu'elle a un amant; soit. Mais ne le dit-on pas de mesdames de G..., de T..., de V..., et qui ont des maris?...

— On demandera : Quelle est sa fortune?

— Celle de son père. Voilà, poursuit Arthur, ce que j'appelle un mal imaginaire.

— Mais les lois murmurent; la société se retire; la religion gémit.

— Les lois tolèrent; la société revient; la religion pardonne.

— Il n'y a que l'expérience qui nous mettra d'accord.

— Soit. »

En retournant au château, ils convinrent que Fernande écrirait au duc pour le remercier du *bon* de fermier général, et lui dirait seulement qu'elle goûtait, dans ce moment, une félicité qu'elle n'avait pas le courage de hasarder; que le lord préviendrait sa famille de son séjour en Suisse; qu'on prendrait toutes les voies possibles pour découvrir le pays qu'habitait le comte d'Oizyville.

Ils faisaient ainsi leurs dispositions, lorsque parurent de loin madame de Gémonière et l'abbé. En se rejoignant, la première question fut : « Où est le prince? » Une assez singulière aventure l'avait retenu à Rolles; on y disputait, ce jour-là, le prix de l'arquebuse. Cette petite fête avait attiré beaucoup de spectateurs et, entre autres, les jeunes Anglais étudiant à Genève. Un d'entre eux vint à parler du château de Ripaille, de l'enchanteresse que l'habitait, et, plein des idées de la Fable qu'on apprend à cet âge, il s'étendit sur les charmes de cette nouvelle Circé.

La plaisanterie déplut au prince. Il dit très-sèchement qu'il fallait se taire sur des personnes que l'on respecterait si l'on avait le bonheur de les connaître. L'Anglais répliqua que les avis des pédants lui déplaisaient fort, et, qu'au surplus, il ne voyait pas pourquoi le Moscovite se faisait le chevalier d'une dame qui brûlait hautement pour un autre. Cette querelle s'est terminée par un coup d'épée qu'a reçu le prince. Il est assez dangereusement blessé pour ne pouvoir être transporté. Son adversaire se trouve être justement le frère de milord. Le prince a reçu tous les soins nécessaires, et le chirurgien qui l'a pansé se propose de mettre un li. dans un bateau, et l'amener ici demain sur le lac.

Cet événement fit autant de peine à Arthur qu'à Fernande. Il donnait à leur liaison un éclat toujours désagréable, et au prince un ridicule dont il n'avait pas besoin. Le bruit en fut bientôt répandu dans les environs, et dénaturé. C'était Arthur qui avait tué le prince, après avoir été surpris en tête à tête avec Fernande. Elle s'inquiéta peu de ces propos.

Quand le prince fut revenu de Rolles, Fernande le remercia avec la plus tendre amitié de sa chaleur à la défendre ; lord Land, de son côté, joignit ses excuses pour son frère aux remercîments de Fernande. Ces démonstrations furent accueillies avec froideur.

La blessure du prince se guérit, on n'y pensait plus, lorsqu'un événement réveilla le besoin de médire. C'était l'arrivée de la vicomtesse de Brémoy avec M. de Friocourt. Voltaire l'avait prôné comme un martyre de la persécution ; on sut aussi que sa compagne avait habité une retraite humiliante ; c'en est assez pour faire naître mille désobligeantes conjectures.

Madame de Brémoy, lasse de la vertu et de la misère, n'était pas éloignée de céder à son penchant pour l'intrigue ; elle avait déjà perdu de vue ses anciens malheurs depuis qu'elle était dans un pays étranger.

D'abord, une extrême complaisance lui fit prêter l'oreille aux infortunes amoureuses du prince. Le plaisir d'être écouté le rendit inexact et même injuste.

Déjà il y a du froid entre Fernande et la vicomtesse ; elle se défendait de l'honneur de la connaître avec une assurance bien poignante. Malheureusement aussi M. d'Anglaur était parti. Fernande dédaignait trop le mal qu'on pouvait lui faire. Au bout de quinze jours, cette fille chérie, recherchée, pouvant choisir entre plusieurs destinées heureuses, n'est plus qu'une aventurière, bravant les lois de la pudeur, abandonnée à un amant qu'on tâche de lui enlever par des conseils perfides, des avis anonymes et le récit d'une foule d'anecdotes supposées, tres-propres à changer les projets d'un homme, même en laissant exister l'amour dans son cœur. Madame de Gémonière se refroidit et se lassa de combattre ; d'ailleurs, un château isolé ne convient pas à des gens qui ont la passion de faire de l'esprit, de briller, et dont le premier des besoins est une société nombreuse et variée.

Fernande vit cette révolution sans chagrin; mais abhorra celle qui la causait. C'était pour la première fois qu'elle éprouvait les noirceurs de l'ingratitude. Hélas! elle ignorait encore que jamais la haine n'est plus forte que lorsqu'elle attaque ceux à qui la reconnaissance nous enchaîne, et dont de vains prétextes nous éloignent.

Dans ce moment se trouvait à Genève un abbé. Son métier était de faire des libelles; il les vendait clandestinement aux libraires étrangers. Le prince l'envoya chercher, et lui dit : « M. l'abbé, j'ai besoin de votre plume : je voudrais une bonne plaisanterie contre une demoiselle qui habite un château voisin, et quelque chose qui ouvrît les yeux d'un Anglais dont elle a fait son amant, et qui veut en faire sa femme.

— Volontiers.

— Comment écrivez-vous?

— Bien, quand je médis. Le prince a-t-il lu *les Après-soupers de l'hôtel de Bouillon, la Gazette noire?* C'est de moi.

— Tout cela n'est pas trop bon.

— Pour être lu, d'accord; mais pour être vendu...

— Travaillez, vous serez bien payé.

— Mais n'y aurait-il point quelques renseignements à prendre, ne fût-ce que pour les dates?

— Allez demain voir la vicomtesse de Brémoy, elle vous contera des anecdotes que vous ramasserez.

Il promet : elle en raconte en effet que l'abbé retient à moitié, et brode ensuite dans une drogue qu'il intitule *l'Heureuse Aventurière.*

Le prince s'extasie et lui donne cent louis pour se faire imprimer. Muni de cette somme, l'abbé va chez Arthur et lui raconte que madame de Brémoy lui a confié un manuscrit, qu'il le lui remettra pour un prix raisonnable. Arthur le parcourt et lui en offre deux cents guinées. Il les dévore des yeux, les empoche et s'enfuit en Hollande.

Arthur ne dit rien de cette insolente diatribe à Fernande.

Cependant, madame de Brémoy revint à Ripaille, et descendit au château pour une nuit seulement; elle fut extrêmement prévenante envers Fernande ; Arthur employa avec elle une confiance séduisante qui gagnait les cœurs. Il lui avoua qu'il ne la voyait jamais sans se rappeler les injustices cruelles dont elle avait été victime, et qu'avec Fernande, il avait résolu de lui offrir une faible preuve de sympathie, en achetant pour elle une terre, où elle trouverait un asile contre la persécution de l'intrigue. La vicomtesse ne trouvait ni termes pour exprimer son admiration, ni preuves à donner de sa gratitude.

Fernande, qui croyait avoir quelques torts à réparer auprès du prince, cherchait à lui montrer que si son cœur était fermé aux sentiments dont il lui avait fait l'aveu, elle sentait vivement la noblesse de ses procédés. L'amour-propre ramène bien vite l'espoir chez les hommes. Déjà le prince recommence ses assiduités. Arthur s'en aperçoit et lui fait donner un faux avis d'un voyage prochain, dont il ne doit jamais parler à Fernande, qui ferait tous ses efforts pour l'empêcher. Cette nouvelle embellit de plus en plus son avenir. Ses importunes chuchoteries commencent à lasser Fernande. Elle en rend un fidèle compte à Arthur, qui lui conseille d'acquitter par ses complaisances la générosité de son ancien chevalier. Elle le supportait donc.

Ce double rapprochement prit dans les conversations la place des anciens propos. M. de Friocourt seul se taisait. Il ne voyait pas sans inquiétude l'intimité du prince avec madame de Brémoy, et la douceur d'Arthur commençait à entraîner malgré lui son suffrage. Le reste de la société se moquait de la crédulité de cet Anglais.

Les plaisanteries redoublèrent, lorsqu'il fut public que la petite terre d'Echilay était acquise pour madame de Brémoy. Ce dernier trait décide madame de Gémonière qui, dans le fond, aimait assez Fernande, à lui ouvrir les yeux. Elle lui raconte la manière inconvenante dont la vicomtesse s'était expliquée à Genève, à son égard, et l'exhorte à ne pas nourrir le serpent qui piquait le sein qui l'avait ranimé.

Fernande ne put douter de la vérité des faits, puisque madame de Gemonière lui en citait que la vicomtesse seule pouvait avoir publiés.

« Je n'ai, lui dit-elle, rien caché de mes imprudences à l'homme qu tient dans ses mains mon malheur, ou ma félicité ; mais cette cruelle femme est dans l'infortune. Je veux oublier ses torts pour ne penser qu'à ses besoins. Ce n'est pas à moi de borner la générosité d'Arthur. »

Cependant la vicomtesse ne perdait aucune occasion de répandre ce qu'elle avait malicieusement avancé, et le prince se contredisait hautement. Il avait mis ses gens en campagne pour découvrir l'abbé, et se tranquillisa lorsqu'il sut que la *plaisanterie* ne s'imprimait pas.

On choisit le jour pour l'installation des nouveaux hôtes dans leur château. Cela donna lieu à une fête dont le lord fit les frais et les honneurs. On y invita les connaissances nouvelles de madame de Brémoy ; on s'y rendit à midi. En entrant, elle se jeta au cou de Fernande, et l'on parcourut ensuite les chambres, en louant le goût de l'ameublement.

Toute la société se trouvait réunie dans la chambre à coucher. Un secrétaire était ouvert ; la vicomtesse tire un fil d'or, et une porte qui s'échappe laisse voir un papier roulé : c'était le contrat d'acquisition. Nouvelle occasion d'épancher sa reconnaissance. Arthur tire un autre fil, et prend un second papier ; on s'attend à un nouveau bienfait : il prie M. de Friocourt de lire. Celui-ci commence :

« Fernande connut la jouissance avant l'amour, et, dès l'âge de quinze « ans elle sut tromper et plaire. »

Chacun se regarde ; la vicomtesse rougit, le prince se déconcerte... C'était le manuscrit de l'abbé.

Arthur s'en empare, et le lit avec les notes et les citations. La malheureuse Fernande y était dépeinte avec les couleurs de l'infamie.

Après cette horrible lecture, Arthur ajoute : « Je n'avais qu'un moyen de rendre l'honneur à la femme que j'idolâtre. Il fallait un éclat. Prouvez, madame, dit-il à la vicomtesse, ce que vous avez avancé. Quant à vous, M. le prince, j'ai voulu montrer qui de vous ou de moi méritait mieux Fernande ; vous êtes le maître de vous fâcher. Messieurs, je dîne à Ripaille ; je n'invite personne, mais j'aurai l'honneur de recevoir tous ceux qui croiront aux qualités de la femme à qui je vais appartenir. »

Un silence stupide régnait dans l'assemblée. Arthur donne la main à Fernande, et ils montent en voiture ; chacun se disperse. La vicomtesse et M. de Friocourt restent seuls dans cette maison, car le prince lui-même s'est sauvé.

En deux heures, cette aventure acquit une publicité à laquelle on devait s'attendre : on était indigné contre la vicomtesse, on plaignait Fernande, on se moquait du prince.

Tous les convives dînèrent chez Fernande, à l'exception de M. de Friocourt, qui donna le conseil à la vicomtesse de quitter la maison ; il lui déclara ensuite que, las de rougir de sa conduite, il allait s'éloigner à jamais,

Et chercher sur la terre un endroit écarté
Où d'être homme d'honneur on ait la liberté.

Elle envoie prier le prince de passer chez elle. On lui fait répondre qu'il est au château.

« Au château ! » s'écrie-t-elle.

Il avait été trouver Fernande pour atténuer l'effet de cette singulière production. Fernande regarda Arthur en levant les épaules.

« Ah ! oui, sans doute, ajouta-t-elle, vous êtes un bon homme ; je vous pardonne. »

En sortant du château, le prince va chez madame de Brémoy.

« Eh bien, dit-il, tout est raccommodé. Fernande a très-bien pris la chose ; elle a tout oublié, et n'a pas même parlé de vous.

— Prince, vous me confondez. Quoi ! vous croyez que cela s'oublie? Vous croyez que je puis garder cette maison, habiter ce pays ?

— Oui, sans doute. On dira que vous êtes espiègle, et puis on n'en parlera plus. Venez avec moi au château. »

Elle le quitte plus courroucée encore que la veille, et convaincue surtout de l'impossibilité de tirer parti d'un si pauvre caractère.

Une visite imprévue, à Ripaille, augmenta de nouveau l'embarras de la position vraiment cruelle de Fernande. Le duc de Clarinville, allant en Suisse, était tombé au château avec une suite assez nombreuse. Jamais ce généreux bienfaiteur ne pouvait lui être plus utile. Elle lui raconta les événements qui s'étaient succédé depuis quelques semaines, et son mariage prochain avec lord Land. Il la dirigea avec un tendre intérêt, et lui fit jurer de ne jamais revoir madame de Brémoy, qui n'était qu'un monstre d'ingratitude.

Le duc partit, en faisant promettre à Arthur de mener sa femme à Paris pendant l'hiver. Mais que d'événements se préparaient contre la félicité de Fernande !

L'abbé pamphletaire s'était rendu à Londres auprès du duc Land, lui avait vendu une copie de son manuscrit, et l'avait ainsi décidé à prendre des mesures efficaces pour prévenir une union mal assortie.

Arthur, qui ne pensait déjà plus à ce libelle, reçoit une lettre de son frère, qui le prie de se rendre sur-le-champ à Genève, pour le tirer d'un mauvais pas où l'a jeté sa jeunesse. Arthur montre la lettre à Fernande et part. Mais avec son frère il trouve aussi milord duc, son père.

Le duc chercha, par la persuasion, à amener son fils à rompre avec Fernande. Arthur résista, et raconta à son père la double scélératesse de l'abbé. En ce moment arrive Fernande, qui avait suivi de près son amant. Le duc veut s'expliquer sur cet hymen qu'il est résolu d'empêcher.

« De quel hymen parlez-vous, milord? lui dit-elle. Que tout engagement est loin de ma pensée !

— Quoi ! vous n'avez pas l'intention de faire sanctifier vos serments?

— A Dieu ne plaise ! Si votre fils reste constant, le mariage est inutile ; s'il change, ce serait un malheur de plus.

— Il ne lui convient pas, ajoute le duc, de demeurer en Suisse.

— Je le suivrai.

— Que dira-t-on?

— Que je l'aime.

— La société permet l'amour qui a pour mentor la décence.

— J'irai plus loin, je lui donnerai la vertu. Milord, j'aime votre fils ; je le publie, j'en fais gloire ; rien ne m'en séparera. Je ne brave pas les convenances, mais je me mets au-dessus des fausses opinions. Que les vicomtesses me déchirent, que les abbés me calomnient, que les princes russes me prêtent des noirceurs, ils n'auront pour partisans que les sots qui bâillent et les méchants qui sourient. »

En disant ces mots, Fernande fit au duc une profonde révérence et se retira.

Le lord duc éprouva d'abord un grand soulagement en voyant abandonner la question du mariage.

« Prends ton père pour confident, dit-il à Arthur. Qu'est-ce que c'est que ta Fernande?

— Une femme vraiment extraordinaire ; d'une force de caractère rare, vraie jusqu'à se nuire, généreuse comme une reine, vive jusqu'à l'étourderie, romanesque et faisant de l'amour le ressort des vertus.

— Elle a vraiment toutes ces qualités?

— D'honneur!... Gaie dans le propos ; un peu libre dans sa parure, mais d'une grande réserve dans sa pudeur. »

Le lord duc était fort embarrassé. Au lieu d'un père ferme et sévère, il devenait, sans trop s'en apercevoir, un confident facile.

Le duc partit pour l'Angleterre sans se prononcer, et recommanda à son fils de ne pas oublier que lorsqu'un père était en même temps l'ami le plus tendre, il devait être consulté sur tout. Arthur se réserva de lui prouver qu'un père indulgent et sage n'avait jamais besoin d'autorité.

Pour se distraire des chagrins que leur avait suscités le libelle, Fernande et Arthur firent un voyage à Chambéry. Quelques jours après leur départ, un homme mal vêtu se présenta au château de Ripaille. N'y trouvant personne, il s'introduisit chez madame de Brémoy, qu'il supposait l'amie intime de Fernande, puisque la maison qu'habitait la vicomtesse était en partie un de ses bienfaits. Madame de Brémoy reconnaît dans cet homme le comte Robert d'Oizyville, que des malheurs sans nombre ont réduit à la plus affreuse misère. La vicomtesse lui promet de réparer, autant que possible, les injustices du sort ; aveuglée par la vengeance, elle prend plaisir à calomnier Fernande.

« Lisez ce livre, dit-elle au comte, et voyez s'il vous est possible de revoir votre fille.

— Un livre clandestin, répond M. d'Oizyville, est rarement le dépôt de la vérité.

— Il est naturel, poursuit la vicomtesse, que vous cherchiez à vous faire illusion. »

Le comte accepta l'hospitalité que lui offrait madame de Brémoy, et partagea avec cette femme artificieuse l'or qu'elle possédait. Il renouvela sa garde-robe, et s'établit chez la vicomtesse, qui dès lors s'empara de l'empire qu'elle voulait exercer sur M. d'Oizyville.

Une fille d'Opéra, la Thisbé, avait jeté le comte dans des dépenses folles ; après avoir attrapé quelques usuriers, il était devenu leur proie : ils l'avaient tenu dans une prison, où il serait mort si un incendie n'avait favorisé son évasion.

Fernande sut de son homme de confiance, qu'elle avait laissé à Ripaille, qu'un inconnu vivait auprès de la vicomtesse, et qu'ils tramaient sans doute quelques menées.

Fernande et Arthur ne s'émurent point de cette nouvelle. A leur retour à Ripaille, on vint au-devant d'eux pour leur annoncer le départ de la vicomtesse avec son commensal; et, tout entiers à leurs sentiments, ils s'occupèrent peu de cette circonstance, et décidèrent d'aller à Londres en passant à Paris.

Ils résolurent de ne plus voyager ensemble, afin d'enlever tout prétexte aux abbés pamphletaires. Arthur partit quelques jours avant Fernande. Elle le suivit avec une gouvernante. En allant de Lyon à Paris, fatiguée de la route, elle s'arrête dans un village pour y dormir. Au milieu de son premier sommeil, elle entend du bruit dans sa chambre. Elle se réveille, voit des gens armés et sa gouvernante qui lui dit : « Mademoiselle, il faut obéir aux ordres du roi et à ceux de votre père qui les a sollicités. » Fernande, terrifiée, s'habille à la hâte et monte en voiture avec sa dame de compagnie et deux hommes armés.

Elle demande quelques éclaircissements. Les gardes qui les conduisent ne répondent pas un mot, et marchant sans s'arrêter, ils font halte le surlendemain à un château où ils entrent de nuit.

Fernande est renfermée dans une vaste chambre sans meubles, et sa gouvernante est renvoyée à Lyon, sous la conduite des mêmes hommes.

Une heure s'était à peine écoulée, lorsqu'une femme vint apporter à Fernande du pain, du sel et du cidre. Elle l'interroge... nulle réponse. Trois jours se succèdent; même traitement. Une certaine force d'esprit mettait la jeune fille au-dessus de la souffrance, mais non de l'inquiétude. En regardant à travers une fenêtre condamnée, elle crut apercevoir, dans la campagne, un domestique de son père; puis elle reconnut les environs du manoir paternel, de l'antique *Château-l'Évêque.*

Le quatrième jour, enfin, deux hommes entrent chez Fernande et lui disent de les suivre. Elle descend, est introduite dans une chambre où se trouvait seule la vicomtesse de Brémoy.

« Vous recouvrez un moment de liberté, lui dit celle-ci, pour apprendre que vous êtes en ma puissance. Votre père, en m'épousant, m'a donné les droits qu'il a sur vous. Je ne pouvais me venger de mon ennemie qu'en prolongeant son supplice. Ton indigne amant ignorera le lieu que tu habites et les maux que tu vas souffrir : car je ne veux pas laisser l'espérance vivre dans son cœur. »

Une sueur froide perle sur le front de Fernande ; elle chancelle et tombe sur ses genoux. La vicomtesse, immobile, voit avec une joie secrète arriver la pâleur de la mort ; mais craignant de perdre trop tôt sa victime, elle lui fait donner des secours pour la rappeler à la vie, que cette abominable femme va remplir de nouvelles amertumes.

En revenant à elle, Fernande dit d'une voix entrecoupée :

« Que je revoie mon père et que je meure !

— Oui, tu périras, continue la furie ; chaque aliment que tu prendras commencera ta destruction, ou la faim précipitera ta dernière heure. Je t'enlèverai ces funestes charmes qui t'ont rendue si superbe. Tu redouteras à chaque instant les effets de ma vengeance, et tu mourras mille fois avant de cesser de vivre. »

La plume se refuse à raconter la suite des traitements qu'imagina la vicomtesse. Elle écrivit à Arthur qu'elle avait enfin un moyen de réparer ses torts envers lui, et qu'elle espérait pouvoir les lui faire oublier. Elle lui disait de venir au Château-l'Évêque, où elle lui rendrait Fernande. Ivre de joie, Arthur se jette dans une voiture et arrive le surlendemain au château, à onze heures du soir. Il entre ; la vicomtesse avait l'air triste.

« Ah ! milord, lui dit-elle, qu'ai-je fait ! Je vais vous porter le coup de la mort, puisqu'il vaut mieux perdre que mépriser ce qu'on aime. » Elle lui fait accepter un verre d'eau rougie, en attendant le souper. « Suivez-moi, » ajoute ensuite la vicomtesse. Il monte avec elle dans une chambre où il voit Fernande endormie et couchée avec un rustre d'un extérieur sale et dégoûtant.

« Il me restait, dit madame de Brémoy, le parti de vous éclairer, en vous rendant témoin de cet affreux libertinage, ou de vous cacher les vices d'un caractère que j'ai cru capable de céder à la raison. »

Arthur s'arrache à cette horrible apparition. La vicomtesse le conduit dans la salle, et le quitte sous prétexte de donner des ordres. Il réfléchissait sur sa triste destinée, lorsqu'il crut entendre une voix mourante. Il jette les yeux autour de lui, et voit dans son chapeau, qu'il avait laissé sur un fauteuil, un papier qui contenait ces mots :

« Lorsque vous ouvrirez ce billet, je ne serai plus ; mais je n'aurai fait que préparer le chemin des enfers, où je vais vous attendre. La mort est dans votre sein. Ouvrez le cabinet en face de la pendule, vous y verrez mon premier ouvrage... La seule que j'aie laissé vivre, pour son désespoir éternel, est votre Fernande ; mais elle ne vous reverra que dans les convulsions de la rage qui précédera votre mort. »

Il ouvre la porte indiquée, et aperçoit un cadavre égorgé : c'était celui du comte d'Oizyville ! Il s'approche de l'endroit où il avait entendu des cris, et trouve la vicomtesse expirante, tenant ses entrailles dans ses mains. Elle fait un dernier effort pour le couvrir de son sang ; mais elle roule agonisante dans l'escalier, et meurt en arrivant au bas.

Arthur ressent déjà les atteintes du poison. Ne trouvant personne dans la cour, il entre dans une étable, et réussit à traire une vache, dont le lait le soulage et combat le principe de son mal.

Cependant Arthur tombe sans force sur le carreau. En même temps Fernande, qui sortait d'un long assoupissement, descend et voit un homme souillé de sang. Elle s'approche, reconnaît Arthur... et elle tombe évanouie auprès de lui!

La fraîcheur des dalles les rappelle à la vie. La femme de chambre de madame de Brémoy, sachant qu'elle n'avait plus rien à craindre, leur avoue que sa maîtresse avait épousé le comte d'Oizyville, et l'avait forcé de solliciter un ordre supérieur pour faire arrêter sa fille. Que la vicomtesse, craignant de l'opposition à ses desseins de la part du comte, lui avait ôté la vie avant qu'il eût revu sa fille. Il y avait alors, à Paris, un tabac somnifère, dont les filous faisaient usage, et qui avait pour propriété de causer une léthargie. Madame de Brémoy forçait Fernande à en prendre, et lorsque cette malheureuse jeune fille était sans connaissance, cette femme infernale faisait entrer dans son lit de misérables vagabonds, à moitié ivres, qui jouissaient de son cadavre vivant. C'était un de ces horribles moments que la vicomtesse avait choisi pour montrer à Arthur les apparences d'une infidélité révoltante.

Ces éclaircissements, quoique pénibles, délivrèrent Arthur d'un poids insupportable ; mais ils firent entrer dans son cœur un chagrin profond et le dégoût de la vie. Quant à la malheureuse Fernande, elle implorait la mort avec de sourds gémissements.

Le chevalier d'Anglaur, qui était parvenu à découvrir la prison de Fernande, arriva dans ce moment, nourrissant toujours l'espoir d'épouser la charmante fille.

De son côté, le duc de Clarinville, qui avait eu de vagues renseignements sur le séjour forcé de Fernande au Château-l'Évêque, venait lui offrir avec empressement sa protection.

Ces divers personnages étaient réunis dans la grande salle du château. Le vent était froid. Une pluie fine et pénétrante répandait une humidité glaciale. Le vent mugissait à travers les branches de la forêt dénudée ; le tocsin commençait à sonner de lui-même au beffroi du château : il était minuit.

A ce moment, un vieillard à longue barbe qui semblait sortir des souterrains du manoir, d'où l'avait chassé le débordement de la rivière, se présente aux regards étonnés de l'assemblée. Il portait la mitre et la crosse. Clarinville, recueillant ses souvenirs, croit le reconnaître, et l'œil ardent du vieillard paraît aussi ne pas voir le duc pour la première fois.

En même temps, et par une autre issue, arrive une femme, une religieuse, dont les ans et le chagrin ont creusé le visage de rides profondes.

Une force invisible semble retenir les assistants au sol. Tous les cœurs sont glacés d'effroi... Le tocsin tinte encore plus fort ; le vent mugit avec violence ; l'eau commence à couvrir le parquet de la salle ; elle monte, elle monte encore, et les meubles sont flottants. Une dernière lueur part du foyer qui va s'éteindre, et illumine d'un éclat mourant et blafard cette scène d'horreur. Un homme de feu est là, qui met la main sur l'épaule du vieillard. En ce moment, chacun assiste au passé des hôtes du Château-l'Évêque. Le vieillard, c'est Godefroy, le châtelain mitré ; la vieille religieuse, c'est Marguerite, sa compagne infortunée ; le duc de Clarinville, c'est le brillant mousquetaire qui, dans une nuit d'orgie, avait blasphémé Dieu et fait parade de son impiété.

Et tous se regardaient en silence ; et le tocsin tintait toujours, et le vent déchaîné soufflait encore... et l'inondation montait, montait sans cesse. Un cri formidable se fait entendre... les murs s'ébranlent et tombent avec fracas dans l'onde bouillonnante. Un seul débris est encore debout. L'homme de feu s'y tient accroupi. Il pousse un ricanement infernal, dont le bruit aigu glisse au loin et se perd sur la surface des eaux jaunies qui ensevelissent la vallée.....

Aujourd'hui, que reste-t-il de ce château maudit ? Quelques pans de murailles... à peine un souvenir !

CHINON.

A JEANNE D'ARC.

L'ennemi, tout droit violant,
Belle amazone, en vous brûlant,
Décela son âme perfide;
Mais le destin n'eut point de tort :
Celle qui vivait comme Alcide,
Devait mourir comme il est mort.

MALHERBES.

LE CHATEAU DE CHINON.

(Mystères des Vieux Châteaux de France.)

CHINON.

Le château de Chinon, comme celui de Loches, était situé sous le ciel si renommé de la Touraine. Élevé sur le sommet d'une colline, il dominait majestueusement la ville qui porte son nom, et voyait couler à ses pieds les eaux bleuâtres de la Vienne.

Sa construction remonte aux premiers temps de notre monarchie. Les chroniques commencent à le mentionner dès le cinquième siècle, mais on peut conjecturer, avec quelque raison, qu'il fut bâti à une époque encore plus reculée.

« Ancienne résidence des rois, ce château, qui ne présente au premier coup d'œil qu'une masse uniforme flanquée de tours et garnie de fossés, se compose en réalité de trois corps de bâtiment distincts, construits à diverses époques et dans des buts différents, ce qui rend difficile d'assigner à leur édification une date précise. Des indices à peu près certains, des chartes conservées avec un religieux respect, viennent cependant de loin en loin guider l'historien dans ce dédale de recherches, au milieu desquelles, à leur défaut, on le verrait à tout instant près de s'égarer.

« Il reste actuellement si peu de chose de ce château, que nous nous voyons contraint, voulant en tracer une courte et rapide description, de renvoyer le lecteur à une trentaine d'années par delà la révolution de 1789; révolution qui sut si bien frapper de sa lourde hache les vieilles institutions, saper les vieilles croyances, renverser les vieux monuments.

« Vers l'an 1760, le voyageur qui pénétrait dans la ville de Chinon par le pont de l'Annonaire, après avoir gravi la petite colline aux flancs de laquelle la ville est assise, se trouvait subitement face à face avec de majestueuses et intéressantes ruines. A sa droite s'élevait un grand monument, dont les fenêtres gothiques, aux rosaces noircies et privées de leurs vitraux, décelaient un ancien temple. Cette chapelle, construite par les rois d'Angleterre, qui la dédièrent à saint George, patron de la Grande-Bretagne, fut démolie en 1763, et il n'en reste plus d'autres vestiges que quelques pierres épaises çà et là. Un pont en forme d'aqueduc à quatre arches, élevé de plusieurs pieds au-dessus du sol, réunissait jadis la maison du roi des cieux à celle du roi de France.

« Quant au fort du milieu, il présentait peu d'intérêt à l'observateur, soit par la structure, soit par les souvenirs qui s'y rattachaient; il était seulement flanqué d'une tour, du haut de laquelle les sentinelles pouvaient épier attentivement ce qui se passait à une grande distance du château. Un peu plus vers la gauche, se dessinait la tour d'Argenton, construite, dit-on, pour communiquer, à l'aide d'une galerie souterraine, à la maison habitée par Agnès Sorel.

« On voyait, enfin, il y a environ deux siècles, les restes de la chambre où Charles VII reçut la Pucelle d'Orléans, lorsque la pauvre bergère de Domremy, jetant au loin la houlette, saisit l'épée et vint replacer la couronne au front du roi de France.

« Ce que le temps avait commencé, l'homme l'acheva, et cette maison, dont les murs existaient encore du temps de Richelieu, tomba sous la hache des ouvriers du cardinal, lorsque ce ministre construisit, dans le même emplacement, la splendide résidence qui porte son nom (1). »

Charles VII, Jeanne d'Arc, Agnès Sorel, le cardinal Richelieu, voilà les grandes illustrations du château de Chinon. Mais parmi ces nobles personnages, parmi ces hôtes distingués de l'antique castel, celui qui imprima le plus de célébrité à l'ancienne résidence de nos rois, celui aussi qui a laissé le plus de souvenirs dans l'esprit des habitants de la localité, c'est certainement Jeanne d'Arc, la vierge inspirée, qui délivra son pays de l'invasion étrangère, et mourut sur un bûcher, martyre de son zèle et de son dévouement.

Jeanne, surnommée la Pucelle d'Orléans, était de Domremy, village situé près de Vaucouleurs, et sur les frontières de la Lorraine. Elle naquit en l'année 1412, et était de six ans plus jeune que Charles VII. Son père se nommait Jacques d'Arc, et sa mère Isabelle Romée : c'étaient des gens fort simples, attachés à la religion et à la cause du roi de France, vivant à leur aise, selon la manière du pays, ayant pour tout bien quelques bestiaux qu'ils soignaient eux-mêmes, quelques terres qu'ils faisaient valoir, et cinq enfants, dont trois garçons et deux filles.

Jeanne ne reçut d'autre éducation que celle que sa mère lui donna. Elle savait filer et coudre, faire le ménage et les travaux de la maison. Elle n'avait jamais appris à lire ni à écrire ; toute son instruction se bornait à connaître l'Oraison dominicale, la Salutation angélique et le Symbole des apôtres. Elle était, du reste, fort dévote : elle aimait à fréquenter l'église ; elle assistait à la messe le plus souvent qu'elle pouvait ; et elle se faisait un devoir de l'aumône.

L'histoire nous a conservé un touchant témoignage de la piété de Jeanne : c'est celui d'Haumette, son amie de cœur, sa compagne d'enfance, qui était de trois ou quatre ans moins âgée qu'elle.

(1) *Chinon*, par A. Cohen.

« Que de fois, dit-elle (1), j'ai été chez son père, et couché avec elle, de bonne amitié !... C'était une bien bonne fille, simple et douce. Elle allait volontiers à l'église et aux saints lieux... Elle se confessait souvent... Elle rougissait quand on lui disait qu'elle était trop dévote, qu'elle allait trop souvent à l'église. »

Un laboureur de Domremy, qui l'avait aussi connue particulièrement, ajoute qu'elle se faisait un plaisir de soigner les malades, et qu'elle se montrait libérale envers les pauvres.

« Je le sais bien, dit-il (2), j'étais enfant alors et c'est elle qui m'a soigné. »

Dans son exaltation religieuse, il lui arrivait souvent de passer des jours et des nuits en prière ; ou bien elle s'occupait à tisser des guirlandes pour la Vierge, pour l'archange Michel; pour sainte Catherine et sainte Marguerite, qu'elle regardait comme ses protectrices particulières. Sans cesse occupée de ces êtres surnaturels, elle crut bientôt voir leur image ; elle crut entendre leurs voix, et ces visions commencèrent lorsqu'elle avait treize ans.

Un jour qu'elle se trouvait seule, vers le soir, dans le jardin de son père, elle aperçut tout à coup une lumière éblouissante, et en même temps elle entendit une voix qui semblait venir de l'église, et qui lui disait :

« Jeanne, sois sage et vertueuse, et fréquente souvent la maison de Dieu. »

La jeune fille eut bien peur ; elle regagna toute tremblante son habitation, et courut se jeter dans les bras de sa mère.

Une autre fois, c'était pendant la nuit, Jeanne était en prière. Elle vit sa chambre illuminée par une clarté soudaine, et aussitôt apparurent à ses yeux plusieurs figures de saints et de saintes, parmi lesquelles se

(1) Procès de révision.
(2) *Idem.*

trouvait un ange aux blanches ailes. Cet ange avait le front couronné d'une auréole de feu ; ses traits étaient nobles, sa démarche majestueuse, sa personne respirait une grace toute divine. Il s'avança doucement vers Jeanne, et faisant entendre une voix plus mélodieuse que la plus belle musique :

« Jeanne, dit-il, tu peux sauver la France ; va au secours du roi Charles, et tu lui rendras son royaume. » (1)

La jeune fille, remplie d'admiration et de crainte, répondit en hésitant :

« Messire, je ne suis qu'une pauvre villageoise ; je ne saurais chevaucher ni conduire les hommes d'armes. »

L'ange répliqua d'une voix plus persuasive encore que la première fois :

« N'aie point peur, Jeanne ; aie confiance en moi. Tu iras trouver M. de Baudricourt, capitaine de Vaucouleurs, et il te fera mener au roi. Sainte Catherine et sainte Marguerite t'assisteront dans ce voyage. » (2)

L'apparition cessa bientôt, et Jeanne resta longtemps stupéfaite de ce qu'elle venait de voir et d'entendre.

L'ange qui avait parlé à Jeanne d'Arc était, selon la croyance de la jeune fille, saint Michel, l'archange des batailles.

L'habitant des cieux ne se borna pas à une première invitation ; il revint souvent à la charge, pressant toujours plus vivement et promettant son aide au milieu des combats.

Jeanne, après chaque apparition, ne pouvait s'empêcher de verser des larmes. Il lui était commandé de quitter son village, de fuir le toit paternel, d'abandonner sa mère, sa sœur, ses amies, toute sa famille, pour aller au loin s'aventurer à travers des pays inconnus, et courir audacieusement les dangers de la guerre. Elle qu'un seul mot déconcertait et fai-

(1) Procès, interrogatoire du 22 février.

(2) *Ibidem*, du 27.

sait rougir, il lui fallait vivre au milieu des camps, se trouver constamment parmi les hommes, entendre le langage grossier des soldats, se mêler à leurs travaux et être témoin de leurs plaisirs. C'était une entreprise bien difficile pour sa faiblesse, bien alarmante pour sa pudeur, bien périlleuse pour sa vertu. Néanmoins la *voix*, ainsi qu'elle le disait, continuant à se faire entendre, ses visions devenant de plus en plus fréquentes, elle se décida à instruire ses parents de l'ordre qu'elle avait reçu de l'archange saint Michel. Son père, rude et honnête paysan, ne crut point d'abord aux révélations de sa fille ; mais celle-ci, persistant dans ses affirmations et manifestant le dessein d'exécuter l'ordre céleste, Jacques d'Arc admonesta avec sévérité son enfant, qu'il considérait comme visionnaire, et l'avertit que si elle s'en allait jamais avec les gens de guerre, elle encourrait tout son ressentiment ; il jura même que, pour l'en empêcher, il la noierait plutôt de ses propres mains.

La mère, la sœur et les frères de Jeanne faisaient aussi tous leurs efforts pour la dissuader de mettre à exécution son étrange projet. Pour arriver plus facilement à vaincre ses déterminations et la ramener a des idées plus raisonnables, on voulut la marier. Un jeune homme de sa connaissance se présenta pour l'épouser. Elle refusa d'accéder à ses désirs, en disant qu'elle ne voulait pas engager sa liberté. Le jeune homme, qui s'était concerté avec la famille de Jeanne, insista et prétendit qu'il avait des droits sur elle, attendu, assurait-il, qu'elle lui avait fait, étant fort jeune, une promesse de mariage. Comme elle insistait dans son refus et niait d'avoir jamais rien promis, le villageois la fit assigner devant le juge ecclésiastique de Toul. On pensait qu'elle n'oserait se défendre, et que, dans la crainte de paraître devant un tribunal, elle consentirait plutôt à se marier. Au grand étonnement de tout le monde, elle alla à Toul, elle parut en justice, elle parla avec assurance, elle qui avait jusqu'alors montré la plus grande timidité, soit pour parler, soit pour agir.

La pauvre jeune fille, continuant à entendre la *voix* qui lui commandait de rétablir sur le trône de France son prince légitime, voulait absolument accomplir la mission qu'elle croyait avoir reçue du ciel. Elle souffrait extrêmement, disait-elle, des empêchements que l'on mettait à l'accomplissement de son dessein; elle comparait même les douleurs qu'elle éprouvait en cette circonstance à celles que les femmes ressentent dans le travail de l'enfantement.

Les parents, malgré la certitude qu'ils avaient de sa pureté, craignaient qu'au milieu de ses hallucinations, elle ne vînt à abandonner la maison paternelle et à s'enfuir au loin avec quelques gens d'armes; ce qui les obligeait à veiller exactement sur sa conduite, surtout lorsqu'il passait des troupes à Domremy. Dans cette crainte, ils quittèrent plusieurs fois leur village pour aller passer environ quinze jours à Neuchâteau, petite ville de la Lorraine.

A Neuchâteau se trouvait un oncle de Jeanne. C'était chez lui que la jeune fille résidait. Elle lui fit part de ses visions, des visites de l'archange saint Michel, des ordres pressants qui lui avait été intimés, et de la haute protection qui lui avait été promise. L'oncle, entraîné par l'enthousiasme exalté de sa nièce, se laissa facilement persuader. Elle obtint de lui qu'il irait demander pour elle l'appui du sire de Baudricourt, qui commandait à Vaucouleurs.

L'homme de guerre ne fit point à l'oncle un accueil favorable; il lui dit que sa nièce était une folle et que ses révélations n'étaient que des chimères. Il lui conseilla de la ramener à son père, en ayant soin auparavant « de bien la souffleter. » (1)

Jeanne, malgré l'insuccès de la démarche de son parent, ne perdit rien de la confiance ni du courage qui l'animaient. Elle ne se rebuta pas, elle voulut à toute force aller trouver elle-même Baudricourt, espérant le convaincre de la réalité et de la nécessité de sa mission. Elle partit un beau matin, et il fallut bien que son oncle l'accompagnât.

(1) *Notices des manuscrits*, tome III, page 301.

Arrivée à Vaucouleurs, elle se rendit chez le capitaine, et, sans s'intimider aucunement, elle lui parla en ces termes :

« Messire, je viens ici de la part du Seigneur, pour vous demander d'être menée devant le Dauphin, que je dois conduire à Reims pour le faire sacrer roi de France. Dites-lui surtout de se bien maintenir devant Orléans, de ne point livrer bataille, parce que le Seigneur lui donnera un secours vers la mi-carême; si vous voulez bien me le permettre, j'irai moi-même dans la ville assiégée, et je suis certaine, avec le secours du ciel, de contraindre les Anglais d'en lever le siége. »

Le capitaine, en voyant l'air inspiré et la conviction profonde de la jeune fille, sentit s'affaiblir un peu le sentiment d'incrédulité qu'il avait manifesté quelque temps auparavant à l'oncle de Jeanne ; mais néanmoins, ne voulant point paraître revenir si vite sur ce qu'il avait dit, il différa de répondre et renvoya celle-ci, désespérée de n'avoir pu obtenir une réponse positive sur l'objet de sa demande.

« Hélas! disait-elle à sa tante, en se plaignant de l'inertie de Baudricourt, il faut donc que la France soit asservie à l'Angleterre, et que nous devenions tous des Anglais! »

Après avoir versé quelques larmes à cette triste pensée, elle s'écria, pleine de confiance, et comme cédant à une inspiration profonde :

« Non, ce malheur n'arrivera point ; le Dauphin sera victorieux de ses ennemis! »

Après quelques moments de silence, elle reprit :

« Je suis venue vers Baudricourt, et il ne tient aucun compte de ce que je lui ai dit... Il faut cependant que je sois conduite au roi vers la mi-carême, devrais-je, pour m'y rendre, faire la route à pied, et user mes jambes jusqu'aux genoux. »

Sa tante, lui faisant envisager toutes les fatigues et tous les dangers auxquels elle allait s'exposer :

« Certainement, répliqua-t-elle, j'aimerais beaucoup mieux rester à côté de ma mère, que d'entreprendre un pareil voyage ; je sais bien aussi que ce n'est pas ma condition, d'aller à l'armée et de vivre au milieu des soldats ; mais il faut bien que j'y aille et que je le fasse, puisque le Seigneur le veut et ne cesse de me l'ordonner.

— Mais, lui dit sa tante, le Dauphin n'a-t-il pas assez de défenseurs ? A quoi lui servirait le secours d'une faible fille qui ne sait pas manier une épée ?

— Dieu est tout-puissant, reprit Jeanne ; il combattra pour moi... D'ailleurs, croyez-le bien, personne au monde, ni rois, ni ducs, ni fille du roi d'Écosse, ne peuvent reprendre le royaume de France ; il n'y a pour lui de secours que moi-même. »

La réputation de Jeanne et le retentissement des projets qu'elle méditait s'étaient répandus dans tout le pays. Ceux qui connaissaient son éducation grossière et sa simplicité, étaient beaucoup plus étonnés que les autres. Mais sa piété, qui ne se démentait pas, faisait croire à ces personnes qu'il y avait quelque chose de merveilleux dans sa conduite.

Son oncle la mena en pèlerinage à Saint-Nicolas, près Nancy. Le duc Charles de Lorraine en ayant ouï parler, voulut la voir et l'entendre ; il l'invita à venir le trouver, et lui envoya en conséquence un passe-port pour Nancy. C'était vers les fêtes de la Pentecôte de l'année 1428. Ce prince était malade, et quoiqu'il fût fortement préoccupé de sa maladie, il ne laissa pas d'interroger la jeune villageoise sur les bruits qui couraient à son sujet. Elle avoua, sans hésiter, comme elle l'avait déjà fait à Vaucouleurs, qu'elle voulait secourir le Dauphin (1). Elle supplia donc très-instamment Charles de Lorraine de commander à son fils (c'était René d'Anjou, gendre du duc) de la vouloir bien conduire vers M. le

(1) Il est à remarquer que Jeanne affectait de désigner Charles VII par le titre de Dauphin, et qu'elle ne cessa de l'appeler ainsi que lorsque ce prince eut été sacré à Reims. Dans son système religieux, elle pensait qu'un roi ne pouvait être regardé comme tel, que lorsque son titre lui avait été confirmé par les cérémonies de l'Église.

dauphin Charles, et elle lui promit en même temps de prier Dieu pour le rétablissement de sa santé.

Le duc lui demanda ce qu'elle pensait de sa maladie ; elle lui répondit ingénument que, comme il vivait en mauvaise intelligence avec la duchesse sa femme, qui était une princesse vertueuse, il ne guérirait pas s'il ne changeait de procédé à son égard, et ne montrait plus d'affection envers elle. Le duc la congédia et lui donna *quatre francs,* qu'elle confia sur-le-champ à son oncle, qui l'accompagnait.

La visite de Jeanne d'Arc au duc de Lorraine eut pour heureux résultat le rappel de la duchesse au château de Nancy, et sa réintégration dans les bonnes grâces de son mari.

L'oncle avait ramené sa nièce à Domremy, et l'avait remise entre les mains de son père et de sa mère. Jeanne, loin d'être revenue de ses idées aventureuses, déclarait qu'il lui était impossible de rester plus longtemps à son village, que ses *voix* se faisaient entendre chaque jour davantage à son oreille, et qu'elle ne pouvait pas résister plus longtemps à l'invitation qu'elle recevait du ciel. Elle alla même jusqu'à dire qu'elle était résolue de prendre des habits d'homme pour se faire présenter au Dauphin. L'oncle, persécuté de nouveau par sa nièce, la conduisit encore à Vaucouleurs, chez le sire de Baudricourt.

Cette fois Jeanne, voulant prouver à ce seigneur la vérité de sa mission, l'assura que les Français venaient d'essuyer, à l'instant même, une grande défaite devant Orléans.

« Je vous en prie, ajouta-t-elle, donnez-moi des gens pour me guider et me mener vers le Dauphin. »

Le sire de Baudricourt, continuant à la prendre pour une folle et une visionnaire, la renvoya derechef sans vouloir accéder à ses désirs.

Enfin, on apprit dans la Lorraine et dans les environs, les résultats de la journée dite *des Harengs,* journée funeste où les Français avaient été battus en voulant ravitailler la ville d'Orléans, assiégée par les Anglais.

Cette défaite était celle qui avait été annoncée par Jeanne. Elle avait eu lieu le jour même qu'elle l'avait signalée, à soixante lieues de distance.

Jeanne, en voyant la consternation générale causée par ce nouveau malheur, ne peut retenir ses larmes :

« C'en est donc fait de la France! dit-elle ; les Anglais s'emparent de toutes nos villes, et le Dauphin est dépossédé du domaine de ses ancêtres... Cependant, si l'on voulait m'écouter, je puis porter remède au mal, et rétablir notre prince dans son royaume!... Non, je ne puis rester plus longtemps inactive, et voir mon pays en proie aux dévastations de l'étranger... »

Peu de jours après, la jeune fille retournait à Vaucouleurs, toujours accompagnée de son oncle, dont elle avait su captiver la confiance.

Cette fois, le sire de Baudricourt fit un accueil plus favorable à la jeune paysanne ; il avait pu s'assurer de la vérité du fait qu'elle lui avait annoncé quinze jours auparavant. Pensant néanmoins qu'il pouvait y avoir là-dessous quelque diablerie, il fit part de ses soupçons à son curé, et le pria de vérifier la chose par le moyen de son ministère. Le curé se rendit à l'habitation de Jeanne, se mit à l'exorciser et à lui jeter de l'eau bénite ; puis, lui présentant son étole déployée, il prononça ces paroles sacramentelles :

« Jeune fille, je t'adjure d'obéir à mon injonction. Si tu es venue de la part de Dieu, parle, et dis-nous ce que tu veux ; si, au contraire, tu es envoyée par l'esprit des ténèbres, éloigne-toi bien vite de ces lieux. »

Jeanne, nullement intimidée d'une pareille solennité, répondit en ces termes à l'injonction du prêtre :

« Je n'ai jamais eu de commerce avec le diable, ni reçu d'ordre de lui. Celui qui m'a envoyée ici, c'est l'archange saint Michel, qui combattit autrefois les démons ; aujourd'hui il m'ordonne de secourir le Dauphin, et il m'offre de soutenir mon bras pour combattre et vaincre les Anglais. »

Le curé se retira rempli d'étonnement et d'admiration.

La jeune fille étant sortie victorieuse de cettre épreuve cléricale, le capitaine consentit enfin à l'envoyer vers le roi.

Les habitants de Vaucouleurs, comme bons Français, firent la dépense de l'équipage de Jeanne, lui fournirent un habillement d'homme complet, et même un cheval qui coûta *seize francs*. Baudricourt ne lui donna qu'une épée, et choisit deux personnes pour l'accompagner : c'étaient deux gentilshommes champenois, auxquels il fit jurer de la respecter et de la conduire sûrement vers le roi. Le capitaine, la voyant sur son départ, lui donna quelques instructions pour le voyage, puis la congédia en disant : « Va, et advienne ce qu'il pourra. »

Son père et sa mère, instruits de sa résolution, faillirent en perdre les sens; ils firent les derniers efforts pour la retenir; ils employèrent les menaces et les supplications : elle résista à cette dernière épreuve. Elle partit sans prendre congé d'eux, et leur fit écrire pour leur demander pardon.

Le voyage qu'elle devait faire était bien rude et bien périlleux. On était alors au mois de février; les chemins étaient très-mauvais, le pays qu'elle devait parcourir était très-peu sûr; les Anglais occupaient la plupart des villes qui se trouvaient sur sa route. Elle traversa la Champagne, la Bourgogne, le Nivernais, le Berri et la Touraine; elle fit plus de cent cinquante lieues, à cause des détours qui étaient nécessaires pour éviter les places ennemies; il ne lui arriva aucun accident : chose qui était alors très-difficile en temps de paix, et presque impossible en temps de guerre.

Lorsque ses compagnons craignaient quelque danger, elle se montrait calme et parvenait toujours à les rassurer.

« Ne craignez rien, leur disait-elle, Dieu veille sur moi. Il m'a donné une mission, il faut bien qu'il me donne le moyen de l'accomplir. »

Elle était tellement rassurée sur ce qui pouvait lui arriver, que dans toutes les villes où elle passait, elle tenait absolument à s'arrêter pour entendre la messe ou remplir quelque acte de dévotion. Lorsque ses conducteurs se permettaient des observations à ce sujet, elle ranimait leur courage par sa grande confiance.

« Laissez-moi agir comme je veux, leur disait-elle ; mes frères de paradis m'inspirent ce que j'ai à faire. »

Et d'autres fois :

« N'ayez point peur, nous arriverons sûrement à Chinon, et le roi-dauphin vous fera bonne réception. »

Lorsqu'elle arriva à Fierbois, en Touraine, elle s'arrêta quelque temps dans l'église de Sainte-Catherine pour remercier sa protectrice de l'avoir conduite, sans rencontre fâcheuse, au terme de son voyage. Les deux gentilshommes qui lui servaient d'escorte, ont avoué depuis, que, la croyant folle, ils avaient eu, un instant, l'intention de la jeter dans une carrière ; mais qu'édifiés par sa piété et ses œuvres charitables, ils s'étaient attachés à elle, et avaient pris le parti de lui obéir en tout. D'après ses ordres, ils envoyèrent au roi la lettre de Baudricourt, et écrivirent qu'ils attendaient la permission de Sa Majesté pour aller la saluer.

Charles VII se trouvait alors au château de Chinon, avec toute sa cour. Ce prince, au lieu d'imiter les Lahire, les Dunois et vingt autres guerriers aussi jeunes que lui, et qui versaient chaque jour leur sang dans les combats, passait son temps dans l'oisiveté et les plaisirs, ne songeant qu'à préparer des fêtes nouvelles, et paraissant fort peu s'inquiéter de l'envahissement progressif de ses États. Il soumit la lettre du capitaine de Vaucouleurs à son conseil, qui s'assembla pour délibérer sur ce qu'on avait à faire en cette circonstance. Devait-on recevoir au château une simple paysanne qui se disait inspirée? Devait-on souscrire à ses vœux, et la mettre à la tête des armées? Voilà ce qu'il s'agissait de décider et sur quoi les avis étaient partagés.

Les uns pensaient que c'était sottise de s'arrêter aux fantaisies d'une visionnaire, qui peut-être était subornée et mise en avant par les ennemis ; qu'il fallait bien prendre garde d'être le jouet des Anglais, qui, tout en profitant de leur stratagème, ne manqueraient pas d'accabler de leurs moqueries l'armée française, et surtout les chefs qui la commandaient ; que, d'ailleurs, avoir recours à des moyens extraordinaires, comme celui de mettre une faible fille à la tête des troupes, c'était déclarer à la face de l'Europe une chose qui n'existait pas : l'abattement des Français, l'impuissance de leurs capitaines et la couardise des soldats.

Les autres croyaient que, dans les circonstances extrêmes où l'on se trouvait, on ne devait négliger aucun des moyens propres à faire arriver à une position meilleure ; que toutes les manières de triompher étaient bonnes, pourvu qu'elles fussent dans les droits de la guerre ; qu'il fallait mépriser la considération mesquine d'un ridicule qui ne pouvait exister d'ailleurs que dans le cas d'un non-succès ; que la jeune fille pouvait fort bien avoir reçu du ciel la mission qu'elle déclarait ; qu'il était convenable néanmoins d'agir avec prudence, de tâcher d'éviter la fraude ou les entreprises du malin esprit, de prendre enfin toutes les informations et précautions nécessaires à cet égard.

Le conseil passa deux jours entiers à délibérer ; le troisième, il fit réponse à la jeune villageoise qu'elle pouvait venir au château, où le roi l'attendait.

Ce fut au milieu du plus grand appareil qu'elle fut admise à présenter ses hommages à Charles VII : c'était le soir ; plus de cinquante flambeaux éclairaient la salle de réception ; grand nombre de dames et de seigneurs, deux ou trois cents chevaliers étaient réunis autour du roi. Chacun brûlait du désir de voir Jeanne et de l'interroger.

Elle se présenta humblement devant le monarque, comme « une pauvre petite bergerette (1), » et quoiqu'elle n'eût jamais vu Charles VII,

(1) Procès de révision.

elle l'alla démêler parmi les courtisans, se jeta à ses pieds et lui tint les genoux embrassés pendant quelque temps : malgré les efforts que l'on faisait pour la tromper et lui faire croire que ce n'était pas au roi qu'elle s'adressait, elle resta cependant aux pieds de Charles, et prenant la parole :

« Gentil Dauphin, dit-elle, j'ai nom Jeanne la Pucelle. Le roi du ciel m'a envoyée pour vous secourir, s'il vous plaît me donner gens de guerre; par grâce divine et force d'armes, je ferai lever le siége d'Orléans, et vous mènerai sacrer à Reims, malgré tous vos ennemis. C'est ce que le Roi du ciel m'a commandé de vous dire : sa volonté est que les Anglais se retirent en leur pays et vous laisse paisible dans votre royaume. » (1)

Ce qui surprit toute la cour, ce ne fut pas seulement la manière dont Jeanne avait connu le roi sans l'avoir jamais vu auparavant, mais encore la confiance avec laquelle parlait une fille de son âge, élevée à la campagne, ne possédant aucune éducation ni connaissance du monde. Charles VII ordonna à son maître d'hôtel de la loger chez lui; il pria en même temps la femme de ce seigneur de vouloir bien lui faire donner tous les soins que son sexe et sa situation réclamaient.

Le lendemain du jour de la réception de Jeanne à la cour, le conseil du roi s'assembla de nouveau; il y fut décidé qu'on enverrait prendre des informations sur elle à Domremy, lieu de sa naissance, et qu'on la ferait en même temps examiner par un tribunal ecclésiastique, afin de s'assurer si elle n'agissait point par l'artifice du démon.

On assembla donc plusieurs théologiens et docteurs pour l'interroger. Parmi eux se trouvaient Regnault de Chartres, archevêque de Reims et chancelier de France; Christophe d'Harcourt, évêque de Castres, confesseur du roi; Guillaume Charpentier, évêque de Poitiers; Nicolas le Grand, évêque de Senlis; l'évêque de Montpellier; Jean Jourdain, de Paris, docteur en théologie, etc. Le duc d'Alençon, prince du sang, l'un

(1) Déposition du duc d'Alençon.

des plus sincères admirateurs de Jeanne, voulut assister à cet interrogatoire.

Lorsque les docteurs eurent été réunis dans une salle, la jeune fille alla se placer devant eux, avec une assurance vraiment extraordinaire. On lui ordonna de parler des choses merveilleuses qu'elle avait vues et entendues. Aussitôt elle se mit à raconter, dans tous leurs détails et avec une simplicité pleine de grandeur, les diverses apparitions des anges, des saints et des saintes, qui tous lui avaient conseillé de quitter son village et d'aller rétablir le roi dans son royaume.

Un dominicain lui fit une objection très-grave, qui aurait certainement embarrassé un esprit plus cultivé que le sien :

« Jeanne, dit-il, s'il plaît à Dieu de délivrer le peuple de France et de rétablir le roi dans ses États, il n'a pas besoin de ton assistance, ni de celle des gens d'armes; sa volonté seule suffit pour accomplir ses fins. »

La réponse fut aussi sage que soudaine :

« Mon Dieu ! dit Jeanne, les gens d'armes batailleront et le Seigneur donnera la victoire. »

Il était impossible de mieux appliquer l'un de nos anciens proverbes, qui est peut-être aussi l'un des plus beaux et des plus vrais : *Aide-toi, le ciel t'aidera.*

Un professeur en théologie de Limoges, qui se montrait très-ardent à l'interroger, et qui cherchait surtout à la surprendre par des questions captieuses, lui demanda d'un ton aigre et dans son français limousin :

« Quelle langue parlait donc cette prétendue voix céleste? »

Jeanne, piquée du ton et des intentions du docteur, répondit avec malignité :

« Meilleure que la vôtre. »

La grave assemblée ne put contenir son sérieux. Tout le monde se mit à rire, avec la conviction que la réponse de la jeune fille était une juste punition de la demande du pédant.

L'interrogatoire étant terminé, et les réponses ayant été jugées très-sages et très-orthodoxes, on commença dès lors à croire qu'il n'était pas impossible que Dieu voulût se servir d'une simple bergère pour exécuter quelque grand dessein.

Un rapport des demandes et des réponses fut soumis au roi dans un conseil, et on commença à délibérer de nouveau au sujet des vœux exprimés par Jeanne. Les mêmes arguments se reproduisirent pour et contre; mais néanmoins l'opposition avait gagné du terrain.

Les princes, les capitaines, les gens de guerre ne se faisaient que très-difficilement à l'idée d'être conduits aux combats par une jeune fille sans expérience, à laquelle ils ne croyaient pas pouvoir obéir sans se déshonorer. Ils remontraient au roi, ainsi qu'ils l'avaient déjà fait, qu'il allait devenir le jouet de toute l'Europe et la risée des Anglais, pour avoir cru aux promesses d'une fille fanatique, que la peur allait surprendre à la première attaque des ennemis, et qui ne manquerait pas de communiquer sa terreur aux soldats qu'elle conduirait; qu'il était honteux pour la nation de se laisser commander par une semblable visionnaire, eux qui n'avaient jamais voulu souffrir qu'une femme montât sur le trône; qu'enfin, admettre cette fille à la tête des armées, c'était réaliser les prétentions de la reine d'Angleterre Catherine de France (1), qui aspirait au sceptre de la nation. Tel fut l'avis de la majorité du conseil, qui était composé de tout ce qu'il y avait de grand et de distingué à la suite de Charles VII.

Jeanne s'aperçut bientôt que le roi n'était pas favorable à son dessein. Persistant toujours dans sa résolution, elle voulut absolument convaincre le prince qu'elle était véritablement inspirée. Un jour que Charles se trouvait dans sa chambre avec quelques uns de ses courtisans, elle vint l'y trouver, et le tira à l'écart, lui parla tout bas, et tout à coup on entendit le roi s'écrier :

(1) La fille de Charles VI et la sœur de Charles VII.

« Jeanne, vous m'avez dit la vérité; maintenant j'ai confiance en vous et en vos paroles. »

Qu'avait-elle donc révélé au roi, pour avoir excité cette vive et subite déclaration du monarque? Le voici :

« Gentil Dauphin, avait-elle dit au monarque, pourquoi tant hésiter? Pourquoi craignez-vous de m'envoyer aux Anglais, puisque moi seule dois courir le danger?

— Je n'ai aucune preuve de la vérité de vos paroles, répondit Charles.

— Si je vous disais quelque chose que vous avez fait autrefois sans témoin, et dont vous n'avez jamais parlé à âme qui vive, seriez-vous plus disposé à croire à ce que je vous annonce aujourd'hui?

— Parlez, dit le roi, et je verrai.

— Eh bien, reprit Jeanne, l'année dernière, le jour de la Toussaint, vous avez prié secrètement dans votre oratoire.

— C'est vrai, dit le roi étonné.

— Vous avez d'abord supplié la Vierge Marie de secourir la France dans ses malheurs.

— Après, ajouta le prince dont l'étonnement grandissait à mesure que la jeune fille lui faisait ses révélations.

— Après, continua-t-elle, vous adressant au Seigneur : « Mon Dieu, « avez-vous dit, si je suis l'*héritier légitime* (1) du royaume, faites-moi « recouvrer mes États et replacez-moi sur le trône de mes pères ; sinon, « accordez-moi la grâce de ne point périr ni tomber en captivité, mais « de pouvoir me réfugier en Espagne ou en Ecosse. »

Charles VII, surpris au plus haut degré des souvenirs que Jeanne lui rappelait, ne pouvait plus douter qu'elle ne fût en relation avec le

(1) Charles VII avait-il quelques soupçons sur la légitimité de sa naissance? Cela est bien possible : les amours du duc d'Orléans et de la femme de Charles VI avaient été si effrontées, si publiques, qu'il était difficile que le prince n'en eût pas entendu parler, et n'eût conçu quelque doute à l'égard de son origine.

ciel ; c'est alors qu'il avait poussé l'exclamation dont nous avons parlé.

Jeanne continua de s'adresser au roi en ces termes :

« Ce n'est pas tout, gentil Dauphin ; vous avez beaucoup pleuré et senti de grandes douleurs... Oh ! combien votre cœur eût été soulagé si le Seigneur avait voulu vous répondre et vous dire ce qui doit arriver !

— Le savez-vous ? interrompit le roi.

— Je vous l'ai déjà dit sans que vous ayez pu me croire. Ayez confiance : je vous annonce, de la part du Seigneur, que vous êtes *vrai héritier* de France et *fils de roi,* et qu'à cause de cela Dieu veut bien vous faire recouvrer votre royaume. »

Le roi était bien fixé sur la foi que l'on pouvait avoir aux paroles de Jeanne, mais, à cause des préjugés qui régnaient de son temps, il était incertain si elle était sainte ou sorcière, si elle agissait par l'intermédiaire de Dieu ou par celui du diable. En conséquence, sur l'avis de son confesseur, il donna l'ordre de procéder à de nouveaux examens. Jeanne fut obligée de subir un second interrogatoire à Poitiers, devant le Parlement et l'Université rassemblés. Elle eut encore à raconter devant un nombreux auditoire l'histoire merveilleuse de ses apparitions, et à répondre à une foule de questions pour la plupart extrêmement indiscrètes. Elle montra, dans cette circonstance, la même sagesse et le même enthousiasme qu'elle avait manifestés au château de Chinon, de sorte que ceux qui étaient chargés de l'examiner allaient la voir d'abord comme visionnaire, et la quittaient convaincus de sa sagesse et édifiés de sa piété.

L'histoire nous a conservé quelques-unes des réponses qu'elle fit à Poitiers, aux graves magistrats et aux savants docteurs qui l'interrogeaient.

Ses examinateurs l'accablant impitoyablement de leur érudition, lui citant des passages d'une foule d'auteurs, pour lui prouver qu'elle en imposait :

« Écoutez, répondit-elle : il y en a plus au livre de Dieu que dans les vôtres. Je ne sais ni *a* ni *b*; mais je viens de la part de Dieu pour faire lever le siége d'Orléans et sacrer le Dauphin à Reims. »

Puis cédant comme au transport qui l'animait :

« Il faut auparavant que j'écrive aux Anglais, et que je les somme de partir. Dieu le veut ainsi... Avez-vous du papier et de l'encre? Écrivez, je vais vous dicter... A vous, Suffort, Classidas et La Poule, je vous ordonne, de par le Roi des cieux, que vous vous en alliez en Angleterre ; » etc.

Les juges, subjugués par l'ascendant irrésistible de la jeune fille, se montrèrent dociles à ses ordres et écrivirent sous sa dictée. (1)

Après un examen qui dura plus de quatre heures, après de nombreux interrogatoires particuliers, que chacun des juges lui faisait subir en la visitant chez elle, le conseil fut d'avis de lui demander des miracles, comme signe manifeste de sa mission. Lorsqu'on lui fit cette demande, en présence de tous ses juges rassemblés, elle répondit avec une simplicité et une sagesse qu'il est impossible de ne pas admirer :

« Je n'ai pas été envoyée par le Seigneur, dit elle, pour faire des signes à Poitiers; mais conduisez-moi à Orléans, je ferai voir à tout le monde des signes certains de ma mission. » (2)

Elle réitéra les quatre promesses qu'elle avait déjà faites plusieurs fois. Elle assura avec la même confiance et le même enthousiasme qu'elle avait montrés à Vaucouleurs et à Chinon :

1° Qu'elle ferait lever le siége d'Orléans;

2° Qu'elle conduirait sûrement le roi à Reims;

3° Qu'avant sept ans, Paris se soumettrait à l'obéissance du roi;

4° Que les Anglais seraient entièrement chassés du royaume. (3)

Le conseil de Poitiers décida enfin que l'on pouvait licitement employer

(1) Buchon, de Barante, Lebrun, etc.

(2) Dépositions des sires de Gaucourt et de François Garmet.

(3) *Procès de la Pucelle*, troisième séance du 1er mars 1431.

la jeune villageoise. Cependant, comme s'il avait eu quelque doute sur la bonté de sa décision, il ordonna un nouvel examen, un examen matériel, impudique, dont le but était de s'assurer de la virginité de la jeune fille; car telle était l'opinion dominante de cette époque, que l'on croyait que l'esprit malin ne pouvait former aucune espèce d'association avec une vierge. « Ainsi, dit Michelet, la science poussée à bout, ne pouvant ou ne voulant point s'expliquer sur la distinction délicate des bonnes et des mauvaises révélations, s'en remettait des choses spirituelles au corps, et faisait dépendre du féminin mystère cette grave question de l'esprit. »

La pauvre jeune fille eut encore à subir cette enquête d'un nouveau genre, qui l'offensait plus que toutes les autres, et qui révoltait au plus haut point ses sentiments honnêtes. Malgré les souffrances de sa pudeur alarmée, elle se résigna à ce qu'on voulait d'elle, tant était grand son dévouement pour son roi, tant était puissant son désir de sauver sa patrie et de remplir la destinée à laquelle elle se sentait appelée. Ce fut la reine de Sicile, belle-mère du roi, qui présida à cette opération singulière : elle était aidée par les dames de Gaucourt et de Trèves, et par quelques matrones ou sages-femmes. Après mûr examen et grave délibération, les dames inspectrices déclarèrent à l'unanimité que Jeanne était sortie victorieuse de l'enquête, qu'elle était véritablement *pucelle*. Dès ce jour, Jeanne fut généralement désignée par ce dernier titre.

Des franciscains, qu'on avait envoyés dans son pays aux informations, avaient rapporté sur son compte les meilleurs renseignements.

Enfin, tous les avis lui ayant été favorables, elle retourna à Chinon, où le roi la reçut avec les plus grands honneurs.

On résolut de l'envoyer aussitôt à Orléans. Il n'y avait pas de temps à perdre; les Anglais gagnaient chaque jour du terrain, et nos défaites se multipliaient. La réputation de la Pucelle ayant pénétré jusque-là, les habitants de cette malheureuse cité la demandaient à grands cris; ils avaient mis tout leur espoir dans son intervention, et ils envisageaient sa prochaine arrivée comme le terme certain de leur infortune. Aussi le comte Dunois, qui commandait les troupes des assiégés, dépêchait-il coup sur coup à Chinon, pour presser le roi de lui envoyer celle que les Orléanais considéraient déjà comme leur libératrice.

Charles VII pressa en conséquence le départ de Jeanne. Mais avant de la laisser éloigner, il voulut lui former un maison complète. Il lui donna d'abord pour intendant le brave Doulon, l'un des plus sages gentilshommes du royaume; pour chapelain et confesseur, Jean Pasquerel, ermite de Saint-Augustin; pour écuyer, son frère Pierre d'Arc, qui était venu la trouver; pour officiers formant son escorte, plusieurs guerriers courageux, parmi lesquels se trouvaient les deux gentilshommes champenois qui l'avait conduite de Vaucouleurs à Chinon. Elle eut aussi des pages, des hérauts d'armes, un maître d'hôtel, des conseillers, des valets, enfin tout l'équipage d'un chef de guerre.

Le roi lui fit aussi présent d'une armure, d'un cheval et d'une hachette. Son armure était blanche, son cheval noir et sa hachette d'un acier damassé. Il lui manquait une épée. Elle supplia le roi d'en envoyer prendre une qui était enterrée derrière le grand autel de Sainte-Catherine de Fierbois. On se rendit sur les lieux, on fit creuser à l'endroit indiqué, et l'épée se trouva ainsi que la Pucelle l'avait annoncé. Cependant, jamais, disent les chroniques, elle n'avait auparavant entendu parler ni de l'épée, ni de l'endroit qui la recélait. Il lui manquait un étendard; elle en voulut un : elle se fit apporter l'étoffe nécessaire, la découpa elle-même et en surveilla la confection. Il était de couleur blanche; on y voyait d'un côté Dieu avec le monde dans ses mains, et de l'autre côté deux anges tenant chacun une fleur de lis.

Tout était prêt pour le départ; enfin le roi la congédia en la mettant à la tête de six mille hommes.

Avant de suivre la Pucelle dans ses expéditions militaires, nous croyons utile, pour l'intelligence de ce qui va suivre, de jeter un coup d'œil rétrograde sur l'histoire de ces temps, et de passer en revue les causes qui plongèrent la France dans l'abîme où elle se trouvait à cette époque. Nous voyons surtout trois causes principales à cette déplorable situation : la folie de Charles VI, les divisions du duc d'Orléans et du duc de Bourgogne, qui se disputèrent le gouvernement, et la guerre avec les Anglais, qui profitèrent de nos troubles pour faire invasion sur notre territoire.

La démence de Charles VI, ou peut-être seulement le développement de sa maladie, est attribuée à un fait qui tient du merveilleux. Pendant un de ces jours de chaleur étouffante qu'on remarque quelquefois au commencement de l'automne, Charles traversait la forêt du Mans, peu accompagné, parce qu'on s'était écarté pour qu'il ne fût pas incommodé par la poussière. Tout à coup un homme en chemise, la tête et les pieds nus, s'élance d'entre deux arbres, saisit la bride de son cheval, et lui crie d'une voix rauque :

« Roi, ne chevauche pas plus avant ; retourne, tu es trahi ! »

Il tenait les rênes si fortement qu'on fut obligé de le frapper pour lui faire lâcher prise ; mais bientôt, sans qu'on l'arrêtât ou qu'on le poursuivît, il disparut dans l'épaisseur de la forêt. Le roi ne prononça pas une seule parole ; mais on put remarquer sur son visage une grande altération, et dans tout son corps une espèce de frémissement.

En sortant de la forêt on entra dans une plaine de sable, qui, échauffée par un soleil ardent, réfléchissait une chaleur insupportable. Le roi n'était accompagné que de deux pages. L'un, presque endormi sur son cheval, laisse tomber négligemment sa lance sur le casque de l'autre. Le roi, au bruit aigu qui frappe son oreille, se réveille comme en sursaut de la rêverie où il était plongé, et croit que c'est l'accomplissement de l'avis qu'on vient de lui donner. Il tire son épée, pousse son cheval, frappe tous ceux qu'il trouve à sa rencontre, criant :

« Avant, avant sur les traîtres ! »

Le duc d'Orléans, son frère, veut le retenir ; il se précipite sur lui :

« Fuyez, beau neveu d'Orléans ! lui crie le duc de Bourgogne; monseigneur veut vous occire : haro ! le grand malheur ! monseigneur est tout dévoyé. »

Mais personne n'osait approcher du monarque. Il s'était formé autour de lui un grand cercle qu'il parcourait en furieux, et chacun fuyait quand il se tournait de son côté. On dit qu'il tua quatre hommes dans cet accès de frénésie. A la fin son épée se rompit, et ses forces s'épuisèrent. Un de ses chambellans, nommé Guillaume Martel, saisit le moment où le prince avait son épée embarrassée dans ses habits, saute sur la croupe de son cheval et l'étreint vigoureusement. Lorsqu'on l'a désarmé, on le couche dans un chariot, sans connaissance, et on le ramène au Mans.

Le fantôme de la forêt est toujours resté un mystère. Les médecins, nommés alors *physiciens*, firent beaucoup de dissertations et de longs écrits sur les causes de la maladie du roi. Tous les raisonnements aboutissaient à l'empoisonnement ou au sortilége.

« Nous débattons et travaillons pour néant, dit le duc de Berri ; le roi n'est ni empoisonné ni ensorcelé, si ce n'est peut-être par les mauvais conseils ; mais il n'est pas heure de parler de cette matière. »

L'opinion du duc était plus sensée que celle de tous les savants docteurs.

Il serait difficile de peindre la consternation du peuple quand cet événement se répandit, et de rapporter les discours et les opinions qui surgirent à ce sujet tant en France qu'au dehors. Chacun parlait selon ses intérêts.

Il y avait alors deux papes qui se traitaient tous les deux d'antipapes, qui s'excommuniaient et s'anathématisaient réciproquement. Le pape de Rome disait en parlant du roi :

« Dieu lui a tollu (enlevé) son sens, pour avoir soutenu cet antipape d'Avignon. »

Celui d'Avignon disait, de son côté :

« Le roi de France avait juré sur sa foi qu'il détruirait l'antipape de Rome. Il n'en a rien fait, ce dont Dieu est courroucé. »

Mais un médecin de Laon, nommé Guillaume de Harceley, qu'on appela tout exprès, fit voir qu'il n'y avait rien de surnaturel dans cette maladie. A force de soins et de patience, il le guérit. Les remèdes s'administrèrent dans le château de Creil, où on le conduisit. Le duc d'Orléans, qui l'accompagna et resta toujours avec lui, s'était emparé, de concert avec la reine, de l'administration des affaires, et s'était empressé de profiter de la circonstance pour opérer toutes les modifications qu'il jugeait convenables.

La cure du roi dura six mois. Revenu de son aliénation comme d'un songe, il fut bien étonné du changement qu'il vit autour de lui. Il ne fut pas difficile de le lui faire trouver bon, comme il arriva toujours depuis, après ses rechutes; mais peut-être ne fut-il pas si aisé de l'engager à prendre des précautions en cas du retour de sa maladie. Cette prévoyance devait l'affliger; cependant il s'y résigna, et régla le gouvernement pour le temps où son aliénation l'empêcherait d'y vaquer. Il déclara le duc d'Orléans, son frère, régent du royaume, avec un conseil composé de ses trois frères : le duc d'Anjou, de Berri et de Bourgogne ; de trois prélats, de six nobles et de trois clercs. Il donna à la reine la tutelle de ses enfants, et fit confirmer ses dispositions dans un lit de justice.

La santé du roi, devenue assez bonne, fit espérer quelque temps que ces précautions seraient inutiles ; mais un funeste accident les rendit malheureusement trop nécessaires. La reine, à l'occasion du mariage d'une demoiselle de sa cour, donna un grand festin, suivi d'un bal masqué. Le roi y vint déguisé en sauvage, conduisant cinq jeunes seigneurs déguisés comme lui, et attachés ensemble par une chaîne de fer. Leur vêtement était fait de toile, enduite de poix, sur laquelle on avait appliqué des étoupes. Le duc d'Orléans, curieux de connaître ces masques, approche de l'un d'eux un flambeau ; une étincelle tombe, le feu prend, la flamme se communique... Au milieu des hurlements de ces malheureux, qui s'efforçaient inutilement de rompre leur chaîne, on distingua un cri perçant :

« Sauvez le roi. »

Ce cri venait de la reine, qui s'évanouit. La duchesse de Berri, auprès de laquelle se trouvait le monarque, le couvrit de son manteau. Des cinq esclaves, quatre moururent dans les tourments. Un seul rompit la chaîne, courut à la bouteillerie, se précipita dans une cuve pleine d'eau, et fut sauvé. La reine, revenue de son évanouissement, trouva auprès d'elle le roi qui la consolait. Isabelle l'aimait alors.

Cet accident causa au roi un nouvel accès de folie qui dura dix mois. Pendant ce temps néanmoins, Charles VI avait par intervalle quelques jours de lucidité qui lui faisaient connaître toute l'horreur de sa position. Dans ces variations de la maladie, on eut moyen d'examiner les symptômes des rechutes. Elles s'annonçaient par un abattement d'esprit, qui s'accroissait sensiblement, et allait par degré jusqu'à la démence. Dans cette dernière situation, il oubliait tout, niait qu'il fût roi, et, partout où il trouvait son nom ou ses armes, il les effaçait ou les arrachait avec une espèce de rage. Le médecin de Laon n'existait plus. Dans l'embarras du choix, on admettait tous ceux qui promettaient du soulagement : charlatans, astrologues, empiriques. On ne dédaignait pas même les opérations des sorciers.

Deux moines, à qui on eut l'imprudence de l'abandonner, lui firent endurer mille tourments inutiles. Ils lui donnèrent des breuvages désagréables, lui firent à la tête des scarifications douloureuses, et le fatiguèrent d'opérations magiques qui n'opérèrent pas mieux. On le laissa six mois entre leurs mains, terme apparemment qu'ils avaient mis à sa guérison, à laquelle ils s'étaient engagés sous peine de mort. Ils furent en effet punis du dernier supplice.

Par contraste de la superstition, les églises étaient remplies du peuple, qui demandait avec ferveur la guérison du monarque, si importante à tous les Français. En effet, les crises alternatives de folie et de bon sens faisaient craindre dans le gouvernement une oscillation perpétuelle, germe des troubles les plus dangereux.

Cette crainte n'était malheureusement que trop bien fondée. Le duc d'Orléans, aidé de la reine, dont il était l'amant et le favori, s'empara de toutes les parties du gouvernement ; il prodigua les finances, se livra à la dissipation et au despotisme ; il fit murmurer la nation tout entière.

La reine Isabelle se montrait aussi prodigue et aussi absolue que son amant et beau-frère. Se trouvant alors dans tout l'éclat de sa jeunesse, tourmentée par la soif des plaisirs et la passion du luxe, elle ne pensait qu'à paraître avec magnificence dans les divertissements dont la cour semblait uniquement occupée. Au milieu de ses galanteries, elle imagina une *cour d'amour,* formée sur les modèles des cours souveraines. Il y avait présidents, conseillers, maîtres des requêtes, gens du roi, avocats, et tous les officiers nécessaires à la procédure ; les hommes et les femmes se citaient à ce tribunal ; on s'y égayait dans des plaidoyers où des maximes de tendresse se trouvaient souvent, selon le style du temps, appuyées sur des passages de l'Écriture sainte, bien ou mal amenés. Aussi voit-on, dans les listes de cette société, toute consacrée à l'amour, des docteurs en théologie, des prêtres, des abbés, des évêques, des généraux et les personnages les plus graves du royaume, avec la reine, les princesses et leurs dames.

Les intimités d'Isabelle et du duc d'Orléans devinrent si publiques, qu'elles firent murmurer les Parisiens, dégoûtés de pareils scandales. Soit que le roi, dans ses moments de lucidité, se fût aperçu de cette intrigue amoureuse, soit enfin qu'il en eût reçu avis, il ne témoignait plus à la reine qu'un sentiment de la plus profonde antipathie. Isabelle n'était sans doute pas fâchée de cette répugnance. Néanmoins, il arrivait souvent que, dans ses accès de frénésie, Charles VI demandait la reine avec instance. La reine et son amant avaient imaginé un subterfuge pour apaiser le roi : ils mettaient entre ses bras une toute jeune fille, nommée Odette de Champdivers, d'une beauté et surtout d'une douceur remarquables. Toujours empressée, toujours prévenante envers le malheureux insensé, elle avait acquis sur lui un ascendant auquel les transports mêmes d'une démence furieuse ne pouvaient le soustraire. Cet heureux empire et la place, pour ainsi dire officielle, qu'elle occupait lui firent donner le surnom de *petite reine*. (1)

C'est, dit-on, la petite reine qui, pour amuser le roi et le distraire de sa sombre mélancolie, introduisit à la cour le *jeu de cartes*, qui venait d'être inventé, et dont les figures retracent encore l'habillement du temps.

Le duc d'Orléans s'inquiétait peu de l'estime publique. Il fit un jour avertir ses créanciers de venir recevoir ce qu'il leur devait. Ils accoururent, pleins de confiance, au nombre de plus de huit cents : au lieu de recevoir de l'argent, ils ne reçurent que des moqueries. A ceux qui en murmurèrent, on répondit qu'ils étaient encore assez heureux que le prince voulût bien être leur débiteur.

Le duc d'Orléans avait un ennemi qui recueillait avec soin tous ces traits d'une conduite irréfléchie, et ne manquait pas de les orner des observations les plus propres à exciter l'indignation publique. Ce dénonciateur était Jean-sans-Peur, fils du duc de Bourgogne qui venait de mourir. Les deux cousins germains, nés le même mois de la même année, étaient bien différents de caractère. Le duc d'Orléans, insouciant, songeant par préférence à ses plaisirs, aimait l'autorité pour le faste, l'éclat, la satisfaction de dépenser et de répandre les faveurs. Le nouveau duc de Bourgogne, sombre, réservé, occupé des affaires, recherchait l'autorité pour dominer et agir en maître.

(1) Saint-Edme.

Après la mort de son père, il demanda et obtint l'entrée au conseil. Il s'y présenta comme héritier des sentiments de son père pour le peuple, dont il plaignait la misère. Sous prétexte d'une prochaine invasion des Anglais, le duc d'Orléans proposa l'établissement d'un nouveau subside. Le duc de Bourgogne, qui s'y opposa en vain, eut bien soin de divulguer les représentations qu'il avait faites dans le conseil. Cette conduite lui gagna l'affection des Parisiens. Ce que firent le duc d'Orléans et la reine pour obtenir leur estime, ne servit à rien. C'était le temps du carême ; ils assistaient ensemble aux offices, visitaient les hôpitaux, et faisaient de grandes aumônes ; mais, dans cette association de bonnes œuvres et de bienfaits, la malignité voyait plutôt le scandale d'une liaison trop intime que l'inspiration d'une véritable piété. Des pamphlets, répandus avec profusion, noircissaient les actions indifférentes, et dépréciaient celles qui n'avaient que l'apparence de la vertu.

La prépondérance marquante du duc d'Orléans au conseil sur le duc de Bourgogne avait mortifié ce dernier, qui s'était retiré dans ses États. Isabelle et le duc d'Orléans triomphaient de son absence, quand tout à coup le Bourguignon, partant de Flandre avec un cortége qui pouvait passer pour une armée, avance sans fracas et sans en avertir. Il était déjà près de Paris, que la reine et son beau-frère ignoraient encore sa marche, déguisée quelque temps sous le nom d'une expédition contre les Anglais. Effrayé de cette espèce d'irruption, et n'en devinant pas l'intention, le duc d'Orléans se sauve précipitamment à Melun, où la reine le suit. Le duc de Bourgogne entre à Paris, aux acclamations des Parisiens, et se fait donner par Charles VI des droits plus étendus aux affaires du gouvernement.

Cet acte d'usurpation ne suffit pas au duc de Bourgogne. Feignant de se réconcilier avec son cousin, il demande une entrevue avec lui : il est convenu que, pour cimenter la réconciliation, les deux princes communieront, puis coucheront ensemble. Le lendemain de cet heureux jour, le duc de Bourgogne empoisonne le duc d'Orléans dans un repas, et s'en va avec audace, à travers la ville, annoncer son crime, dont la nouvelle est reçue par le peuple comme celle d'une délivrance. Le Bourguignon, maître absolu du gouvernement, était alors à l'apogée de sa puissance; le peuple excusait son crime et chantait ses louanges.

Valentine, veuve du duc d'Orléans, se sentant trop faible pour venger l'assassinat de son mari, mourut de chagrin. Sur le point d'expirer, elle appela auprès d'elle ses enfants, dont le plus âgé n'avait que seize ans, et les exhorta à poursuivre l'assassin de leur père, sans se laisser jamais décourager. Entre eux elle admit Dunois (fils bâtard du duc), qu'elle paraissait chérir de préférence :

« Celui-ci, disait-elle quelquefois, m'a été volé, et nul des miens n'est si bien taillé à venger la mort de son père. »

Le duc de Bourgogne ne jouit pas longtemps en paix des fruits de son triomphe, il eut à lutter incessamment contre le parti de la reine. Tantôt vainqueur, tantôt vaincu, chacun des deux partis se livra à tous les excès de la vengeance; la France eut à souffrir toutes les horreurs de la guerre civile.

Pendant que le royaume était ainsi divisé et ravagé par ses propres enfants, Henri V, roi d'Angleterre, l'œil toujours fixé sur la France, comme sur une proie qu'il était avide de dévorer, fit une invasion sur notre territoire, s'empara de la ville d'Harfleur, traversa la Normandie, une partie de la Picardie, et arriva sur les bords de la Somme. Là il se trouva dans la même perplexité qu'avait éprouvée Édouard III, son bisaïeul, avant la bataille de Crécy. Comme à Édouard, un heureux hasard fournit à Henri V le moyen de passer cette rivière, non plus au gué de Blanquetade, qu'il trouva défendu et hérissé de pieux, mais entre Péronne et Saint-Quentin, où il trompa la vigilance des Français. Enfin, comme ce prince, il se vit près d'être enveloppé par une armée infiniment plus nombreuse que la sienne. On fait monter celle des Français à cent cinquante mille hommes, et on rabat celle des Anglais à neuf mille. Exagération des deux côtés! mais du moins est-il certain que nos troupes étaient quatre fois plus nombreuses que celles des Anglais.

On dit qu'à l'exemple d'Édouard, Henri proposa des conditions très-avantageuses, savoir : la restitution d'Harfleur et de Calais, une somme en dédommagement du butin et de la liberté des prisonniers qu'il traînait avec lui; mais les Français, désirant combattre, refusèrent ces conditions avec dédain et fierté. Lorsqu'on envoya lui assigner le lieu et le jour de la bataille, il répondit avec la même fierté :

« Je ne prends ni la loi ni le conseil de mon ennemi. »

Et il ne songea qu'à vendre chèrement la victoire, s'il devait y renoncer.

L'endroit où il fut attaqué est près du village du comté de Saint-Pol, en Artois, nommé Azincourt, dont la bataille a pris le nom. Elle ressemble tellement à celle de Poitiers et de Crécy, qu'on peut en faire un exact parallèle. L'impatience, le bruit, le désordre étaient au comble dans l'armée française. Les Anglais, au contraire, se préparaient au combat dans le plus profond silence. Mais ce calme terrible était moins en eux l'effet du découragement et de la consternation, que la résolution bien arrêtée de triompher ou de mourir. La veille, la plupart se confessèrent, considérant le lendemain comme le dernier jour de leur vie; et c'est dans l'acquiescement à un tel sacrifice qu'ils attendaient le retour du soleil.

Aussitôt que le jour parut, les Français, comme ils l'avaient fait à Crécy, se hâtèrent encore de combattre, de peur que l'ennemi ne leur échappât; ils fondirent sur lui avec une impétuosité aveugle, sans aucune discipline, se culbutant les uns sur les autres et rompant leurs propres bataillons pour arriver les premiers à l'ennemi. Comme à Poitiers, et par les mauvaises dispositions du connétable, le duc d'Armagnac, ils avaient été resserrés dans un terrain étroit, où les archers anglais, placés avantageusement, les choisissaient à leur aise et les perçaient à leur gré;

et comme à Courtrai, ils s'entassèrent dans une vallée fangeuse, si près les uns des autres, qu'ils ne pouvaient se remuer. Le désordre commença par eux-mêmes et par l'inexécution des divers ordres du connétable, que les officiers subalternes se permirent de juger et de ne pas suivre, et surtout par l'insubordination de ces guerriers indociles qui abandonnaient leurs postes, pour chercher, au premier rang et auprès des princes, des dangers qu'ils croyaient plus honorables, mais leur zèle maladroit ne fit qu'augmenter la gêne et la confusion. Une charge faite à propos par les Anglais, mit le comble au désordre, et décida la victoire en leur faveur.

Elle ne leur demeura pas cependant sans avoir été disputée dans le centre même des forces anglaises. Dix-huit Français, réunis par le serment de vaincre ou de mourir, se font jour à travers les escadrons anglais, jusqu'à Henri V. Le duc d'York, son frère, est tué à ses côtés par le duc d'Alençon, prince du sang de France, qui commandait le corps de bataille, et qui s'était flatté de rétablir le combat. Henri lui-même tombe sur ses genoux en voulant secourir son frère. Le prince français s'approche, le somme, le défie, et d'un coup de hache abat la moitié de la couronne qui surmontait son casque. Un second coup allait sauver la France ; mais, d'un revers, Henri l'étend à ses pieds, et malgré les efforts de leur souverain, les soldats l'achèvent. Les dix-huit dévoués périrent sur le champ de bataille. La réserve prit la fuite sans combattre. Au moment où le monarque anglais commençait à jouir de son triomphe, des cris d'épouvante se mêlent aux chants de la victoire. Il regarde d'où partent ces clameurs, et voit son camp tout en feu. Les goujats et les valets de l'armée française l'avaient surpris et pillé pendant que leurs maîtres se battaient. Henri, ou par mouvement subit de colère, ou par la crainte de quelque nouvelle tentative de la part des prisonniers, presque égaux en nombre à ses soldats, ordonna cruellement qu'ils fussent tous massacrés.

On compta dix mille morts sur le champ de bataille, parmi lesquels quatre princes du sang, le duc d'Alençon, le duc de Brabant et le comte de Nevers, tous deux frères du duc de Bourgogne, et le prince de Bourbon-Préaux, le connétable d'Albret, beaucoup de ducs, comtes et seigneurs titrés, cent vingt seigneurs bannerets et neuf mille chevaliers ou gentilshommes. Il y a peu de familles illustres de France qui ne trouvent, dans la liste funéraire de l'historien Daniel, les noms de leurs ancêtres. Il y eut seize cents chevaliers ou écuyers prisonniers. Les plus remarquables étaient Charles, duc d'Orléans, le fils du régent empoisonné par le duc de Bourgogne; Louis de Bourbon, comte de Vendôme; Charles d'Artois, comte d'Eu, et le comte de Richemont, frère du duc de Bretagne. Le roi ni le Dauphin ne se trouvèrent à cette funeste journée, par la raison qu'apporte le duc de Berri :

« J'ai vu, dit-il, celle de Poitiers, où mon père, le roi Jean, fut pris; et vaut mieux perdre la bataille sans le roi, que le roi et la bataille. »

Mais il aurait mieux valu ne pas la laisser livrer. Le même duc de Berri, qui avait été témoin des heureux effets de la circonspection de Charles V, son frère, s'était efforcé, mais en vain, de la faire prévaloir dans le conseil; et malgré ses efforts, le combat avait été résolu.

Le duc de Bourgogne, pendant qu'on formait l'armée contre les Anglais, avait offert de joindre ses troupes à celles des autres seigneurs qui accouraient sous la bannière royale. Ses offres furent refusées. Il les renouvela après la perte de la bataille, on lui donna un nouveau refus.

Le parti du duc d'Orléans, quoique prisonnier, dominait dans le gouvernement. Il fit appeler le comte d'Armagnac à la qualité de connétable, à la place de Charles d'Albret, tué à la journée d'Azincourt; il le fit appeler en même temps à la tête du gouvernement, et bientôt les vengeances et les proscriptions recommencèrent de plus belle. Le parti de la cour se désigna dès lors par le nom du nouveau chef du gouvernement, et la lutte entre les Armagnacs et les Bourguignons est surtout célèbre dans l'histoire par les funestes conséquences qui en résultèrent pour la monarchie.

Le duc de Bourgogne essuya le sort qu'il avait fait subir au duc d'Orléans. Il fut assassiné, par les gens du Dauphin Charles, dans un rendez-vous que les deux princes s'étaient donné aux portes du château de Montereau. Les mânes de l'ancien régent de France furent apaisés, et ses fils purent, dès ce jour, dormir paisiblement : la vengeance était accomplie.

Le fils du duc de Bourgogne, Philippe-le-Bon, ayant, lui aussi, soif de vengeance, s'allia bientôt au roi d'Angleterre pour faire la guerre à la France. Les Anglais n'avaient pas besoin de ce puissant auxiliaire pour nous accabler ; la bataille d'Azincourt avait porté ses fruits. Nos troupes, découragées, n'éprouvaient plus que des revers, et nos ennemis promenaient leurs triomphes à travers le royaume appauvri. La plus grande partie de nos provinces étaient en leur pouvoir, et la cour avait été obligée d'aller chercher un refuge au delà de la Loire.

Le roi d'Angleterre, par une politique habile, demanda à la reine Isabelle, sa fille Catherine en mariage. L'épouse de Charles VI, espérant par le moyen de ce mariage avoir une plus grande part dans les affaires du gouvernement, consentit à la demande qui lui était faite ; et l'on vit la reine de France souscrire à un traité qui devait, en produisant la paix générale, livrer notre pays à l'Angleterre.

Dans ce traité, qui est appelé le *traité d'Arras,* il y fut convenu que Henri V épouserait la princesse Catherine ; que Charles VI continuerait à régner jusqu'à sa mort, après laquelle la propriété du royaume serait dévolue à son gendre et à tous ses hoirs à perpétuité ; qu'attendu l'incapacité de Charles, Henri présiderait au gouvernement en qualité de régent, et que tous les ordres de l'État s'engageraient à le reconnaître en cette qualité. On remarquait un article additionnel, mais qui n'était pas le moins important ; il y était arrêté « que la couronne de France serait *indivisément* unie à celle d'Angleterre. » La reine et le duc de Bourgogne signèrent ce honteux traité, tant en leur nom que comme fondés de procuration du roi, qui était absorbé par la maladie. Peu de temps après, Charles VI consentit à le signer lui-même.

Le lendemain, Henri V épousait Catherine et marchait sur Paris.

Les Parisiens donnèrent au nouveau régent des fêtes et des présents, qu'il reçut assez dédaigneusement. Il indiqua, à l'hôtel de Saint-Pol, une assemblée à laquelle il donna le nom d'états généraux. Les princes du sang d'Angleterre y siégèrent au-dessus du duc de Bourgogne, le seul des princes du sang de France qui s'y trouvât.

Henri alla montrer sa jeune épouse à ses sujets insulaires, et se parer à leurs yeux de la couronne rivale qu'il soumettait à leur empire. Un an après son mariage, Catherine lui donnait, à Windsor, un fils qui fut Henri VI, son successeur. Brillant d'une gloire qui ne paraissait encore que l'aurore des plus beaux jours, Henri V rentra à Paris, où il tint une cour plénière. « Au temps passé, dit un historien contemporain, quand les Français allaient à la cour de leur seigneur roi en de si grandes solennités, il y avait des tables servies par ses officiers, et là ceux qui voulaient seoir étaient servis très-largement des vins et viandes dudit seigneur. » Il paraît qu'en cette occasion, à travers les démonstrations d'une familiarité contrainte, les Parisiens remarquèrent la morgue des vainqueurs. Il y eut plus de faste et de magnificence que de gaieté et de plaisir. Le voisinage du malheureux Charles VI, malade et délaissé, ajoutait encore par le contraste au sentiment pénible que les bons Français éprouvaient.

C'est au milieu de cette pompe triomphale que le roi d'Angleterre fut attaqué d'une maladie qui s'annonça tout d'un coup d'une manière alarmante. Il vit approcher la mort sans faiblesse, recommanda aux princes ses frères, son fils au berceau, son épouse désolée; leur enjoignit d'éviter surtout de donner au duc de Bourgogne sujet de se repentir du parti qu'il avait pris, de lui offrir le gouvernement du royaume, et, à ses refus, de le conférer au duc de Bedford, et la régence d'Angleterre au duc de Glocester, son autre frère. Sur toutes choses, il défendit d'accorder la liberté aux prisonniers d'Azincourt avant la majorité de son fils, et de ne jamais faire la paix avec le Dauphin (depuis Charles VII), ou, si les circonstances l'exigeaient, de ne la faire qu'à condition que la Normandie resterait en toute propriété au pouvoir des Anglais. La mort le frappa à l'âge de trente-trois ans, et au commencement d'une carrière que la fortune lui promettait si brillante.

Le duc de Bourgogne, auquel on offrait le gouvernement de la France, selon l'intention du défunt, le refusa. La reine Isabelle fit des tentatives pour se le procurer, mais elle n'obtint pas même les petites parts d'autorité que lui accordaient autrefois les factions en se raccommodant; on la laissa inutile. Le duc de Bedford se mit en possession de la régence. Les mesures étaient si bien prises, que la mort du monarque anglais n'apportait aucun changement aux affaires, et laissait les choses telles qu'il les avait établies.

Au moment où l'on embaumait, au château de Vincennes, le corps de Henri V pour le transporter en Angleterre, se mourait à Paris, dans son palais des Tournelles, l'infortuné Charles VI, dont la démence était devenue continuelle. L'infortuné monarque était abandonné de tout le monde. Il ne se trouva aucun prince du sang à ses funérailles, ni dans le trésor de quoi fournir à sa pompe funèbre. Le parlement fut obligé d'ordonner que :

« Par provision, on vendroit, le plus promptement que faire se pourroit, les bons meubles du feu roi, jusqu'à la somme qui seroit nécessaire pour accomplir ses funérailles. »

Moyennant cette précaution, la cérémonie fut très-somptueuse. Quand on eut enfermé le corps du roi dans le tombeau, ses serviteurs et officiers tournèrent vers la terre leurs verges, masses et épées, pour marque de la cessation de leurs fonctions et autorité, et le héraut cria :

« Vive Henri de Lancastre, roi de France et d'Angleterre ! »

Charles VI avait régné quarante-deux ans, et en avait vécu cinquante-quatre. Il avait eu d'Isabeau (ou Isabelle) de Bavière, douze enfants, dont il ne restait que quatre à sa mort, trois filles, et le dauphin Charles, son successeur. Odette de Champdivers, qui avait été pour le pauvre insensé un ange consolateur, lui avait donné une fille. Voilà tout ce qu'on peut dire de la personne de Charles VI, qui, sans le vouloir, mit en pratique la maxime constitutionnelle si discutée de nos jours : *Le roi règne et ne gouverne pas.*

A la mort de son père, le Dauphin se trouvait à Espally, château situé en Velay; d'autres disent à Mehun-sur-Yèvres, en Berri. Proclamé roi par le petit nombre de fidèles qui l'environnaient, il s'habille de noir, entend la messe dans la chapelle du château; puis on déploie la bannière aux fleurs de lis d'or; une douzaine de serviteurs crient : « Noël ! » et voilà un roi de France.

A cette époque, la Champagne, l'Ile de France, la Picardie, la Normandie, une partie du Maine et de l'Anjou, la Guienne entière, y compris la Gascogne, obéissaient immédiatement au roi des Anglais, représenté par le duc de Bedfort; l'alliance de Philippe le Bon lui soumettait les deux Bourgognes, la Flandre et l'Artois; le duc de Bretagne, entraîné par l'exemple, avait embrassé son parti. Le Languedoc, le Dauphiné, l'Auvergne, le Bourbonnais, le Berri, le Poitou, la Saintonge, la Touraine, l'Orléanais, une partie du Maine et de l'Anjou, restés fidèles au roi légitime, semblaient bientôt devoir passer eux-mêmes sous le joug de l'étranger.

Malgré les efforts d'une foule de braves capitaines qui se dévouaient chaque jour dans les combats pour soutenir l'honneur du nom français, nos ennemis n'en continuaient pas moins le cours de leurs conquêtes.

Ils avaient remporté sur nos troupes démoralisées les deux grandes batailles de Crevant et de Verneuil; ils campaient depuis quelque temps sur les bords de la Loire, lorsque le duc de Bedfort, leur chef, se détermina à passer enfin ce fleuve, et à aller conquérir le pays d'où Charles tirait sa principale force.

Orléans était la ville qui convenait le mieux aux Anglais pour le passage, et pour la retraite en cas de fâcheux événement, quand ils seraient au delà de ce fleuve. Bedfort la fit assiéger par Montagu, comte de Salisbury, qui venait de lui amener d'Angleterre un puissant secours. La ville n'était ni assez fortifiée, ni suffisamment garnie de gens de guerre; mais elle avait pour ressource, préférable à la solidité des remparts et aux phalanges nombreuses, la valeur de ses habitants et leur inébranlable fidélité pour le souverain légitime. Gaucourt y commandait; Xaintrailles et plusieurs braves capitaines qui s'étaient jetés dans la place, inspiraient aux moindres soldats toute l'ardeur qui les animait.

Salisbury plaça son camp du côté de la Sologne, afin d'attaquer directement le pont, dont la prise devait entraîner celle de la ville. C'était sur la fin de l'automne. Les bourgeois fortifient à la hâte un petit château qui le couvrait, et qui était flanqué de tourelles délabrées. L'Anglais foudroie château, tourelles, murailles, avec une nombreuse artillerie, creuse des mines, livre des assauts, prépare l'escalade. Les habitants, guidés par les capitaines arrivés à leur secours, s'enfoncent dans les mines, y combattent corps à corps, comblent les travaux, renversent et brisent les échelles, font rouler des pierres énormes sur les assaillants, lancent sur eux des feux, et les inondent d'eau bouillante. Les femmes fournissent l'eau et les feux d'artifice, amènent les pierres, présentent les rafraîchissements, pansent les blessés sur la brèche, et les emportent. On en vit même combattre, la pique à la main, dans les premiers rangs. Il y eut, dès le commencement du siége, plusieurs assauts semblables. Les Anglais y perdaient, à la vérité, beaucoup de monde, mais ils avançaient et leurs progrès, quoique lents, leur promettaient à la fin la victoire, lorsqu'ils furent arrêtés par une foule de braves que le roi de Bourges (1) envoya au secours des assiégés. L'histoire compte entre les plus distingués, Dunois, La Hire et Chabanne, qui amenaient huit cents hommes d'armes.

D'attaqués qu'étaient les Orléanais, ils devinrent assaillants. Ils hasardaient de fréquentes sorties pour faire entrer des vivres. C'était de tous les besoins le plus pressant, parce que la ville s'étant trouvée mal pourvue dès le commencement, l'accroissement des troupes qui arrivaient successivement faisait craindre la famine. Les Anglais, instruits de cette détresse, tournèrent le siége en blocus. Ils s'éloignèrent à une petite distance, et enveloppèrent la ville de tranchées soutenues de redoutes, pour fermer le passage aux convois. Le roi, venu à Chinon pour veiller de plus près aux besoins des assiégés, en fit cependant pénétrer un, qu'il se préparait à faire suivre d'un autre, lorsqu'il apprit que les Anglais, ne pouvant tirer de vivres d'un pays ruiné, en faisaient venir de Paris, sous escorte.

Prévenus de ce dessein, les assiégés d'Orléans, et un corps de troupes qui voltigeaient au dehors, sous le commandement du comte de Clermont, se donnent rendez-vous sur le chemin du convoi. Dunois et ses compagnons passent à travers les lignes formées par les Anglais, et, réunis à Clermont, ils se trouvent environ quatre mille hommes près de Rouvrai-Saint-Denis, petite ville de la Beauce. Le convoi paraît; l'escorte n'était que de deux mille cinq cents hommes, elle se range derrière ses chariots. L'artillerie des Français les fait voler en éclats. Il ne fallait pas d'autre genre d'attaque pour vaincre sans coup férir; mais l'impétuosité écossaise, qui avait déjà fait perdre, en partie, la bataille de Verneuil, fut également funeste dans cette circonstance. Le connétable d'Ecosse,

(1) Les Anglais appelaient par dérision Charles VII, *petit roi de Bourges*, parce que ce prince avait établi sa résidence royale dans la capitale du Berri.

Jean Stuart, Durnley et Guillaume son frère, neveux du premier roi d'Écosse de leur maison, se jettent, à la tête de leurs corps, dans la brèche faite par le canon. Clermont est obligé de faire cesser son feu, de peur de tirer sur les siens. Les Anglais, déjà en désordre, reprennent courage. Pendant que les Français se précipitent tumultueusement dans les retranchements pour raffermir les Écossais qui se troublaient, les archers de l'escorte, montés sur leurs chariots, dirigent sûrement leurs traits contre cette troupe amoncelée. Hommes et chevaux, serrés, percés comme à Verneuil, ont le même sort. Tous fuient, Dunois et ses compagnons, non moins braves, sont entraînés comme les autres. On nomma cette déroute *la Journée des Harengs,* parce que, comme on était dans le carême, le convoi était composé en grande partie de cette provision. Il resta à peu près cinq ou six cents, tant Français qu'Écossais, sur le champ de bataille ; perte peu considérable, si on la compare à ses effets, c'est-à-dire au découragement que cette déroute jeta dans le parti royaliste.

A la nouvelle de cette défaite, le conseil s'assembla, en présence du roi. On y délibéra s'il n'était pas à propos qu'il abandonnât non-seulement l'Orléanais, mais le Berri et la Touraine, et se retirât à l'extrémité du royaume, pour y rassembler des forces et revenir défendre l'Auvergne, le Languedoc, le Dauphiné et les autres contrées méridionales auxquelles il se bornerait pour le moment. Charles inclinait à cette résolution, lorsqu'il en fut détourné par l'arrivée et l'influence de Jeanne d'Arc.

Cette jeune héroïne, après avoir obtenu du roi la permission de marcher sur Orléans, se dirigea d'abord sur Blois pour y former un convoi de vivres destinés aux habitants de la ville assiégée. Lorsque les préparatifs de ce convoi furent achevés, et que le jour du départ fut fixé, Jeanne, avant de quitter Blois, rassembla tous les prêtres qui se trouvaient dans la ville, et les réunit sous une bannière distincte, portée par son aumônier. Aucun guerrier ne pouvait se joindre à cette troupe sainte, s'il n'avait fait, le jour même, l'humble aveu de ses fautes devant le tribunal de la pénitence. Jeanne exhortait les soldats à remplir régulièrement ce devoir, pour devenir dignes de se réunir au bataillon sacré rassemblé autour d'elle. A la tête de ce bataillon sacré, elle s'avance et déploie son étendard : tous les soldats la suivent animés du même enthousiasme. Ne soyons pas étonnés des prodiges qui vont s'opérer par cette jeune fille : son éloquence naturelle, sa piété si sincère et si vive, ce mélange de pudeur et d'audace martiale, sa beauté, sa jeunesse, tout en elle excitait l'admiration. L'armée, assurée de vaincre, se croyait sous la protection de Dieu, ainsi que l'héroïne qui la conduisait.

Le 29 avril 1429, après avoir traversé les lignes des ennemis et à la vue de leurs forts, Jeanne d'Arc entra dans Orléans, armée de toutes pièces, montée sur un cheval blanc, précédée de son étendard, ayant à ses côtés le brave Dunois, escortée des principaux seigneurs de la cour, suivie d'une troupe de guerriers pleins d'ardeur et conduisant avec elle un convoi qui ramenait l'abondance dans la ville. Dès ce moment, les habitants d'Orléans se crurent invincibles et le furent en effet.

Jeanne, avant d'attaquer les Anglais, crut devoir remplir une formalité. Dans les instructions qu'elle avait reçues de ses saintes, il lui était prescrit de sommer les Anglais d'abandonner le siége d'Orléans, et de ne rien entreprendre contre eux sans les avoir invités à se retirer. Elle dicta en conséquence une lettre (1) qui fut envoyée aux généraux anglais rassemblés devant Orléans : « Pour de par Dieu, le roy du ciel,

(1) Voici la lettre de Jeanne d'Arc aux Anglais :

† JESUS MARIA †

« Roy d'Angleterre, et vous, duc de Bedford, qui vous dictes régent du royaume de France ; vous, Guillaume de la Poule, comte de Sulford ; Jehan sire de Talebot, et vous, Tomas, sire de Scales, qui vous dictes lieutenant dudit duc de Belford : faictes raison au roy du ciel ; rendez à la Pucelle *, qui est cy envoyée de par Dieu, le roy du

* Nous donnons cette lettre telle qu'elle fut produite au procès par les Anglais. Jeanne d'Arc soutint que plusieurs endroits de sa lettre avaient été falsifiés, qu'elle n'avait pas dit : ***Rendez à la Pucelle*** ; mais : ***Rendez au roi.***

qu'ils eussent à rendre les clefs de toutes les bonnes villes qu'ils avoient en France. »

Les Anglais, ayant appris l'arrivée de Jeanne, n'avaient point osé l'attendre. Étonnés et comme frappés d'une terreur panique, ils avaient abandonné la bastide de Saint-Jean-le-Blanc, le seul obstacle qui pût entraver la marche de l'héroïne. Sans éprouver les forces de la Pucelle ou celles de sa troupe, sans essayer seulement de l'arrêter un moment, ils avaient cru sans hésiter à son pouvoir surnaturel. Cepen-

ciel, les clefs de toutes les bonnes villes que vous avez prises et violées en France. Elle est cy venue de par Dieu pour réclamer le sanc royal. Elle est toute preste de faire paix, si vous luy voulez faire raison, par ainsi que France vous mectrez sus, et paierez ce que vous l'avez tenu. Et entre vous, archiers, compaignons de guerre, gentilz et autres, qui estes devant la ville d'Orléans, alez vous en votre païs de par Dieu; et se ainsi ne le faictes, attendez les nouvelles de la Pucelle, qui vous ira veoir briefvement, à voz bien grans dommaiges. Roy d'Angleterre, se ainsi ne le faictes, je suis chief de guerre, et en quelque lieu que je attaindrai voz gens en France, je les en feray aler, veuillent ou non veuillent, et si ne veuillent obéir, je les feray tous occidre. Je suis cy envoyée de par Dieu, le roy du ciel, pour vous bouter hors de toute la France et si veuillent obéir, je les prendray à mercy. Et n'ayez point en vostre oppinion, quar vous ne tiendrez point le royaume de Dieu, le roy du ciel, filz de saincte Marie! ains le tendra le roy Charles, vray héritier; car Dieu, le roy du ciel, le veult, et lui est revelé par la Pucelle: lequel entrera à Paris à bonne compaigne. Si ne le voulez croire les nouvelles de par Dieu et la Pucelle, en quelque lieu que vous trouverons, nous ferrons dedans, et y ferons un si grant habay que encore à il mil ans que en France ne fu si grant, si vous ne faictes raison. Et croiez fermement que le roy du ciel envoiera plus de force à la Pucelle, que vous sariez mener de tous assaulz, à elle et à ses bonnes gens d'armes; et aux horions verra on qui ara meilleur droit de Dieu du ciel. Vous, duc de Bedford, la Pucelle vous prie et vous requiert que vous ne vous faictes mie dectruire. Si vous lui faictes raison, encore pourrez vous venir en sa compagnie, l'où que les Franchois feront le plus bel fait que oncques fu fait pour la xhrestpienté. Et faictes response se vous voulez faire paix, en la cité d'Orléans. Et se ainsi ne le faictes, de vos bien grans dommages vous souviegne briefvement. Escrit se samedi de la sermaine Sainte. »

Jeanne d'Arc a assuré que personne ne lui avait fait cette lettre, et qu'elle seule l'avait dictée. Avant de l'envoyer, toutefois, elle fut montrée à quelques-uns des chefs de l'expédition. Il n'est pas inutile de remarquer que Jeanne, lors de son procès, déclara que ses ennemis avaient falsifié cet écrit, et que ses accusateurs ne produisirent jamais l'original.

dant les commandants du siége avaient fait arrêter le héraut qui leur avait porté sa lettre, et ils menaçaient de le faire brûler, comme étant au service d'une magicienne. Mais aussitôt elle leur fit dire que s'ils ne lui rendaient pas l'homme qu'elle leur avait envoyé, elle retiendrait et ferait mourir également les Anglais qui étaient en son pouvoir. Le héraut lui fut rendu, non sans de grandes injures de la part des ennemis, qui, disent les chroniques, la traitaient de *ribaude,* de *vachière,* etc.

Bientôt un second convoi de vivres, conduit par une nouvelle troupe de guerriers, arriva devant Orléans. Dunois, accompagné de la Pucelle, sortirent d'Orléans, du côté de la Beauce, à la tête d'une troupe brillante et nombreuse ; ils passèrent devant les bastides anglaises, sans que personne osât sortir pour les arrêter; ils rencontrèrent leur convoi, et ils le ramenèrent dans la ville.

Jusqu'alors tous ces succès avaient été obtenus par la seule terreur du nom de la Pucelle, sans qu'il se fût encore donné autour d'elle un seul coup de lance. Le soir du jour même, cependant, le Bâtard d'Orléans, sans même l'en avoir prévenue, fit attaquer la bastide de Saint-Loup, après avoir fait avancer une troupe nombreuse qui coupait aux Anglais des autres bastides la communication avec celle-là. Le combat fut acharné, et les Anglais se défendirent avec vaillance.

Pendant que ce combat se livrait, Jeanne se reposait dans sa chambre des fatigues qu'elle avait éprouvées dans la journée. Tout à coup elle se lève, et éveille les femmes qui couchaient ordinairement auprès d'elle.

« Où sont les gens qui me doivent armer? dit-elle. Le sang coule! pourquoi ne m'a-t-on pas éveillée... Nos gens ont bien à besoigner devant une bastide, continue-t-elle, et il y en a beaucoup de tués et de blessés... En mon Dieu ! c'est bien mal fait... »

Comme on lui disait que tout le monde était en repos :

« La *voix* qui m'inspire, dit-elle, vient de se faire entendre à mon oreille, et me commande de partir à l'heure même. »

Bientôt arriva Daulon, son intendant, chez qui elle était logée.

« Mes armes ! dit-elle ; apportez-moi mes armes, et amenez-moi mon cheval. »

Daulon se hâta de lui présenter son armure. Lorsqu'elle fut armée, elle descendit de sa chambre, monta à cheval, piqua vivement son coursier, et se dirigea vers le lieu du combat. Elle rencontre en chemin des blessés que l'on apportait sur des civières. Cette vue la fait tressaillir. Elle s'approche de l'un d'eux, et demande qui il était. On lui répondit que c'était un Français.

« Jamais je n'ai vu, s'écria-t-elle, le sang des Français sans que les cheveux se levassent sur ma tête ! »

Plus irritée cependant que découragée de ce spectacle, elle poussa son cheval en avant et sortit de la ville, accompagnée de Daulon et de plusieurs de ses gens. S'avançant rapidement à travers les fuyards, la jeune guerrière marcha droit vers la bastide, sa hachette d'une main et son étendard déployé de l'autre. A sa vue, les Français poussèrent un grand cri, et firent volte-face. Les Anglais, au contraire, remplis de crainte, commencèrent à perdre courage. Ils se défendirent encore environ trois heures, puis enfin se retirèrent en laissant sur le terrain un grand nombre des leurs. Quelques-uns, s'étant réfugiés dans une église, avaient revêtu les habits sacerdotaux qu'ils y avaient trouvés ; ils pensaient que ces vêtements sacrés les garantiraient mieux de la fureur des soldats. La jeune guerrière feignit de croire qu'ils étaient ce qu'ils paraissaient être, défendit qu'on leur fît aucun mal, et dit aux troupes, qui voulaient au moins les dépouiller : « Qu'on ne devait rien demander aux gens d'Église. » Deux cents Anglais étaient morts dans le combat ; un plus grand nombre avaient été faits prisonniers. Jeanne avait montré, dans cette journée, le sang-froid, le talent, le courage qui conviennent à un chef d'armée.

La Pucelle proposa ensuite d'attaquer les autres bastides situées du côté de la Beauce ; mais les capitaines qui partageaient avec elle la défense d'Orléans, tout en profitant de l'enthousiasme qu'elle excitait, ne voulaient rien donner au hasard ; ils résolurent d'attaquer plutôt les Anglais au midi de la Loire, soit parce qu'ils les y savaient plus faibles, soit parce qu'en les chassant de cette rive, ils s'ouvraient une communication importante avec le Berri. La Pucelle acquiesça à l'avis du conseil de guerre. Le jour même, elle fit proclamer une ordonnance dans laquelle l était dit :

« Qu'aucun ne fût si hardi de sortir le lendemain de la ville, s'il n'avait d'abord été à confesse, et que les hommes d'armes eussent à renvoyer les femmes de mauvaise vie, et surtout à les empêcher d'approcher de la Pucelle ; parce que, disait-elle, pour punir les péchés des hommes, Dieu permet la perte des batailles. » (1)

Ses ordres furent ponctuellement exécutés.

Jeanne voulut consacrer la fin de cette journée à une démarche pacifique ; elle sortit de la ville, s'approcha des bastides anglaises, et leur envoya un duplicata de sa lettre. Elle se servit pour cela d'un moyen assez singulier : elle prit une flèche, y attacha la lettre, et ordonna à un archer de la lancer, en leur criant :

« Lisez, voici des nouvelles ! »

Elle avait fait ajouter au bas de sa lettre les paroles suivantes :

« C'est pour la troisième et dernière fois que je vous écris, et ne vous écrirai plus désormais. *Signé :* Jesus Maria ! JEANNE LA PUCELLE. »

Et un peu plus bas :

« Je vous enverrois mes lettres plus honnêtement, si vous ne reteniez mes hérauts. »

Les Anglais ramassèrent la lettre, la lurent, et ne répondirent à Jeanne que par les plus grossières injures.

Le lendemain, la jeune héroïne passa la Loire en bateau, et sans

(1) Déposition de frère J. Pasquerel.

attendre les renforts que l'on avait promis de lui envoyer, elle vint avec peu de monde attaquer la bastide des Augustines. Dans ce moment, l'annonce d'un corps d'Anglais, arrivé à l'improviste, causa une terreur subite à ses gens ; ils s'enfuirent et l'entraînèrent avec eux. Les ennemis les suivaient en leur reprochant leur lâcheté, et en les accablant de moqueries amères. Tout à coup, Jeanne se retourne et marche droit aux Anglais, son étendard à la main. En la voyant venir, ceux-ci sont à leur tour saisis d'épouvante ; ils arrêtent leur marche, puis se mettent à prendre la fuite. Jeanne les poursuit et va planter son étendard au bord du fossé de la forteresse. Bientôt la bastide des Augustines est prise et brûlée, et la Pucelle, blessée au pied, rentre dans Orléans aux grands applaudissements des soldats et des habitants.

Le jour suivant, la Pucelle reconduit au combat sa troupe, comme elle infatigable, et d'autres forts sont encore emportés. Il ne restait plus aux Anglais que le boulevard et le fort des Tournelles qui fermait l'entrée du pont du côté de la Sologne. De ce poste, le mieux fortifié de tous, dépendait le succès de la levée du siége. Les généraux français ouvrirent en conseil l'avis que, pour cette attaque importante, il fallait attendre de nouveaux secours. La Pucelle fit changer cette résolution, et décida qu'on attaquerait le fort dès le lendemain. L'élite des troupes anglaises défendait ce poste. La Pucelle dirigea l'attaque avec une habileté qui étonna les capitaines les plus expérimentés ; on l'apercevait exhortant les uns à tenir ferme, ramenant les autres au combat, faisant retentir au milieu du bruit de la guerre, le nom du Dieu des armées, les cris de la valeur et les promesses de la victoire.

« Que chacun, disait-elle, ait bon cœur et bonne espérance en Dieu ! car l'heure approche où les Anglais seront déconfits, et où toutes choses viendront à bonne fin. »

Malgré ses efforts, les Français mollissent et commencent à être repoussés sur tous les points. Alors, elle n'écoute plus que son courage ;

elle se précipite dans le fossé, saisit la première échelle, l'élève avec force et l'applique contre le boulevard. A l'instant même un trait, lancé par l'ennemi, siffle et vient en tournant frapper l'amazone au-dessus du sein, entre le cou et l'épaule : elle tombe renversée et presque sans connaissance. Entourée aussitôt par une troupe d'Anglais qu'enhardit sa chute, elle se relève à demi, les repousse à coups d'épée, et se défend avec autant d'adresse que de courage. Jean de Gamache survient, et la sauve de leurs mains.

Jeanne, vaincue par la douleur, près de tomber en défaillance, s'obstinait à vouloir rester dans le fossé. On parvient enfin à l'éloigner du champ de bataille ; on la désarme, on l'étend sur l'herbe. Dunois et plusieurs autres chefs de guerre accourent et l'environnent ; son chapelain et son page lui prodiguent leurs secours. Sa blessure était profonde ; elle s'en effraye d'abord et ne peut retenir ses larmes. Tout à coup, paraissant se ranimer, elle dit aux assistants « qu'elle venait d'être consolée. » Elle a raconté, depuis, que ces deux immortelles protectrices lui étaient en ce moment apparues, et lui avaient inspiré un grand courage. Elle arracha elle-même le trait de sa blessure : le sang coulait avec abondance, il paraissait difficile de l'arrêter. On assure que la jeune héroïne dit alors aux guerriers qui l'environnaient :

« C'est de la gloire et non du sang qui coule de cette plaie. » (1)

Des hommes d'armes s'approchèrent et voulurent *charmer* la blessure : c'était une cérémonie superstitieuse en usage parmi les soldats, et qui consistait à prononcer sur la plaie des paroles mystérieuses, auxquelles on attribuait un pouvoir magique. Mais Jeanne d'Arc, les repoussant avec indignation :

« J'aimerais mieux mourir, dit-elle, que de faire quelque chose que je saurais être un péché, ou contre la volonté de Dieu. »

Cependant la blessure de la jeune fille avait répandu l'alarme parmi ses

(1) *Vie des femmes illustres de la France.*

troupes. Celles-ci, ne la voyant plus à leur tête, étaient dans la consternation et se laissaient aller au découragement. Les efforts des chefs pour ranimer leur ardeur étaient impuissants. Le peu de succès des attaques, qui duraient sans interruption depuis dix heures du matin, le grand nombre d'hommes qu'on avait déjà perdu, la nuit qui approchait, tout semblait faire présager qu'on n'emporterait pas ce jour-là la forteresse. Dunois, agissant d'après ces considérations, fait sonner la retraite, et les troupes abandonnent le pied du boulevard.

Quand Jeanne d'Arc apprit ce qui se passait, elle en fut vivement affligée ; et malgré ses souffrances, elle alla trouver Dunois, et le pria d'attendre encore un peu.

« Eh! mon Dieu, dit-elle aux chefs de guerre, vous entrerez bien vite dedans, n'ayez aucun doute... Quand vous verrez flotter mon étendard vers la bastide, reprenez vos armes, elle sera la vôtre (1)... C'est pourquoi, reposez-vous un peu, buvez et mangez. »

« Ce qu'ils firent, rapporte la chronique, car à merveilles lui obéissoient. » (2)

Remettant alors son étendard à l'un de ses gens, elle demanda son cheval, s'élança légèrement dessus, comme si elle eût perdu le sentiment de ses fatigues et de sa blessure, se retira seule à l'écart dans une vigne, y resta un quart d'heure en prière, et reparut au milieu des troupes. Arrivée près du boulevard, elle saisit son étendard et s'avance au bord du fossé. A cette vue, les Anglais frémissent et sont frappés d'épouvante. Les Français, au contraire, reviennent à l'assaut, et escaladent derechef le boulevard. Les habitants d'Orléans, voyant ce qui se passe, dirigent sur la bastide leurs canons et leurs arbalètes, et envoient de nouveaux combattants pour prendre part à la gloire de leurs compagnons

(1) Déposition de Louis de Contes.
(2) *Journal du siége.*

d'armes. Les Anglais se défendent avec acharnement; mais la Pucelle crie à ses troupes :

« Tout est vôtre ; entrez ! »

En un instant le boulevard est emporté. Les Anglais se réfugient en hâte dans le fort; mais le plus grand nombre périt par la chute du pont-levis qui s'abîme dans la Loire : les Français réparent le pont, traversent le fleuve, et aussitôt le fort est en leur pouvoir.

La Pucelle, ainsi qu'elle l'avait prédit le matin avant de partir pour le combat, ramena ses troupes dans Orléans par ce même pont-levis qui naguère était occupé par les ennemis. Sa rentrée fut un véritable triomphe. Dunois l'accompagnait avec respect, des cris de joie éclataient partout sur leur passage. Tous les Orléanais voulaient les contempler à leur retour ; ils exaltaient la vaillance de leurs défenseurs, et portaient jusqu'aux nues le nom de leur jeune libératrice. Par l'ordre de la guerrière, toutes les cloches de la ville, à la fois en mouvement, proclamèrent au loin dans les airs la victoire que les armes du roi venaient de remporter sur les ennemis de la France.

Le lendemain du jour de cette action mémorable, les généraux anglais, après avoir délibéré toute la nuit, résolurent de lever le siége; et avant que le jour parût, ils firent sortir les troupes de leurs tentes et du fort qui leur restait sur la rive droite de la Loire : ils se rangèrent en bataille et se disposèrent à la retraite. Les Français, quoique inférieurs en nombre, voulaient les poursuivre ; mais Jeanne modéra leur emportement, et toujours avare de l'effusion du sang, elle leur dit :

« Laissez aller les Anglais et ne les tuez pas ; il me suffit de leur départ. »

Il y avait sept mois que le comte de Salisbury était venu mettre le siége devant Orléans, et tous les efforts des plus valeureux chevaliers français, pendant un si long temps, n'avaient pu triompher du courage des assiégeants ni lasser leur constance. Huit jours s'étaient écoulés depuis l'arrivée de Jeanne d'Arc dans la ville : trois seulement avaient été employés à combattre; le 15 mai 1429, l'armée ennemie, naguère si superbe et si menaçante, s'éloignait avec précipitation des remparts de la ville, qu'une procession solennelle parcourait en faisant retentir les airs d'hymnes sacrés et de cantiques d'action de grâces. L'usage de cette cérémonie religieuse et touchante s'est renouvelé depuis tous les ans, à pareil jour, en commémoration de ce grand événement, et il n'a été interrompu que pendant quelques années de troubles et d'anarchie.

Jeanne d'Arc ne voulait pas perdre un seul moment. Quoique souffrante encore de ses blessures, elle partit aussitôt pour Chinon; elle voulait rendre compte au roi de ce qui s'était passé au siége d'Orléans. Le comte Dunois et plusieurs autres seigneurs l'accompagnèrent.

Le bruit des victoires remportées par Jeanne l'avait devancée à la cour. Chacun brûlait d'impatience de revoir la jeune amazone, dont les exploits venaient de justifier la promesse qu'elle avait faite. Dès qu'elle fut en présence du Roi, elle se jeta à ses pieds. « Gentil Dauphin, dit-elle, voilà le siége d'Orléans levé, qui est la première chose dont j'ai eu commandement de la part du roi du ciel pour le bien de votre service; reste maintenant à vous mener à Reims en toute sûreté pour y être sacré et couronné; ne faites aucun doute que vous n'y soyez très-bien reçu, et qu'après cela vos affaires n'aillent toujours prospérant, et que tout ce que j'ai eu ordre de la part du ciel de vous dire et assurer, n'arrive en temps et lieu. »

Le roi fit à la Pucelle l'accueil qu'elle méritait. « Il lui donna, dit la chronique, moult grande chère, et la reçut à grand honneur. » Les courtisans, à l'imitation du monarque, rendirent hommage au courage et à la vertu de l'héroïne : c'était à qui l'accablerait de politesse et de compliments.

Jeanne voulait qu'on marchât droit sur Reims. Mais l'exécution d'un projet aussi hardi épouvantait Charles et son conseil : il fallait, avec une armée peu nombreuse, sans vivres, sans espoir de s'en procurer, si ce n'est les armes à la main, traverser près de quatre-vingts lieues d'un pays occupé par les ennemis; enfin, il était nécessaire de s'emparer de plusieurs villes considérables qui se trouvaient sur la route, et dont une seule pouvait arrêter la marche du roi : le moindre échec dans une situation aussi périlleuse le perdait à jamais. Tant d'obstacles pouvaient bien inspirer des craintes sérieuses ; mais en raison de ce qui venait de s'accomplir, il n'y avait pas à hésiter : il fallait profiter du moment, et poursuivre les ennemis à outrance.

Mais l'hésitation semble avoir été le trait distinctif de Charles à cette époque de sa vie. Un autre que lui, en considération des victoires précédentes, se serait probablement abandonné aux avis de la jeune inspirée, et aurait tenté, sous sa conduite, les entreprises les plus hardies et les plus héroïques. Il n'en fut pas ainsi. On eût dit qu'étonné de la prospérité de ses armes, après de si longs revers, il lui fallût du temps pour s'accoutumer à ne pas regarder comme un rêve ce brusque changement de fortune. Au lieu de profiter de l'enthousiasme des troupes pour conduire ses armées de victoire en victoire, il retomba dans ses premières irrésolutions; il tint chaque jour de nouveaux conseils ; il laissa le temps s'écouler.

Les caractères indécis font le supplice des personnes actives et promptes à prendre un parti. Jeanne d'Arc souffrait de tous ces retards. Chaque heure inutilement perdue lui paraissait irréparable, attendu le peu de durée de sa mission.

« Je ne durerai qu'un an et guère au delà, disait-elle souvent au roi ; il faut tâcher de bien employer cette année. » (1)

Un jour que le roi se trouvait dans son cabinet avec messire Christophe d'Harcourt, évêque de Castres, son confesseur, et avec le seigneur de Trèves, autrefois chancelier de France, la Pucelle, cédant à sa vive im-

(1) Déposition du duc d'Alençon.

patience, vint frapper à la porte du cabinet, et, sans attendre l'ordre du prince, elle ouvrit et entra. Charles s'occupait alors, avec ses deux conseillers, à discuter sur l'opportunité du voyage de Reims. La jeune fille s'avança d'un air humble et modeste, s'agenouilla devant le monarque, et lui embrassant les genoux :

« Noble Dauphin, dit-elle, ne tenez plus tant et de si longs conseils ; mais venez au plus tôt à Reims prendre votre digne couronne ! »

Charles et ses deux conseillers furent très-étonnés de ces paroles, qui semblaient indiquer que la jeune fille avait eu connaissance de leur entretien.

« Est-ce que vous saviez, Jeanne, de quoi nous parlions à votre entrée? lui dit alors l'évêque de Castres.

— Oui, je le savais, répondit-elle avec simplicité.

— Qui donc vous en a instruite?

— C'est mon conseil, qui veut bien m'avertir toutes les fois que je l'invoque.

— Je vous en prie, Jeanne, veuillez nous dire ici, en présence du roi, comment votre conseil se révèle à vous. »

Le roi ayant appuyé la demande du prélat, Jeanne aussitôt reprit en ces termes :

« Je conçois assez bien ce que vous voulez savoir, et je vous le dirai volontiers. Quand j'éprouve de la peine de ce que je ne suis pas facilement crue sur les choses que je dis de la part de Dieu, je me retire à part, et je prie le Seigneur, me plaignant à lui, et lui demandant pourquoi j'inspire si peu confiance. Et ma prière faite, j'entends alors une voix qui me dit : *Fille de Dieu, va, va ! je serai à ton aide, va !* Et quand j'entends cette voix, j'éprouve une grande joie, et voudrois toujours être en cet état. »

En faisant ce récit, et particulièrement en répétant les paroles de la *voix* dont elle se disait inspirée, la jeune fille paraissait ravie dans une espèce d'extase, et elle levait les yeux au ciel avec une expression si belle et si touchante, que le roi et les deux évêques ressentirent la plus vive émotion de ce qu'ils venaient de voir et d'entendre.

Cédant enfin aux instances persuasives de la Pucelle, Charles promit d'entreprendre le voyage de Reims aussitôt qu'on aurait chassé les Anglais des places qu'ils occupaient sur la Loire, au-dessus et au-dessous d'Orléans. En conséquence, « il manda de toutes parts tous ses nobles » pour le suivre dans cette glorieuse expédition. La renommée semait partout le bruit des victoires de la guerrière, et l'enthousiasme que ces nouvelles répandaient de proche en proche attira de tous les points des provinces restées françaises les chevaliers encore en état de porter les armes pour la cause sacrée du roi et de la patrie.

Ce fut dans cette circonstance que l'un des frères de Jeanne arriva auprès d'elle pour partager la gloire de ses travaux. Pierre d'Arc, l'aîné de ses frères, était depuis longtemps avec elle ; il n'avait cessé de l'accompagner au milieu des dangers qu'elle avait courus. Ce fut avec plaisir que Jeanne reçut des nouvelles de sa famille, qu'elle entendit parler de son vieux père, de sa mère, de sa sœur, et de son oncle, qui le premier avait su la comprendre. Accoutumée dès son bas âge à la simplicité de la nature, elle conserva toujours le plus tendre attachement pour le toit rustique, asile de son enfance ; elle ne se rappelait qu'avec émotion les riantes vallées, les rivages verdoyants de la Meuse, les champs fertiles où elle avait tant de fois conduit ses troupeaux, les forêts majestueuses où elle s'était si souvent retirée pour jouir de la fraîcheur de l'ombre, et se livrer, sans craindre d'être interrompue, au charme mélancolique d'une rêverie contemplative.

Les habitants de Chinon avaient pour la jeune héroïne autant de respect et d'admiration que les habitants d'Orléans qu'elle venait de délivrer. Lorsqu'elle sortait du château, soit à cheval, soit à pied, tout le monde s'empressait sur son passage pour contempler sa ravissante physionomie.

Des femmes vénérables par leur âge se prosternaient devant elle, malgré tout ce qu'elle faisait pour l'empêcher. Par un mélange de dévotion et de cette curiosité naïve qui caractérise les peuples à demi civilisés, beaucoup de personnes la priaient de leur laisser voir ses pieds et ses mains, comme si elles eussent douté qu'une sainte pût être conformée comme une femme ordinaire. On baisait par respect ses vêtements, son armure, et même les pieds de son cheval. Jeanne s'affligeait beaucoup de ces hommages excessifs ; il lui semblait que c'était une sorte d'adoration criminelle : elle se fâchait ; mais le plus souvent, la crainte d'affliger ces bonnes gens retenait sur ses lèvres l'expression de son mécontentement.

Enfin tout se trouva prêt pour l'expédition. Le roi voulait donner à Jean II, duc d'Alençon, le commandement en chef de l'armée, avec le titre de son lieutenant général, et Jeanne d'Arc désirait beaucoup que le prince l'accompagnât dans cette campagne. Le duc ne demandait pas mieux. Prisonnier d'Azincourt, il venait de payer sa rançon, afin de mettre sa force et sa valeur au service du roi. Mais la duchesse son épouse, Marie d'Armagnac, éprouvait les plus vives alarmes en le voyant près de s'éloigner. Elle dit à la jeune guerrière que le prince avait été longtemps prisonnier en Angleterre ; qu'il avait fallu donner des sommes énormes pour sa délivrance, et que, si elle l'en croyait, elle le prierait de ne point s'exposer à de nouveaux dangers.

« Ne craignez rien, madame, lui répondit la Pucelle, je vous le ramènerai sain et sauf, et aussi bien portant, voire en meilleur état qu'il n'est maintenant. » (1)

La duchesse laissa partir son époux sur cette assurance, tant les promesses de cette jeune fille avaient de crédit sur les personnes du plus haut rang. Le roi recommanda expressément au duc d'Alençon « qu'il usât et fît entièrement par le conseil d'elle. »

(1) Déposition du duc d'Alençon.

On commença cette seconde expédition par le siége de Jergeau, défendu par le brave Suffolk, qui était résolu à s'ensevelir sous les ruines de la ville. La Pucelle dispose l'artillerie avec tant de justesse, qu'en peu de jours les remparts sont endommagés, et que l'assaut est décidé. En approchant du rempart, la Pucelle crie au duc d'Alençon, avec l'air inspiré et l'accent énergique qui n'appartenaient qu'à elle :

« En avant, gentil duc ! à l'assaut ! »

Le prince trouvait que c'était s'y prendre trop tôt, et lui représentait qu'il eût été convenable d'attendre encore.

« N'ayez doute ! lui répondit la jeune guerrière ; l'heure est prête quand il plaît à Dieu. »

Voyant que le prince hésitait encore :

« Ah ! gentil duc, as-tu peur ? lui demanda-t-elle. Ne sais-tu pas que j'ai promis à ton épouse de te ramener sain et sauf ? » (1)

En achevant ces paroles, elle courut à l'assaut. Tout le monde la suivit. Les Français descendent en foule dans les fossés, qu'ils comblent de fascines, et, élevant un grand nombre d'échelles contre les remparts de la ville, ils attaquent vigoureusement les ennemis. Ceux-ci se défendent avec non moins de courage, ils repoussent les assaillants à coups de lance et les écrasent sous le poids des projectiles qu'ils font pleuvoir sur eux. Les fossés furent bientôt comblés d'échelles brisées, de débris de murailles, d'armures et de cadavres. L'assaut durait depuis quatre heures, et avait déjà coûté la vie à cinq cents Anglais.

Au plus fort du combat, on vit Jeanne descendre dans les fossés, son étendard à la main, courir à l'endroit où les Anglais opposaient la plus vive résistance, et monter elle-même à l'échelle, en invitant les Français à la suivre. Transportés de fureur à la vue de l'héroïne, les ennemis font pleuvoir sur elle une grêle de flèches qui sifflent à son oreille sans l'atteindre ni l'émouvoir. L'un d'eux, saisissant une pierre énorme, la lance

(1) Déposition du duc d'Alençon

sur la guerrière avec un cri de rage. L'étendard de l'amazone en est frappé ; elle-même est atteinte à la tête : heureusement le casque dont elle est armée résiste au choc, et la pierre se brise en mille éclats. Mais la violence du coup est telle, que Jeanne est renversée et va tomber au pied du rempart. Sur les murs un cri de triomphe, au pied des murs des cris d'épouvante, signalent au même instant la chute de l'héroïne. Se relevant soudain, plus fière et plus terrible :

« Amis , amis, s'écrie-t-elle, ayez bon courage ! Notre-Seigneur a condamné les Anglais ; à cette heure, ils sont tous nôtres. »

Ranimés par ces paroles, les Français gagnent la brèche, précipitent les ennemis dans la ville, les poursuivent de rue en rue, en massacrent onze cents, et forcent Suffolk, Guillaume Poll, et d'autres capitaines anglais, de se rendre prisonniers.

La prise de Meaux, celle du pont et du château de Beaugency, quoique défendus par le brave Talbot, suivirent de près celle de Jergeau. Cependant, le duc de Bedfort envoya un secours de six mille hommes à Talbot, qui se retirait vers la Beauce par le chemin de Joinville ; et l'armée anglaise, fortifiée par toutes les garnisons des places qu'elle avait abandonnées, était encore supérieure en nombre à l'armée française, quoique le connétable de Richemont fût venu joindre cette dernière. L'avant-garde de l'armée française, près de Pathay, n'était plus qu'à une demi-lieue de l'ennemi. Le duc d'Alençon, Dunois et le maréchal de Rieux, qui commandaient en chef, hésitaient à livrer bataille. L'idée d'avoir à combattre les Anglais en rase campagne, effrayait les esprits encore pleins du souvenir d'Azincourt, de Crevant, de Verneuil et de Rouvrai-Saint-Denis. La Pucelle est consultée, elle promet la victoire. Les Français alors se précipitent sur l'armée anglaise : une partie, conduite par Fostol, le vainqueur de Rouvrai, prend la fuite ; le reste est mis en déroute ; deux mille cinq cents Anglais sont tués sur le champ de bataille, douze cents sont faits prisonniers, et dans ce nombre, se trouvait Talbot, le général en chef. La Pucelle, escortée de tous les généraux français, se rendit auprès du roi pour lui annoncer la nouvelle de la victoire de Pathay. Ce fut dans cette entrevue qu'elle parvint à réconcilier le monarque avec le connétable de Richemont, que le favori La Trémouille desservait dans l'esprit de Charles VII, et éloignait de tout son pouvoir.

Cependant, la renommée de Jeanne d'Arc et de ses étonnants exploits s'était répandue rapidement dans toute la France, et de là dans le reste de l'Europe. L'opinion était fixée sur son compte ; tous les Français, partisans de Charles VII, ne doutaient point qu'elle ne fût inspirée de Dieu. Les Anglais, au contraire, la croyaient magicienne et sorcière ; et la terreur dont elle les avait frappés paralysait les forces de leur armée de France, habituée à la victoire : les guerriers qui étaient en Angleterre n'osaient traverser la mer, et aborder sur le sol fatal, protégé par la puissance surnaturelle de la magicienne d'Orléans.

Son ascendant sur les soldats et sur le peuple était sans bornes : mais il n'en était pas de même des généraux et des courtisans. Plusieurs étaient jaloux de sa gloire et de ses hauts faits, et humiliés de la supériorité qu'une fille sans naissance avait usurpée sur tant d'illustres capitaines et tant de nobles chevaliers. Elle eut avec quelques-uns des altercations assez vives; mais occupée d'accomplir sa mission, pour faire tout concourir à ses vues et assurer le succès de ses armes, elle ne craignit pas de prendre le ton du commandement et même de la menace. Animée d'une horreur invincible pour les femmes de mauvaise vie et les concubines, la Pucelle leur avait formellement défendu son approche, et prenait de grandes précautions pour qu'elles ne pussent s'introduire dans l'armée.

Dans tout le reste Jeanne d'Arc se montrait simple, pleine d'humilité, de douceur, recherchant avec soin la retraite et la solitude, et passant une grande partie de son temps dans les exercices de piété. Elle éprouvait une grande joie à s'aller mêler et à communier avec les jeunes personnes ; elle ne se confessait jamais sans que le repentir de sa faute lui fît verser des larmes abondantes. On la vit souvent se lever la nuit, se prosterner dans l'ombre, croyant n'être pas vue, et prier Dieu pour la prospérité du roi et du royaume. Elle se plaisait dans la compagnie des personnes de son sexe, et partageait sa couche avec une ou plusieurs femmes parmi les plus considérées de l'endroit, préférant les jeunes vierges et refusant les femmes âgées. Quand on ne pouvait trouver de personnes convenables de son sexe pour partager sa couche, elle reposait tout habillée. Sa sobriété était si grande, qu'on s'étonnait qu'elle pût soutenir ses forces avec si peu d'aliments. Elle aimait mieux s'abstenir de toute nourriture que de toucher aux vivres qu'elle savait ou soupçonnait avoir été enlevés par violence. Elle ne tolérait aucun pillage, ni aucune vengeance après le combat. Aussi ses vertus la protégèrent contre les accusations et les calomnies des Anglais; et plusieurs docteurs étrangers, et par conséquent impartiaux, écrivirent dès lors des traités pour sa défense.

Après la victoire de Pathay, les garnisons anglaises, frappées de terreur, abandonnèrent les villes qu'elles étaient chargées de garder; Montpipeau, Saint-Sigismond et Sully rentrèrent ainsi sans combat au pouvoir du roi. L'armée française se réunit à Gien, et après avoir reçu toutes les munitions et les renforts qui lui étaient nécessaires, elle se disposait à marcher enfin sur Reims. Le conseil du roi opinait pour soumettre d'abord Cône et La Charité; la Pucelle obtint, quoique avec peine, qu'on ne s'occuperait de cet objet qu'après le retour du roi. L'armée royale se mit en marche : Auxerre ayant consenti à fournir des vivres, on n'assiégea pas cette ville, qui refusa d'ouvrir ses portes; l'exemple d'Auxerre engagea Troyes à faire un pareil refus. L'armée campa cinq jours devant cette place, qui résistait toujours; les assiégeants commençaient à souffrir beaucoup de la disette, et le conseil du roi était d'avis qu'il fallait passer outre : la Pucelle s'y opposa et fit décider l'assaut pour le lendemain. Elle s'occupa toute la nuit à faire apporter des fascines, et dès que le jour parut, elle fit sonner les trompettes, ordonna qu'on comblât les fossés avec les fascines qu'on avait préparées, et s'avança, son étendard à la main. Alors les assiégés se troublèrent, l'effroi s'empara d'eux, ils capitulèrent, et le roi entra dans la ville, ayant à son côté Jeanne d'Arc.

L'armée ne fit que défiler au travers de Troyes, sans s'y arrêter et sans y faire aucun dommage. Châlons, où elle se présenta ensuite, ouvrit ses portes avec empressement. L'évêque, à la tête de la bourgeoisie, vint recevoir le roi hors de la ville. La Pucelle pressait toujours Charles de ne point s'arrêter, et en effet il arriva devant Reims à journées de marche. Châtillon et Saveuse, seigneurs bourguignons, commandaient dans la ville, mais ils n'avaient point de soldats; ils assemblèrent la bourgeoisie et lui demandèrent de tenir seulement six semaines, au bout desquelles ils répondaient que les ducs de Bedfort et de Bourgogne arriveraient avec une armée si puissante, qu'elle ferait lever le siége; mais la bourgeoisie refusa de courir ce risque, et engagea les deux capitaines à se retirer. Elle envoya ensuite une députation au chevalier Regnault de Chartres, qui avait été élu archevêque de Reims, mais qui n'avait jamais pu prendre possession de son siége, pour l'engager à entrer dans sa ville épiscopale. Regnault fit, en effet, son entrée dans Reims, le samedi 16 juillet, au matin. Le soir du même jour, Charles VII y entra aussi avec son armée. Jeanne marchait devant lui, parmi les guerriers, son étendard à la main, et tous les regards étaient fixés sur elle.

Le roi fut sacré dès le lendemain, 17 juillet, avec toutes les cérémonies d'usage et autant de pompe qu'en pouvait permettre la hâte avec laquelle il avait marché. Trois princes du sang : le duc d'Alençon, les comtes de Clermont et de Vendôme, et trois simples gentilshommes : La Trémouille, Laval et Jaucourt, représentèrent les six pairs laïques. Les ducs de Lorraine et de Bar s'étaient aussi rendus à Reims pour la cérémonie. La Pucelle fut présente à l'église, proche du roi et du maître-autel, ayant toujours son étendard à la main.

« Il avait été à la peine, dit-elle dans son interrogatoire, c'était bien raison qu'il fût à l'honneur. »

Après le sacre, elle embrassa les genoux du roi, en pleurant à chaudes larmes. « Gentil roi, lui dit-elle, ores est exécuté le plaisir de Dieu, qui vouloit que vinssiez à Reims recevoir votre digne sacre, en montrant que vous êtes vray roy et celui auquel le royaume doit appartenir. »

Croyant sa mission accomplie, elle demanda au roi qu'il voulût bien lui permettre de se retirer dans son village. Son père Jacques d'Arc, le plus jeune de ses frères, et son oncle Durand Laxart, celui qui l'avait conduite à Vaucouleurs, s'étaient rendus à Reims pour la voir ; et les embrassements de sa famille, après une si longue absence, lui faisaient désirer vivement de rentrer dans l'humble condition dont elle n'était sortie qu'à regret :

« Plût à Dieu, mon créateur, dit-elle à l'archevêque de Reims, que je pusse maintenant partir, abandonnant les armes, et aller servir mon père et ma mère, avec ma sœur et mes frères, qui moult se réjouissoient de me voir au milieu d'eux. »

Mais on avait trop éprouvé combien sa seule présence encourageait les soldats. Forcée de céder aux volontés de son roi, l'on vit Jeanne d'Arc, depuis ce moment, s'abstenir d'opposer son avis à celui du ministère ou des généraux ; et ayant réalisé ses promesses et rempli ses engagements, elle n'agissait plus comme quelqu'un qui se rend responsable des événements. Elle se contentait de partager les travaux des plus dangereuses expéditions, et de s'exposer la première.

Charles VII, après son sacre, ne resta que trois jours à Reims, et se dirigea sur Château-Thierry. Ce fut dans cette ville que la Pucelle, qui conservait un vif attachement pour le pays qui l'avait vue naître, demanda au roi que les habitants de Greux et de Domremy (ces hameaux ne formaient qu'une seule paroisse), fussent exemptés de toutes tailles, aides et subventions. Charles VII y consentit, et fit expédier en conséquence ses lettres patentes, datées de Château-Thierry, le dernier jour de juillet 1429; elles portent expressément que cette exemption est accordée à ces deux villages « en faveur de la Pucelle. » Ces lettres ont été renouvelées par Louis XIII en juin 1610. Les habitants de Greux et de Domremy n'ont cessé de jouir de cette concession jusqu'à l'époque de la révolution.

Bientôt les villes de Laon, de Neufchâtel, de Soissons, de Crespi, de Compiègne, de la Ferté-Milon, de Château-Thierry, de Creil, de Coulommiers, et une infinité d'autres places, tant de la Brie que de la Champagne, se rendirent à ses généraux. Beauvais chassa son évêque, parce qu'il était dévoué aux Anglais : c'était Pierre Cauchon, auquel le procès de la Pucelle a donné une si funeste célébrité. La terreur régnait dans Paris, où les Anglais employaient mille moyens pour tromper les habitants et pour les contenir. Saint-Denis s'empressa d'ouvrir ses portes. Ce fut dans cette ville que Jeanne d'Arc rompit sa célèbre épée de Fierbois, en frappant une femme de mauvaise vie, qui se trouvait parmi les soldats. Le roi se montra sensible à cette perte qui, considérée comme un présage d'un funeste augure, pouvait exercer la plus fâcheuse influence sur l'esprit de la multitude. Jeanne d'Arc sembla elle-même penser que cet accident était un avertissement du ciel, que sa carrière militaire était finie, et son pouvoir détruit.

Les troupes du roi s'avancèrent ensuite jusque sous les murs de Paris, et allèrent en bataille entre la butte Saint-Roch et la porte Saint-Honoré. On commença l'attaque par emporter un petit boulevard qui était de ce côté ; mais les assaillants, qui s'étaient flattés en vain que, dans le moment de l'assaut, les partisans du roi soulèveraient le peuple, furent désabusés, et songèrent à se retirer. Jeanne d'Arc, accoutumée à ne jamais reculer, voulut s'obstiner à combler le fossé ; elle criait aux Parisiens de rendre la ville au roi, lorsqu'un trait d'arbalète la blessa à la cuisse. Obligée, par la douleur de sa blessure et par la quantité de sang qu'elle perdait, de se coucher derrière une petite éminence, elle y resta jusqu'au soir, où Richard de Thiebronne et d'autres guerriers vinrent la trouver. Soit chagrin d'un premier échec, soit dégoût causé par l'ingratitude de ses compagnons d'armes, qui la jalousaient et la délaissaient, elle parut lasse de la vie, et ne voulut pas quitter sa place : il fallut que le duc d'Alençon vînt lui-même la chercher, et la ramenât à Saint-Denis ; mais elle renouvela ses instances auprès du roi pour obtenir la permission d'aller finir ses jours dans l'obscurité et la retraite.

Persistant dans cette résolution, la jeune héroïne, suivie du roi et des princes, alla se prosterner dans la basilique royale de Saint-Denis, devant l'autel des martyrs protecteurs de la France, rendit grâces à Dieu, à la Vierge et à ces saints martyrs, des faveurs qu'ils avaient répandues sur elle, et suspendit ses armes à l'une des colonnes du temple, devant la châsse révérée de l'apôtre de la France. Les instances du roi et des principaux capitaines parvinrent encore à triompher de sa résolution. On est vivement ému lorsqu'on songe au sort cruel qui attendait cette infortunée, en la voyant tenter deux fois en vain de rentrer sous le toit paternel.

L'armée française, après cette attaque infructueuse, repassa la Loire. Lorsque le roi fut arrivé à Mehun-sur-Yèvres, il accorda, en décembre 1429, à Jeanne d'Arc et à toute sa famille, des lettres de noblesse avec tous les priviléges et les honneurs alors attachés à cette haute faveur : ces lettres comprenaient également, par une exception remarquable, les mâles et les femelles à perpétuité, « et afin, dit le roi, de rendre gloire à la haute et divine Sagesse, des grâces nombreuses et éclatantes dont il lui a plu nous combler par le célèbre ministère de notre chère et bien-aimée la Pucelle Jeanne d'Arc, de Domremy, et que par le secours de la divine Providence, nous avons espérance de voir s'accroître encore. » Les armes de cette famille, qui prit dès lors le nom de *du Lis*, étaient de première noblesse. On y voyait surtout une épée, une couronne d'or et des fleurs de lis, qui semblaient être l'emblème des services signalés que la Pucelle avait rendus à la royauté.

Au printemps de l'année suivante, la Pucelle, après avoir fait des prodiges de valeur à la prise de Saint-Pierre-le-Moûtier, et de plusieurs autres villes, fut envoyée dans l'Ile de France avec un petit corps d'armée et plusieurs chefs de guerre. Elle ne tarda pas à rencontrer Franquet d'Arras, célèbre par sa vaillance, ses ravages et ses cruautés. Elle n'avait alors que quatre cents hommes. Elle s'avança au combat avec sa bravoure accoutumée. Deux fois les troupes royales reculèrent; deux fois la Pucelle les ramena à la charge, « moult courageusement et vigoureusement, » dit un historien du parti ennemi : enfin la victoire se déclara pour elle, et Franquet d'Arras fut fait prisonnier. Les juges civils réclamèrent un homme qui s'était souillé de tant de forfaits, et il fut exécuté quelques jours après, malgré les efforts que fit la Pucelle pour lui sauver la vie. Cette exécution, injuste ou légitime, mais dont il est démontré que Jeanne était innocente, forma dans la suite un chef d'accusation contre elle.

Cependant le duc de Bourgogne, qui combattait avec les Anglais, s'avançant avec une assez forte armée, met le siége devant Compiègne, dégarnie alors de troupes. Jeanne d'Arc n'hésite pas un instant à s'y rendre; et Jacques de Chabanne, Thebalgo Valperga, Regnault de Fontaines, Pothon de Xaintrailles, et quelques autres chevaliers célèbres suivent l'exemple de la jeune héroïne et se renferment dans cette ville pour la défendre. Ce renfort, et surtout la présence de la Pucelle, y répandent une grande joie : on veut profiter de ce mouvement d'enthousiasme pour tenter une sortie.

Le 24 mai 1430, la Pucelle, accompagnée de Pothon le Bourguignon, du sire de Créqui et de plusieurs autres capitaines, tombe à l'improviste sur les Bourguignons, commandés par Jean de Luxembourg. Les ennemis abandonnent aussitôt leurs quartiers; mais secourus par les Anglais, ils reprennent courage et reviennent audacieusement au combat. Les Français, s'apercevant qu'ils allaient avoir à combattre toute l'armée ennemie, se retirent vers la ville. La Pucelle marche la dernière, se retournant sans cesse et faisant face à l'ennemi, afin de couvrir la retraite des siens, et de les ramener sans perte dans la place. Les Anglais s'avancent alors à grands pas pour couper le chemin à sa troupe, qui, effrayée par ce mouvement, se précipite en tumulte vers la barrière du boulevard du pont. En ce moment les Bourguignons, sûrs d'être soutenus de toute part, font une décharge terrible sur la queue des escadrons français, et y jettent un grand désordre. Ceux-ci, saisis d'épouvante, se précipitent tout armés dans la rivière, et plusieurs se rendent prisonniers. La Pucelle seule continue à se défendre : son habillement de couleur pourpre, et l'étendard qu'elle tient à la main, la font aisément distinguer. Aussitôt une foule de guerriers l'entourent et se disputent l'honneur de s'emparer de sa personne ; elle les repousse avec son épée, et parvient à gagner le pied du boulevard du pont : mais la barrière se trouve fermée. Abandonnée de tous ses compagnons d'armes, entourée d'assaillants, Jeanne fait des prodiges de valeur, et cherche alors à prendre la fuite pour éviter la captivité : un archer picard la saisit par son habit et la fait tomber de son cheval. Elle est aussitôt désarmée, et le Bâtard de Vendôme l'emmène à Marigny, où on la confie à une garde nombreuse.

Guillaume de Flori, alors gouverneur de Compiègne, guerrier intrépide et royaliste zélé, mais fameux par ses débauches, son avarice et sa cruauté, fut soupçonné d'avoir fait fermer la barrière, dans l'intention de livrer aux ennemis l'héroïne d'Orléans.

Quoi qu'il en soit, jamais les victoires de Créci, de Poitiers ou d'Azincourt, n'excitèrent parmi les Anglais des transports de joie pareils à ceux que fit éclater la prise de la Pucelle par les Bourguignons. Les soldats anglais accouraient en foule pour considérer cette fille de dix-neuf ans, dont le nom seul, depuis plus d'une année, portait la terreur jusque dans

Londres. On envoya partout des courriers pour répandre cette nouvelle, et l'on fit des réjouissances publiques, à cette occasion, dans le petit nombre de villes restées soumises au parti anglais.

L'horrible tragédie méditée par la haine et la vengeance des Anglais fut quatre mois à se préparer. Durant ce temps, Jeanne d'Arc, d'abord prisonnière au château de Beaulieu, fit une première tentative pour s'évader ; et ensuite transportée au château de Beaurevoir, à quatre lieues au sud de Cambrai, elle y fut d'abord traitée avec égard par la femme et la sœur de Jean de Luxembourg. Quoique sensible à l'affection qu'on lui témoignait, la crainte qu'avait la Pucelle d'être livrée aux Anglais lui fit tenter une seconde fois de s'échapper : elle sauta par une fenêtre, et tomba sans connaissance au pied de la tour où elle était renfermée. Dès qu'elle fut rétablie, on la transporta à Arras, et ensuite au Crotoy, citadelle très-forte à l'embouchure de la Somme.

Le duc de Bedfort, pour relever son parti abattu, en sacrifiant Jeanne à sa vengeance, voulait d'abord établir, par une procédure solennelle, qu'elle avait employé les sortiléges et la magie : par là il parvenait à la faire condamner comme hérétique; il détruisait l'ascendant qu'aurait exercé sur tous les esprits le seul souvenir de ses vertus ; il sauvait l'honneur de ses armes flétries par tant de défaites ; et, pour nous servir de l'énergique langage de ce siècle, il *infamait* le roi de France. Déjà un frère Martin, vicaire général de l'inquisition, avait prétendu évoquer le jugement de la Pucelle à son tribunal. Pierre Cauchon, cet évêque de Beauvais expulsé de son siége, la réclamait aussi comme ayant été prise dans son diocèse : ce qui était une fausseté, car elle avait été faite prisonnière au delà du pont de Compiègne et sur le territoire du diocèse de Noyon. Enfin l'Université de Paris écrivit au duc de Bourgogne pour qu'elle fût traduite devant un tribunal ecclésiastique, comme suspecte de magie et de sortilége. Ce concours de lâcheté et de férocité prouvait au duc de Bedford la facilité qu'il aurait pour accomplir ses projets.

Mais il fallut tirer la prisonnière des mains de Jean de Luxembourg, qui ne paraissait pas d'abord disposé à la céder. Son épouse, lorsqu'elle le voyait ébranlé par les offres qu'on lui faisait, le suppliait à genoux de ne pas livrer à une mort certaine une captive si intéressante par son courage et son innocence, et que d'ailleurs les lois de la guerre obligeaient de respecter. Enfin on fit valoir le droit qu'avaient les souverains de s'emparer des prisonniers, de quelque condition qu'ils fussent, en payant une somme de dix mille livres à ceux auxquels ils appartenaient. Au moyen de cet argent qui fut remis à Jean de Luxembourg, et d'une pension de trois cents livres pour le Bâtard de Vendôme, l'héroïne d'Orléans fut livrée à un détachement de troupes anglaises, qui la conduisirent à Rouen.

Là on la chargea de chaînes, on la jeta dans un cachot, on l'accabla d'outrages, et l'on commença cet affreux procès dont l'original, encore existant aujourd'hui à la Bibliothèque du roi, dépose, comme par l'effet d'une justice divine, des vertus, de l'innocence de cette auguste victime, et porte au plus haut degré d'évidence historique les faits les plus surprenants de sa merveilleuse histoire, puisque les preuves qui les constatent s'y trouvent rassemblées et vérifiées par ceux-là mêmes qui voulaient ternir sa chaste gloire, et qui étaient acharnés à sa perte.

Pierre Cauchon, et un inquisiteur nommé Lemaire, assistés de soixante assesseurs qui n'avaient que voix consultative, furent les juges de l'infortunée Jeanne. Son procès s'instruisit selon les formes mystérieuses et barbares de l'inquisition. Mais, après plusieurs interrogatoires, on s'aperçut combien il serait difficile de parvenir au but qu'on se proposait. Jeanne, dans l'infortune et dans les fers, et en présence du tribunal qui avait juré sa perte, se montrait peut-être plus étonnante que sur le champ de bataille et à la tête des armées : elle joignait un courage inébranlable à la plus touchante douleur. Elle pleurait comme une jeune fille, et se conduisait comme un héros. Ses juges perfides accumulaient en vain les questions insidieuses, les réticences, les menaces, les violences, les impostures, les faux matériels, pour la faire tomber dans le piége; rien ne leur réussissait, et ils se trouvaient eux-mêmes réduits au silence de la honte par la justesse, la dignité et l'énergie des réponses de Jeanne.

Telle était la crainte qu'elle inspirait encore aux Anglais, quoique captive, que des lettres écrites au nom du roi d'Angleterre, datées du 12 décembre 1430, ordonnent de faire arrêter et traduire devant des conseils de guerre tous ceux à qui la peur de la Pucelle ferait abandonner leurs drapeaux. L'impulsion qu'elle avait donnée à la valeur française enfantait d'ailleurs chaque jour de nouveaux succès : les Anglais étaient partout défaits, et les revers multipliés qu'ils essuyaient les irritaient encore plus contre celle qui en était la cause primitive ; ils pressaient les juges, et prodiguaient, pour hâter le moment de son supplice, et l'argent et les menaces.

Mais ils trouvaient un puissant obstacle à leur projet dans l'intérêt que la jeune fille inspirait même aux assesseurs choisis à dessein pour la condamner. La duchesse de Bedfort s'intéressait aussi vivement à son sort. Jeanne d'Arc s'était déclarée vierge dans ses interrogatoires, et ayant offert de se soumettre à l'examen de femmes recommandables par leurs mœurs, la duchesse de Bedfort nomma les matrones qui devaient la visiter. Quelques témoins ont assuré, dans le procès de révision, que le duc de Bedfort, sans doute à l'insu de sa vertueuse épouse, se cacha pendant cet examen dans une chambre voisine, d'où, à l'aide d'une ouverture pratiquée dans le mur de séparation, il osa promener ses regards indiscrets sur l'infortunée qu'il destinait au dernier supplice. Le rapport des matrones s'étant trouvé à l'avantage de Jeanne, on eut bien soin de n'en faire aucune mention au procès, parce qu'il eût anéanti le principal chef d'accusation, celui de magie et de sorcellerie.

On l'interrogea plusieurs fois sur sa première entrevue avec Charles VII : mais elle ne voulut jamais s'expliquer clairement sur le secret qu'elle lui avait révélé pour lui faire reconnaître la vérité de sa mission ; ou lorsqu'elle y fut contrainte, elle le fit d'une manière allégorique ou inintelligible. Sur tout ce qui concernait ses apparitions et les *voix* qui la conseillaient, elle entra dans les plus grands détails, et raconta ingénument tout ce qu'elle avait vu et entendu, et tout ce qu'elle avait dit dans ses entretiens secrets avec les saints qui chaque jour lui apparaissaient et lui disaient de répondre hardiment. Bien loin de nier les prédictions qu'elle avait faites dans ses lettres, elle dit à ses juges qu'avant sept ans les Anglais abandonneraient un plus grand gage qu'ils n'avaient fait devant Orléans, et qu'ils perdraient toute la France. Il est assez remarquable que Paris fut repris par les Français le 13 avril 1446, c'est-à-dire six ans après que l'on eut consigné cette prédiction dans le procès de Jeanne, dont nous possédons le texte authentique. Jeanne répéta encore, depuis, cette prédiction en d'autres termes, dans les interrogatoires suivants. On lui demanda, particulièrement, si Dieu haïssait les Anglais :

« De l'amour ou haine que Dieu porte aux Anglais, je n'en sais rien ; mais je sais bien qu'ils seront chassés de France, exceptés ceux qui y mourront ; et que Dieu enverra victoire aux Français et contre les Anglais. »

On lui demanda si elle ne disait pas aux guerriers qui portaient des étendards semblables au sien, qu'ils seraient heureux à la guerre :

« Non, répondit-elle, je disais : Entrez hardiment parmi les Anglais ! et j'y entrais moi-même la première. »

Diverses questions qu'on lui adressa révèlent au plus haut degré la sottise et l'impudence de ces juges ecclésiastiques, la sagesse et la décence de la pauvre martyre.

L'un de ses juges lui ayant demandé si sainte Marguerite, qui lui avait apparu, parlait anglais :

« Comment parlerait-elle anglais, dit-elle, n'étant pas du parti anglais ? »

Un moine voulut savoir d'elle si saint Michel avait des cheveux, au moment de ses apparitions :

« Cela est bon à savoir, » dit-elle ironiquement.

Le moine insistant dans sa demande au sujet des cheveux de saint Michel :

« Pourquoi les lui aurait-on coupés? » continua-t-elle en se moquant.

Un autre s'avisa de lui demander si cet archange était nu, lorsqu'il venait la visiter :

« Pensez-vous que Notre-Seigneur n'aie pas de quoi le vêtir? » répondit-elle encore en raillant.

Interrogée sur ce que lui avaient dit ses saintes sur l'issue de son procès, elle répondit :

« Mes *voix* me disent que je serai délivrée par grande victoire; et après elles ajoutent : « Prends tout en gré, ne te soucie pas de ton martyre, tu viendras au royaume des cieux. » Je ne sais si je souffrirai plus qu'aujourd'hui, mais je m'en rapporte à Notre-Seigneur. »

Quand elle jugeait les questions trop impertinentes ou trop absurdes, elle refusait parfois de répondre, en disant que ces questions n'avaient point de rapport au procès.

On lui demanda quelle était la distinction entre l'Église militante et l'Église triomphante. C'était une question captieuse adressée à son ignorance, et qui n'avait d'autre but que de la faire condamner comme hérétique. Isambart, un des juges assesseurs, touché de compassion, après lu avoir expliqué la demande, lui conseilla de s'en rapporter au jugement du pape et du concile de Bâle, tant sur ce sujet que sur le fait de ses apparitions ; ce qu'elle fit à l'instant. Cet appel allait l'arracher à la fureur de ses ennemis, aussi l'évêque de Beauvais dit à Isambart d'une voix menaçante :

« Taisez-vous, de par le diable !

Et il défendit au greffier de faire mention de cet appel, que le procès en révision a fait connaître.

Cependant les interrogatoires se multipliaient et le procès n'avançait pas. Les réponses de l'accusée, les visites auxquelles on l'avait soumise, les informations prises dans le pays de sa naissance, les dépositions des témoins, tout tendait à sa décharge. Pour la perdre, l'évêque de Beauvais eut recours à une ruse odieuse. Jeanne avait plusieurs fois demandé le secours de la religion. On introduisit dans sa prison un prêtre hypocrite, nommé l'Oyseleur, qui feignit d'être, ainsi qu'elle, retenu dans les fers : elle ne fit pas de difficulté de se confesser à lui. Il gagna sa confiance ; il lui donna des conseils pour la faire tomber dans le piége, et quand il recevait sa confession, deux hommes cachés derrière une fenêtre couverte d'une simple serge, écrivaient ce qu'elle disait. Ces lâches artifices ne purent encore fournir la moindre preuve des crimes dont on la chargeait. Plusieurs des assesseurs, indignés des iniquités qu'on employait envers elle, se retirèrent et cessèrent d'assister aux séances.

L'évêque de Beauvais ne savait plus qu'imaginer. Ce fut alors qu'elle tomba malade et qu'on le soupçonna d'avoir voulu l'empoisonner. Mais le projet du duc de Bedfort échouait si Jeanne mourait d'une mort naturelle ; aussi les Anglais eurent-ils grand soin d'elle tout le temps que dura sa maladie.

On résolut enfin de réduire à douze chefs d'accusation ce qui résultait des interrogatoires, et l'on écrivit à l'Université de Paris, pour prononcer sur des questions générales qu'on avait posées, sans spécifier ni accusée, ni juges, ni procès. L'Université rendit une décision conforme aux vues du tribunal de Rouen ; et l'on continua avec activité les procédures, qui ne furent pas même interrompues pendant la quinzaine de Pâques. Les Anglais menaçaient les juges et l'évêque de Beauvais lui-même, s'ils ne terminaient pas promptement ; il fallut enfin se résoudre, pour commettre cette grande iniquité, à violer toutes les lois divines et humaines. Jeanne, trompée par les funestes conseils de l'Oyseleur, était persuadée qu'elle n'aurait pas plutôt reconnu l'autorité de l'Eglise terrestre ou militante, que ses juges, se prétendant revêtus de tous les pouvoirs de cette Église, l'enverraient aux bourreaux. Lors donc qu'on l'interrogea sur cet article, elle refusa de répondre, ou répondit :

« Je crois bien que l'Église militante ne peut errer ou faillir ; mais pour mes dis et mes faits, je m'en rapporte de tout à Dieu qui m'a fait faire ce que j'ai fait. »

Alors on lui dit que si elle ne se soumettait pas à l'Eglise, elle s'exposait aux peines du feu quant à l'âme et quant au corps.

« Vous ne ferez pas ce que vous dites contre moi, sans qu'il vous en prenne mal au corps et à l'âme, » répondit-elle.

Le jour d'ensuite, l'évêque de Beauvais se transporta dans sa prison avec les bourreaux et les instruments de torture, et il la menaça de la soumettre à d'affreuses épreuves. Cet aspect ne la fit point changer dans ses réponses ; elle protesta avec courage contre tous les aveux qui pourraient lui être arrachés par la violence. L'évêque de Beauvais voulait la faire appliquer à la question, et la seule crainte qu'elle ne mourût par suite des tourments obligea le barbare prélat à abandonner son projet. Cependant, le 24 mai 1431, Jeanne d'Arc fut conduite sur la place du cimetière de Saint-Ouen pour y entendre sa sentence. Là on avait dressé deux échafauds. Sur l'un étaient l'évêque de Beauvais, le vice-inquisiteur, le cardinal d'Angleterre, l'évêque de Noyon, l'évêque de Boulogne et trente-trois assesseurs. Sur l'autre paraissaient Jeanne d'Arc et Guillaume Érard, chargé de la prêcher. Le bourreau, avec un chariot attelé de quatre chevaux, était prêt à enlever au besoin la victime, et à la transporter à la place du Vieux-Marché, où le bûcher avait été préparé. Une foule de peuple remplissait la place. Guillaume Érard prononça un discours rempli des invectives les plus grossières contre l'accusée, contre les Français, et le roi Charles lui-même.

« C'est à toi, Jeanne, s'écriait-il, que je parle, et te dis que ton roi est hérétique et schismatique. »

Jeanne d'Arc, dont le dévouement pour son roi était sans bornes, eut encore le courage de le défendre à ce dernier moment ; interrompant l'orateur :

« Par ma foi ! s'écria-t-elle, révérence gardée, vous êtes dans l'erreur car je vous ose bien dire et bien jurer, sur la peine de ma vie, que c'est le plus noble chrétien de tous les chrétiens, et qui mieux aime la foi et l'Église, et n'est point tel que vous dites. »

Le prédicateur et l'évêque de Beauvais crièrent alors en même temps à l'appariteur Massieu :

« Faites-la taire ! »

Après ce sermon, qualifié dans le procès de prédication charitable, Massieu fut chargé de lire une cédule d'abjuration, et après la lecture on somma Jeanne d'abjurer. Elle dit qu'elle n'entendait pas ce mot, et elle demanda qu'on la conseillât. On chargea de ce soin l'appariteur Massieu : cet homme, dont le métier était de conduire les criminels en prison, au tribunal et à l'échafaud, était touché de compassion pour Jeanne. Il lui expliqua ce qu'on voulait d'elle, et il l'engagea de s'en rapporter à l'Église universelle.

« Je me rapporte, dit alors Jeanne, à l'Église universelle, si je dois abjurer ou non.

— Tu abjureras présentement, s'écria l'impitoyable Érard, ou tu sera orsée (brûlée) ! »

Elle affirma de nouveau qu'elle se soumettait à la décision du pape, assurant cependant qu'elle n'avait rien fait que par les ordres de Dieu ; que son roi ne lui avait rien fait faire, et que s'il y avait eu quelque mal dans ses actions ou dans ses discours, il provenait d'elle seule et non d'autre. Alors l'évêque de Beauvais se leva et lut la sentence préparée la veille, dans laquelle il eut l'audace de dire que l'accusée refusait de se soumettre au pape, quoiqu'elle vînt précisément d'articuler le contraire.

Le défaut de témoins, la récusation faite par Jeanne d'Arc de plusieurs chefs d'accusation frappaient la procédure de nullité. Les juges, inquiets de la responsabilité qu'on pouvait faire peser sur eux, par la suite, désiraient surtout que l'accusée abjurât. On employait à cet égard et les menaces et les prières. L'évêque de Beauvais, pour atteindre ce but, ne craignit pas de s'exposer à la colère des Anglais, qui l'injurièrent lorsqu'ils le virent suspendre la lecture de l'acte de condamnation. Enfin, vaincue par tant d'instances, Jeanne d'Arc déclara qu'elle s'en rapportait sur le tout à sa mère la sainte Église et à ses juges; alors Guillaume Érard lui dit :

« Signe maintenant; autrement tu finiras aujourd'hui tes jours par le feu. »

La cédule qui lui avait été lue contenait simplement promesse de ne plus porter les armes, de laisser croître ses cheveux et de quitter l'habit d'homme. Entendue par une foule de témoins, il fut affirmé que cette pièce n'avait que huit lignes; mais celle qu'elle signa, et qui lui fut présentée non par le greffier du tribunal, mais par Laurent Callot, secrétaire du roi d'Angleterre, renfermait plusieurs pages ; et elle s'y reconnut dissolue, hérétique, séditieuse, invocatrice de démons, coupable enfin des forfaits les plus contraires et les plus abominables. Cette infidélité a été prouvée de la manière la plus évidente, par les déclarations du greffier qui a fait la lecture de la première cédule, par les dépositions de l'appariteur Massieu et de plusieurs autres témoins.

Alors l'évêque de Beauvais lut la sentence qui condamnait Jeanne d'Arc, pour réparation de sa faute, à passer le reste de ses jours « au pain de douleur et à l'eau d'angoisse, » suivant le style de l'inquisition. Jeanne alors dit que, puisque l'Église la condamnait, elle devait être remise entre les mains de l'Église.

« Menez-moi en vos prisons, et que je ne sois plus en la main des Anglais. »

Mais il n'était pas au pouvoir de l'évêque de Beauvais de satisfaire à cette demande d'une justice si évidente ; et l'infortunée fut reconduite au château de Rouen.

Cependant les chefs des Anglais étaient furieux que la victime leur eût échappé ; plusieurs levèrent leurs glaives sur l'évêque et sur les juges pour les frapper. Enfin le comte de Warwick leur déclara que les intérêts du roi d'Angleterre souffriraient un dommage manifeste de ce qu'ils permettaient que Jeanne ne fût pas livrée au supplice.

« N'ayez souci, dit l'un d'eux, nous la retrouverons bien. »

En attendant, les Anglais se vengaient sur elle en augmentant les rigueurs de sa prison. Elle était gardée par cinq soldats, dont trois ne quittaient pas son cachot, et dont deux veillaient sans cesse à la porte ; elle était attachée pendant la nuit par deux chaînes de fer, fixées au pied de son lit, et pendant le jour à un poteau au moyen d'une autre chaîne qui la tenait par le milieu du corps. Cependant elle avait repris les habits de femme, et s'était soumise à son acte de condamnation. On ne trouvait aucun prétexte pour sévir contre elle : il fallut donc en faire naître un. Pendant qu'elle dormait on lui enleva ses habits, et l'on y substitua des habits d'homme. Elle redemanda avec instance à ses gardes qu'on lui rendît les vêtements de son sexe ; on les lui refusa, et elle se vit enfin forcée de se vêtir en homme. Aussitôt plusieurs témoins, apostés exprès, paraissent pour prendre acte de cette prétendue transgression. L'évêque de Beauvais et quelques-uns des juges se rendent dans la prison : on dresse procès-verbal, et l'évêque dit en sortant, au comte de Warwick, à haute voix et en riant :

« Faites bonne chère ; il en est fait. »

Le lendemain le tribunal interroge et délibère pour la forme, et la sentence qui condamne Jeanne d'Arc, comme « relapse, excommuniée, « rejetée du sein de l'Église, et jugée digne par ses forfaits d'être aban- « donnée à la justice séculière, » est prononcée.

Dès le matin du jour fatal (31 mai 1431), l'évêque de Beauvais envoya frère Martin l'Advenu pour signifier à Jeanne d'Arc sa sentence de mort. Elle s'abandonna à la plus violente douleur, et s'écria :

« J'en appelle à Dieu, le grand Juge, des grands torts et des injustices qu'on me fait. »

Frère Martin l'Advenu reçut sa confession. Jeanne demanda avec ardeur le sacrement de l'eucharistie. Alors il se présenta une difficulté : Frère Martin pouvait-il, devait-il admettre à la communion une femme déclarée hérétique, excommuniée, et retranchée du nombre des fidèles? Il envoya l'appariteur Massieu à l'évêque de Beauvais pour lui faire part de la demande de Jeanne; et, ce qu'il serait impossible de croire si le fait n'était constaté au procès, l'évêque de Beauvais, après avoir consulté quelques-uns des juges, fit répondre à frère Martin qu'il donnât à Jeanne d'Arc le sacrement de l'eucharistie et « toutes choses quelconques qu'elle demanderait. »

Ainsi la pitié exerce par moments son empire jusque sur les cœurs les plus corrompus et les plus féroces, puisqu'en se laissant fléchir, l'évêque de Beauvais ne craignit pas de contredire sa propre sentence, et de déclarer ainsi innocente celle qu'il allait livrer au supplice. Frère Martin l'Advenu, d'après la décision de l'évêque, administra à Jeanne d'Arc le sacrement de l'eucharistie, qu'elle reçut avec une humilité profonde et avec une grande abondance de larmes. Après cet acte de piété, elle eut plus de fermeté et de courage. Quand elle vit l'évêque de Beauvais , elle lui dit :

« Évêque, je meurs par vous ; si vous m'eussiez mise aux prisons de cour d'Église, ceci ne me fût pas advenu ; c'est pourquoi j'en appelle de vous devant Dieu. »

A neuf heures du matin, le bourreau fit monter dans son chariot Jeanne revêtue de ses habits de femme : frère Martin l'Advenu et frère Isambard de la Pierre étaient à ses côtés ; huit cents soldats anglais, armés de haches, de glaives et de lances, entouraient ce chariot; une foule immense remplissait la place. On vit alors un homme ayant les traits altérés, le visage baigné de larmes, percer la foule, pénétrer à travers les soldats étonnés, et monter sur le chariot où était Jeanne : c'était l'Oyseleur, qui, déchiré de remords, demandait à Jeanne d'Arc pardon de toutes ses perfidies. Il eût été, sans le comte de Warwick, massacré sur l'heure par l'escorte anglaise, et il ne put sauver sa vie qu'en sortant à l'instant même de la ville.

Cependant Jeanne d'Arc, par ses lamentations pieuses et l'abandon de sa douleur, touchait tous ceux qui se trouvaient présents; lorsqu'elle arriva sur la place du Vieux-Marché, où elle devait être livrée aux flammes, la foule fondait en larmes. A peu de distance du bûcher, élevé sur une plate-forme, on avait dressé deux échafauds : sur l'un étaient les juges ecclésiastiques et civils, le bailli de Rouen et son lieutenant Laurent Guesdon ; sur l'autre se trouvaient plusieurs prélats. Nicolas Midy, docteur en théologie, adressa d'abord à Jeanne d'Arc un discours d'admonition ; lorsqu'il fut terminé, Jeanne se mit à genoux, fit ses prières, déclara encore que son roi ne l'avait point induite aux choses qu'elle avait faites, soit qu'elles fussent répréhensibles ou dignes de louanges ; elle se recommanda ensuite à la piété de tous les assistants, et supplia les prêtres présents de dire chacun une messe pour elle.

Dans ce moment, non-seulement le peuple, mais les juges, mais les soldats anglais eux-mêmes se sentirent attendris et pleurèrent. Alors l'évêque de Beauvais se leva et lut la sentence qui, comme la première, s'adressait à l'accusée, et renfermait aussi de longues exhortations, des injures, des imputations calomnieuses; elle se terminait par ces mots :

« Nous vous déclarons relapse et hérétique par notre présente sentence; nous vous livrons à la puissance séculière, en la priant de modérer son jugement à votre égard, en vous évitant la mort et la mutilation des membres. »

Cette formule hypocrite est toujours celle qu'emploie l'inquisition lorsqu'elle condamne quelqu'un au dernier supplice. Mais alors il faut au moins que la justice séculière prononce la sentence de mort et donne les ordres pour l'exécution. Le bailli de Rouen et ses assistants, présents à cette horrible exécution, ne prononcèrent point de sentence et ne donnèrent point d'ordres. Aussitôt que l'évêque de Beauvais eut terminé sa lecture, deux sergents s'approchèrent pour contraindre Jeanne de descendre de l'échafaud. Alors elle embrasse une croix que, d'après sa requête, on lui avait apportée d'une église voisine, et elle se laisse conduire par frère Martin l'Advenu. Mais des soldats anglais la saisirent et l'entraînèrent au supplice avec fureur; elle invoquait le nom du Sauveur, et s'écriait :

« Ah ! Rouen ! Rouen ! seras-tu ma dernière demeure ! »

Au pied du bûcher, on ceignit sa tête de la mitre ignominieuse de l'inquisition, sur laquelle étaient écrits ces mots : « Hérétique, relapse, apostate, idolastre. »

En face du bûcher paraissait un tableau sur lequel on lisait cette inscription :

« Jeanne, qui s'est fait nommer la Pucelle, menteresse, pernicieuse, abuseresse du peuple, divineresse, superstitieuse, blasphémeresse de Dieu, mal créant de la foi de Jésus-Christ, douteresse, idolâtresse, cruelle, dissolue, indocuteresse de diables, scismatique et hérétique. »

Jeanne d'Arc demanda instamment un crucifix : un Anglais qui se trouvait présent, rompit un bâton et en fit une espèce de croix ; elle la reçut, la baisa, et la mit dans son sein. Elle monta ensuite sur le bûcher; on l'attacha à une colonne de plâtre qu'on avait construite exprès, et l'on alluma le feu. Frère Martin l'Advenu, absorbé par les soins pieux qu'il donnait à cette infortunée, ne s'apercevant pas que la flamme s'approchait de lui, Jeanne y veillait et l'en avertit; elle lui dit de s'éloigner un peu et le pria en même temps de se placer au bas de l'échafaud, de tenir la croix élevée devant elle, et de continuer à l'exhorter assez haut pour qu'elle pût l'entendre : il obéit avec un tendre zèle. Comme on ne voulait laisser aucun doute sur sa mort, on avait élevé le bûcher à une hauteur extraordinaire, afin que la victime fût aperçue de tout le peuple ; ce qui mit obstacle à l'embrasement, et rendit le supplice plus long et plus douloureux. Au milieu des gémissements et des sanglots, on entendit le nom de Jésus sortir du sein des flammes tant que Jeanne conserva un souffle de vie. (1)

Après sa mort, le cardinal de Winchester ordonna qu'on rassemblât ses cendres, et les fit précipiter dans la Seine.

Ainsi périt, à l'âge de vingt ans, après douze mois de captivité, celle qui avait sauvé son roi et la France, sans qu'ils eussent fait aucun effort pour l'arracher des mains de ses ennemis. Nous n'avons aucun tableau, aucun monument authentique qui nous retrace les traits de cette héroïne, objet éternel d'admiration et de pitié. Ceux que l'on a considérés comme tels, sont non-seulement imaginaires, mais en contradiction avec les témoignages des contemporains et ses propres déclarations. Nous savons seulement que cette infortunée avait une taille fine, bien prise, un très-beau sein, des yeux noirs, et qu'elle unissait tous les charmes de son sexe à toute l'énergie d'un héros. Aucune histoire ne repose sur des matériaux aussi certains, aussi authentiques que celle de Jeanne d'Arc, puisque les faits résultent des informations juridiques et des dépositions de plus de deux cents témoins de tout âge, de tout sexe et de toute profession, qui ont été entendus dans les deux procès, l'un en condamnation et l'autre en révision.

Une remarque bien pénible à faire au sujet de la mort de Jeanne d'Arc, c'est que dans aucun des historiens de France, à cette époque, on ne trouve l'indication ou d'un effort de Charles VII pour obtenir que l'illustre héroïne fût traitée comme prisonnière de guerre, ou d'une menace de

(1) Déposition de Martin l'Advenu.

représailles, ou d'une expression de regrets. La famille de Jeanne, peut-être pillée par les Anglais ou les Bourguignons, fut réduite à une grande pauvreté ; et, vingt ans plus tard, la ville d'Orléans payait à sa mère Isabeau trois francs par mois « pour lui aider à vivre (1). » Ce ne fut qu'en 1455 que Charles VII fit instruire un procès de révision pour réhabiliter la mémoire de Jeanne. Ce procès de révision est très-curieux, tant par la nature des dispositions qui prouvèrent l'innocence de la vierge de Domremy, que par la qualité des témoins qui tous avaient connu la jeune fille, et conversé ou combattu à côté d'elle.

Lorsque Louis XI fut en possession de la couronne, il ne se contenta pas de cette première justification ; il alla plus loin que l'indolent Charles VII, son père, auquel on a prodigué peut-être trop tôt le titre honorable de *victorieux*. Louis se fit présenter toutes les pièces des deux procès. Convaincu de l'innocence de l'infortunée victime et de son dévouement héroïque à la cause de la France, il sollicita et obtint du pape Pie II, vers l'an 1462, que d'autres commissaires informassent derechef au sujet de la condamnation prononcée par l'évêque de Beauvais, à Rouen. Ayant appris en outre que deux des indignes juges de la Pucelle existaient encore, il les fit arrêter et leur fit faire juridiquement leur procès. Ces juges iniques, après avoir confessé l'innocence de la Pucelle, furent punis de la même peine qu'ils lui avaient fait souffrir, et furent en conséquence brûlés vifs, à la grande satisfaction de tous les Français. Les cadavres des deux autres juges furent exhumés et brûlés également, en expiation de l'odieuse injustice commise trente ans auparavant. Louis XI, pour dernière réparation, fonda, pour le repos de l'âme de la Pucelle, une messe qui devait être célébrée chaque jour, à perpétuité, dans l'église de Saint-Ouen, vis-à-vis le portail de laquelle Jeanne d'Arc avait subi son terrible supplice.

Le peuple conservait à Jeanne d'Arc une grande reconnaissance : il fut

(1) Compte-rendu d'un receveur d'Orléans.

longtemps sans croire à la réalité de son supplice; et l'on trouve, avec étonnement, dans un auteur contemporain, qu'une femme, qui se faisait appeler Jeanne du Lis, la Pucelle de France, et qui prétendait avoir habité, depuis sa captivité, le Luxembourg, Cologne et Metz, revint dans sa patrie en 1436, et épousa le chevalier Robecq des Hermoises. D'un autre côté, les aventures merveilleuses de Jeanne avaient disposé tous les esprits simples et religieux à l'attente d'inspirations surnaturelles.

De toutes parts il se présenta des hommes et des femmes, qui prétendirent avoir des révélations et la mission de sauver la France. Les capitaines, sans être dupes de leur enthousiasme, commençaient à regretter Jeanne, ou plutôt l'ardeur qu'elle communiquait à leurs soldats et la crainte qu'elle inspirait à leurs ennemis. Pothon de Xaintrailles, le maréchal de Boussac, Louis de Vaucourt et quelques autres, firent choix d'un petit berger qu'ils nommaient le Pastourel. « Ils le vouloient exhausser en renommée, dit Monstrelet, comme et par telle manière comme par avant avoit été Jeanne la Pucelle. »

Ce jeune garçon, que la plupart tenaient pour fou, assurait qu'il avait mission de Dieu de rendre les Français maîtres de Rouen. Ceux-ci, mettant le Pastourel à leur tête, sortirent de Beauvais dans les premiers jours du mois d'août avec six cents lances et quatorze cents hommes de pied; mais ils avaient à peine fait une lieue lorsqu'ils rencontrèrent, près de Gournai, Warwick, Arundel, Talbot, et environ six cents Anglais, qu'ils ne croyaient point avoir si près d'eux. Une attaque inattendue les mit en désordre. Xaintrailles, qui courut aux ennemis, fut à peine suivi par cent vingt de ses cavaliers; tout le reste tourna bride et s'enfuit vers Beauvais. Xaintrailles, Vaucourt et le Pastourel furent faits prisonniers; le dernier fut conduit à Paris, à la suite de Henri VI, pour en faire la risée du peuple; il fut noyé ensuite dans la Seine.

Le château de Chinon, indépendamment de Jeanne d'Arc et de Charles VII, offre encore plusieurs souvenirs historiques dignes du plus grand intérêt. C'est à Chinon que les personnages les plus illustres de l'ordre des Templiers furent jugés, sur la demande de Philippe le Bel, par des commissaires du pape; c'est là qu'ils furent longtemps enfermés dans des cachots humides, d'où ils ne sortirent que pour aller subir le supplice du feu dans la capitale du royaume.

Ces religieux possédaient de grands biens, objet de convoitise. L'ordre n'était composé que de gentilshommes. Il pouvait dans les occasions donner le ton au reste de la noblesse française. C'était un État dans l'État, une cause perpétuelle d'ombrages et d'inquiétudes pour un roi qui ne pouvait se dissimuler que la charge des impôts lui retirait l'affection de son peuple. Philippe avait éprouvé la mauvaise volonté de ces religieux, lorsqu'ils l'abandonnèrent aux insultes de la populace, quand il s'était retiré dans leur citadelle du Temple, comme sous leur protection. Tenter de réformer un corps armé, et l'avertir par des reproches publics, c'était l'avertir de prendre des mesures qui pouvaient être d'une dangereuse conséquence pour la tranquillité du royaume et la sûreté du roi lui-même. La politique conseillait de le surprendre, et elle fut écoutée. Le 13 octobre 1307, le grand maître Jacques de Molay fut arrêté à Paris avec soixante chevaliers. Le secret fut si bien gardé, que tous furent saisis à la même heure par toute la France.

Ce qu'on répandit dans le public pour justifier cette brusque expédition, est une accusation plus que suspecte de crimes affreux, à peine croyables de quelques particuliers, à plus forte raison d'un corps religieux. Deux scélérats près de subir le dernier supplice, l'un apostat de l'ordre des Templiers, l'autre, bourgeois de Béziers, se confessent réciproquement dans la prison, faute de confesseurs, parce qu'on les refusait alors aux criminels condamnés à mort. Le bourgeois dépositaire des secrets de l'apostat déclare qu'il a de grandes révélations à faire, et demande que ce soit au roi en personne. Ils sont transportés auprès du monarque, qui les écoute. On ne sait s'ils chargèrent l'ordre de tous les crimes qui ont ensuite motivé sa destruction, ou s'ils se bornèrent aux plus graves : ceux-ci étaient plus que suffisants, s'ils étaient vrais, pour attirer sur cette société les foudres du ciel et les châtiments de la justice humaine.

Les Templiers étant religieux, on les fit d'abord comparaître devant les tribunaux ecclésiastiques. Ils furent interrogés sévèrement et confrontés. Les uns avouèrent ou nièrent tout, les autres ne se récrièrent que contre une partie des imputations, persistèrent dans leurs aveux, ou revinrent contre. Ces derniers se plaignirent que c'était par la force des tourments et en leur promettant leur grâce, qu'on avait tiré d'eux des confessions flétrissantes. Un concile assemblé à Paris examina solennellement la cause des prisonniers. L'arrêt en renvoya absous plusieurs qui ne furent trouvés coupables d'aucun crime, en relâcha quelques-uns qui s'étaient avoués coupables, mais qui, témoignant du repentir, ne furent grevés que d'une simple pénitence; quant à ceux qui se rétractèrent après avoir confessé les crimes qu'on leur imputait, par une jurisprudence bien extraordinaire, ils furent jugés relaps, et cinquante-neuf, condamnés comme tels à la peine du feu, subirent leur sentence dans un champ proche de l'abbaye de Saint-Antoine, malgré les protestations qu'ils firent de leur innocence. Un autre concile de Senlis en condamna neuf à la même peine, et aucun d'eux n'avoua les crimes dont on les accusait. Dans le même temps, un concile de Salamanque les déclarait tous innocents. Le roi d'Angleterre recevait ceux qui se réfugiaient dans ses États, et plusieurs princes d'Allemagne, contents de s'emparer de leurs biens, favorisaient la fuite des accusés; de sorte que cette diversité d'opinions et de conduite à leur égard laisse encore leur innocence ou leur crime dans les ténèbres de l'incertitude.

Ces terribles exécutions détruisirent les membres, mais il fallait une sentence pour abolir l'ordre.

Le pape se montra disposé à seconder, en cette circonstance, les intentions de Philippe le Bel. Quand le souverain pontife proposa d'abolir un ordre composé de la principale noblesse des États chrétiens, qui avait rendu de si grands services à l'Église dans les guerres saintes, beaucoup d'évêques se déclarèrent contre ce projet. Ils dirent que l'affaire n'avait pas été assez examinée; qu'il paraissait qu'il y avait eu de la passion dans plusieurs juges; que les épreuves tirées de confessions arrachées par la torture n'étaient pas suffisantes, et qu'elles étaient plus que contre-balancées par les désaveux des malheureux, prononcés dans les supplices jusqu'à la mort. Les prélats opinaient donc à reprendre l'affaire dans son principe et à l'examiner de nouveau.

Cette disposition ne plaisait ni au pape ni au roi. Clément répondit avec humeur que si, par le défaut de formalités, il ne pouvait prononcer juridiquement contre les Templiers, « la plénitude de la puissance pontificale suppléerait à tout : qu'il les condamnerait par voie d'expédient, plutôt que de mécontenter son cher fils le roi de France. »

En effet, il prononça dans un consistoire secret la sentence qui cassait, supprimait et annulait l'ordre militaire du Temple, et le répéta dans une séance publique en présence du roi et de toute sa cour, en ces termes :

« Quoique nous n'ayons pas prononcé la sentence selon les formes de droit, nous supprimons l'ordre par provision et par l'autorité apostolique; nous réservant, et à la sainte Église romaine, la disposition des personnes et des biens des Templiers. »

Ce jugement, quoique provisionnel, a eu toute la force d'un arrêt définitif, et l'ordre est resté pour toujours proscrit et aboli. Les biens furent dispersés entre plusieurs mains. Les chevaliers de Saint Jean-de-Jérusalem en eurent la plus grande portion. Philippe ne retint qu'une partie du mobilier et de l'argent pour acquitter les dépenses énormes de ce grand procès, d'où on a conjecturé que ces rigoureuses poursuites contre ces infortunés ont moins été l'effet de la cupidité que celui de la politique et de la vengeance. Le concile de Vienne se termina par une exhortation à la croisade et des règlements pour la réformaiton des mœurs.

De tous les malheureux chevaliers renfermés dans les cachots au premier moment de leur proscription, il n'en restait plus que quatre en France : Jacques de Molay, grand maître de l'ordre, qui avait été parrain de l'un des enfants du roi ; Guy, grand prieur de Normandie, frère du dauphin d'Auvergne ; Hugues de Peralde, grand visiteur de France, et le grand prieur d'Aquitaine, qui avait été directeur des finances du royaume. Ils étaient renfermés dans le château de Chinon. Le pape s'était réservé de prononcer sur leur sort, et se proposait de leur accorder des adoucissements ; mais, pour l'honneur de sa sentence contre l'ordre, et pour la justifier, il voulait qu'ils fissent en public, et à la vue du peuple, les aveux qu'ils avaient faits devant les tribunaux, et il envoya deux cardinaux pour être présents à cet acte solennel.

Les quatre principaux personnages de l'ordre du Temple, ayant été transférés de Chinon à Paris, sont présentés au peuple sur un échafaud dressé dans le parvis de Notre-Dame ; près d'eux des bourreaux construisaient un bûcher pour les avertir du sort qui les attendait, s'ils ne remplissaient les conditions qu'on leur avait imposées. On lit à haute voix les aveux qu'ils avaient faits plusieurs fois des abominations de leur ordre. Un des ministres de Rome prononce un long discours sur cet objet, et les somme de confesser en public les crimes qu'ils avaient avoués secrètement devant les juges. Alors le grand maître, vieillard vénérable, s'avance sur le bord de l'échafaud, secouant les chaînes dont il était chargé, et, regardant le bûcher d'un air de dédain, il dit :

« L'affreux spectacle qu'on me présente n'est point capable de me faire confirmer un premier mensonge par un second. J'ai trahi ma conscience, il est temps que je fasse triompher la vérité. Je jure donc, à la face du ciel et de la terre, que tout ce qu'on vient de lire des crimes et de l'impiété des Templiers est une horrible calomnie. C'est un ordre saint, juste, orthodoxe ; je mérite la mort pour l'avoir accusé, à la sollicitation du pape et du roi. Que ne puis-je expier ce forfait par un supplice plus terrible que celui du feu ! Je n'ai que ce seul moyen d'obtenir la pitié des hommes et la miséricorde de Dieu. »

Guy, grand prieur de Normandie, tint le même langage ; les deux autres persistèrent dans leurs aveux.

La surprise des juges, des délégués du pape et de leurs suppôts fut extrême. On ramena les deux réfractaires dans leurs cachots. Le roi assembla précipitamment un conseil. Sans être entendus de nouveau, ils furent condamnés, comme hérétiques, à être brûlés dans l'île du Palais. Au milieu des flammes, et jusqu'au dernier soupir, ils protestèrent de leur innocence et citèrent le roi et le pape au tribunal de Dieu ; Clément, dans quarante jours, et Philippe, dans l'année. Le peuple, témoin de la constance de ces deux infortunés, donna des larmes à leur fin tragique, et crut qu'ils mouraient innocents. Il fut ensuite confirmé dans cette nouvelle opinion, par la mort des deux auteurs de cette terrible catastrophe, qui arriva au terme marqué par leurs victimes.

Le château de Chinon fut longtemps la propriété de nos voisins d'outre-mer. Henri II, roi d'Angleterre et comte de Touraine, s'était emparé de ce vieux manoir en 1189, l'avait entouré de fortifications et en avait fait sa résidence habituelle toutes les fois qu'il se trouvait sur le continent. Henri II est mort à Chinon et fut enterré à l'abbaye de Fontevrault.

Dix ans après, Richard Cœur de Lion, blessé devant Chalux d'un trait d'arbalète, se fit transporter à Chinon, où il mourut. Richard avait succédé à son père Henri II sur le trône d'Angleterre.

Jean Sans Terre était possesseur de ce château, lorsque Philippe-Auguste, roi de France, vint en faire le siége avec une armée considérable. Après un assaut terrible, l'antique castel ouvrit enfin ses portes aux Français, et l'on vit la bannière de nos rois flotter sur les tours élevées de la forteresse.

Depuis cette époque (1205), jusqu'à celle du procès des Templiers (1308), il ne se passa à Chinon rien de bien mémorable.

Sous Charles VII, Jeanne d'Arc et Agnès Sorel imprimèrent à cette résidence féodale une splendeur que le temps n'a pu faire diminuer.

Louis XII se trouvait à Chinon lorsqu'il reçut, du pape Alexandre VI, la dispense pour son mariage avec Anne de Bretagne.

Louis XIII, ayant accordé ce château à Marie de Médicis, sa mère, permit bientôt au cardinal de Richelieu, son ministre, d'en faire l'achat pour la somme peu importante de cent dix-neuf mille livres.

Ce fut le cardinal de Richelieu, qui, pour agrandir un nouveau château qu'il avait fait construire à côté du premier, donna l'ordre de raser la chambre où Charles VII avait, deux siècles auparavant, reçu la jeune inspirée de Domremy.

Aujourd'hui, il ne reste plus de l'antique forteresse que des ruines.

« Au milieu de cette masse imposante de débris et de ce qu'on pourrait appeler les cendres de neuf siècles, deux objets fixent particulièrement l'attention : un portail flanqué d'une tour de soixante pieds, qui contenait autrefois les principaux appartements du château, et qui porte maintenant la grande horloge de la ville ; puis, auprès des vestiges presque effacés de la chambre de la Pucelle, un écho qui répète dix fois de suite la même syllabe, c'est-à-dire deux vivantes dérisions de toutes ces grandeurs mortes, un symbole de ce temps inexorable qui les a détruites, et un peu de bruit stérile qui semble parfois les insulter en les réveillant !... » (1)

(1) Alexandre Delavergne.

CHATEAU-GAILLARD.

O Richard ! ô mon roi !
L'univers t'abandonne!
Sur la terre, il n'est que moi
Qui m'intéresse à ta personne!...

SEDAINE.

... Elles nous ont fait chercher dans la nuit par une femme vieille et voilée qui avait des paroles mielleuses. Oh ! ce sont de grandes dames! A peine sommes-nous entrés dans cet endroit éblouissant, parfumé et chaud à enivrer, qu'elles nous ont accueillis avec mille tendresses, qu'elles se sont livrées à nous sans détour, sans retard; à nous, tout de suite, à nous inconnus et tout mouillés de cet orage. Vous voyez bien que ce sont de grandes dames! A table, — et c'est notre histoire à tous deux, n'est-ce pas? — à table, elles se sont abandonnées à tout ce que l'amour et l'ivresse ont d'emportement et d'oubli : elles ont blasphémé, elles ont tenu d'étranges et d'odieuses paroles; elles ont oublié toute retenue, toute pudeur... oublié la terre, oublié le ciel. Ce sont de grandes dames, de très-grandes dames, je vous le répète.

A. DUMAS, *La Tour de Nesle.*

Marguerite, femme de Louis, roi de Navarre, du chef de sa mère, et Blanche, femme de Charles le Bel, convaincues du crime d'adultère, furent rasées et enfermées au château d'Andely. Un bourreau étrangla la première..

VELLY.

CHATEAU-GAILLARD.

On voit encore sur le bord de la Seine, dans la vallée de Gambon, à sept lieues au-dessus de Rouen, les ruines grandioses d'une forteresse qui a joué un rôle important dans les guerres anglo-normandes. C'était une place appelée d'abord le *Château de la Roche,* à cause de sa position sur un roc escarpé, et que le roi d'Angleterre Richard Cœur de Lion avait fortifiée à plaisir, pour en faire son palais et le boulevard de la Normandie de ce côté-là. Il avait même donné à cette forteresse le nom de *Château-Gaillard,* comme pour déclarer que de là il prétendait se rire et se moquer de tous les efforts de la France.

Quelques historiens du temps ont parlé de ce château fort avec enthousiasme. « Jamais, dit l'un d'eux, la terre de Normandie, jamais peut-être la terre de France ne se couronna de remparts alliant tant de force à tant d'élégance ; jamais enceinte de murailles ne fut munie de renflements plus doux, jamais les mâchecoulis d'un donjon ne furent supportés par des contre-forts plus étranges à la fois et plus gracieux ; jamais, enfin, les regards d'un guerrier ne furent enchantés par un paysage plus ravissant. Admirable architecture militaire qui n'avait point eu d'exemple, qui n'eut point d'imitation !... »

Voici au surplus la description de la place, telle qu'elle a été faite par un auteur contemporain :

« Tout proche de la ville qu'on appelle aujourd'hui le Petit-Andely, il y avait une grande île, de figure ronde, au milieu de la Seine, appelée l'île d'Andely ; la rivière, avec le temps, en a mangé une partie et en a fait plusieurs petites îles, une desquelles porte encore le nom d'Andely. Richard, roi d'Angleterre, avait bâti un palais dans cette grande île, avec une haute et forte tour, dont le bas subsiste encore, et on l'appelle la *Tour du Château*. Le château et la tour étaient entourés de bons fossés et de hautes murailles, et il y avait deux ponts de communication avec les deux bords de la rivière.

« Environ à la distance de trois portées de fronde, sur le rivage, du côté d'Andely, s'élevait un rocher fort haut et fort raide, et tellement escarpé, qu'étant regardé d'en bas, du côté de la rivière, il ne paraissait que comme une tour. Il était un peu moins haut du côté de l'orient, et il y avait là comme une grande plate-forme terminée en pointe et entourée d'un creux très-profond, qui la séparait d'une colline plus haute et continuait des deux côtés en descendant vers la rivière. On avait élevé sur le bord de cette espèce de plate-forme, une très-épaisse muraille flanquée de tours, et on eut soin d'escarper le roc, afin qu'on ne pût y grimper en aucune manière par aucun endroit. On avait construit une autre muraille par le travers de la plate-forme, et on avait creusé au devant un grand fossé dans le roc ; c'était comme un très-fort retranchement, où la garnison pouvait se retirer, en cas que la première muraille fût forcée par l'ennemi.

« De là en avançant vers l'intérieur de la place, on rencontrait le haut du rocher, qu'on avait aussi escarpé tout à l'entour, et sur le bord on avait bâti une forte muraille. Ce rocher était encore entouré d'un fossé creusé dans le roc. La muraille est bâtie en rond comme en façon d'une grande et vaste tour ; mais la surface n'en est pas unie. Elle est composée, non pas de tours, mais de segments de tours, qui n'ont pas un pied de saillie, entre lesquels est un petit espace plat comme une petite courtine, qui n'a guère plus d'un pied et demi de largeur.

« On voit dans cette construction l'adresse et le dessein de l'ingénieur, qui était que le bélier n'eût presque point de prise contre cette fortification, au lieu qu'il en avait beaucoup contre les tours entières, dont on flanquait alors les murailles et auxquelles depuis on a substitué nos bastions angulaires, parce que la manière de l'attaque et de la défense a changé à cause du canon et de la mousqueterie.

« En entrant dans cette enceinte, on voit, entre l'orient et le midi, une galerie creusée fort avant dans le roc, dont les entrées sont en arcades ; c'était apparemment pour mettre les chevaux. Dans le fond, à gauche, il paraît une grande ouverture cintrée, par où l'on prétend que l'on descendait à couvert jusqu'à la rivière. Il y avait proche de là un puits pour fournir de l'eau à la garnison, outre un autre qui était au dedans de la muraille dont je viens de parler, et celui-ci paraissait si profond, qu'il y a bien de l'apparence qu'il a été creusé au niveau de la rivière.

« A cette enceinte, du côté de l'orient, est une petite porte pour communiquer avec la plate-forme par un pont. Enfin, sur le plus haut sommet du roc, dans le milieu de l'enceinte, était bâtie la citadelle ou plutôt le donjon de la place, lequel est encore sur pied. »

Il faut donc nécessairement que l'historique de Château-Gaillard, comme résidence royale et comme place de guerre, fasse connaître, sinon avec détails, du moins à grands traits, les événements terribles et mystérieux qui s'y sont accomplis pendant le séjour de ses nobles hôtes,

Richard Cœur de Lion, son frère Jean Sans Terre et Marguerite de Bourgogne; c'est-à-dire les exploits galants et guerriers du premier, la couardise du second, la fin tragique de la coupable et malheureuse reine de Navarre.

Le nom de Richard Cœur de Lion est devenu populaire en France, depuis qu'un illustre musicien en a fait le sujet d'un opéra. Ce prince a cependant d'autres titres pour vivre dans l'histoire et pour figurer dans notre ouvrage. Richard était fils d'Éléonore de Guienne, femme répudiée de Louis VII, et de Henri Plantagenet, descendant de Guillaume le Bâtard. Par cette alliance, la corruption élégante et spirituelle de la cour de Guienne se trouvait entée sur la cupidité farouche et astucieuse de la famille normande. Aussi, dès son enfance, Richard suivit-il naïvement l'instinct de sa race, et dès son début dans la vie militaire, il porta les armes contre son père.

On attribuait à la discorde perpétuelle et aux haines violentes qui régnaient dans la famille royale anglo-normande, une origine fabuleuse. Selon la tradition, une aïeule des Plantagenets, un jour que son mari voulait la faire rester à la messe, s'était envolée au moment de la consécration, et n'avait plus reparu depuis. Richard se plaisait à raconter cette aventure, ayant soin d'ajouter : « Il n'est pas étonnant que dans notre famille nous nous haïssions les uns les autres; ce qui vient du diable doit retourner au diable. »

Henri au Court Mantel, frère aîné de Richard, que Henri II avait eu l'imprudence de faire couronner, voulut déposséder son père du royaume d'Angleterre. Richard, alors comte de Poitiers, était impatient de s'emparer des domaines dont il n'avait encore reçu que l'investiture honoraire. Il alla donc, accompagné de son frère puîné Geoffroy, se joindre à Henri, et demander à Louis VII un appui contre leur père. Éléonore, femme passionnée et vindicative, avait poussé ses fils à la révolte et était partie pour les rejoindre. Mais reconnue et arrêtée en France, sous des habits d'homme, par des gens de Henri II, elle fut enfermée quinze ans dans un château fort.

Richard fit hommage au roi de France de l'apanage qu'il voulait usurper, et souleva, dans l'intérêt de sa cause, les barons du Poitou, qui détestaient le joug du *roi du Nord*, que leur avait imposé Éléonore.

Cependant Louis VII, pour réconcilier les fils avec le père, les réunit sous l'orme de Gisors; mais on se sépara plus ennemis que jamais.

Henri II, abandonné des siens, enrôla ces redoutables bandes connues sous le nom de *Brabançons,* et vint attaquer Richard dans le Poitou. Battu et poursuivi par son père, le fils révolté se réfugie à Saintes, puis à Taillebourg, où il est assiégé. Mais le vieux roi est bientôt obligé de partir pour l'Angleterre avec ses troupes.

Dans un *parlement* de paix, qui eut lieu sur les frontières de l'Anjou et de la France, Richard se rapatria avec son père, et se chargea de punir les barons poitevins de la rébellion à laquelle il les avait provoqués. C'est à cette époque de pillages, de violences et d'incendies que remonte l'épisode ci-après de la vie déréglée de Richard, comte de Poitou.

Le prince avait à son service un jeune page ou ménin, qui cultivait avec lui la poésie, et que l'on surnommait Blondiaux ou Blondel, à cause de la couleur de ses cheveux, mais dont le nom patronymique était Édouard.

Donc, suivi de son page fidèle, Richard s'acheminait silencieusement dans une longue avenue faiblement éclairée par un ciel couvert et brumeux: la nuit s'approchait; toutefois, la préoccupation du prince était telle, qu'il ne s'apercevait point de l'obscurité toujours croissante. On était à cette époque de l'année où les soirées sont longues; novembr avait jeté son manteau sombre sur la nature.

Tout à coup une lumière éclatante frappa les yeux de Richard et de son écuyer; masquée par les replis du terrain, cette clarté subite n'avait pu d'abord se laisser apercevoir des deux cavaliers.

« Si ne me trompe, dit le jeune page, voilà, mon royal maître, un vieux castel digne de recevoir un prince tel que vous; mais les abords en sont difficiles, et, harassés de fatigue comme nous le sommes, je doute que nous puissions chevaucher jusqu'au haut de ce sentier tortueux.

— Par la mort! reprit vivement le prince, nous y arriverons. » Et, piquant des deux, il se jette à travers ronces, cailloux, terrain fangeux, et arrive non sans peine sur un plateau élevé, occupé en grande partie par un énorme bâtiment de forme quadrangulaire.

« Halte ici, mon fils, dit-il à Édouard; tenons conseil.

— Avant de demander l'hospitalité dans ce château, qui est mien, entends-tu, Édouard? — car nous sommes encore sur les terres du Poitou, — il faut changer de nom; retiens bien ceci : je ne suis plus Richard; je m'appelle Edgar de Wetsbury. Ainsi, dans l'intérieur de ce sombre manoir, point de ta part de déférences qu'exige un souverain; mais seulement l'obéissance qu'on doit à un maître. Assez sur ce chapitre.

— Sire, car pour moi vous êtes déjà le puissant roi d'Angleterre... monseigneur, vous serez obéi. »

En ce moment Richard fait résonner par trois fois un petit cor qu'il portait suspendu à son baudrier.

A cet appel, des flambeaux paraissent sur la plate-forme, et bientôt une voix forte, s'adressant aux étrangers, leur dit :

« Qui que vous soyez, vous ne pouvez, à cette heure, être introduits dans le castel du baron de Blossac.

— Apprends, méchant vassal, s'écrie le bouillant Richard, que nous sommes de la langue d'Angleterre et sujets fidèles de Richard Cœur de Lion. Si tu ne baisses aussitôt le pont-levis, ce noble prince te fera pendre, toi et les tiens, aux créneaux de ta forteresse.

— Apprends à ton tour, orgueilleux chevalier, que si je consens à t'ouvrir les portes de ce manoir, c'est par respect pour le nom et l'autorité du prince que tu viens de nommer, et dont, malheureusement, nous sommes encore les sujets ; mais une fois introduit, nous saurons t'obliger, s'il le faut, à un ton plus modéré.

— Holà ! gardes, qu'on baisse le pont-levis. »

Cet ordre étant exécuté, les deux cavaliers entrèrent rapidement dans l'antique édifice ; et, après avoir confié leurs montures aux soins des palefreniers, ils montent l'escalier poudreux de la tourelle et sont introduits dans une vaste salle, réchauffée par un brasier disposé dans l'âtre d'une large cheminée gothique.

« Par la langue de France, mes maîtres ! dit un guerrier de stature gigantesque, qui attisait la flamme du foyer avec la pointe d'une lance, vous aviez le verbe bien haut tout à l'heure, et n'eût été l'hommage que nous devons au comte Richard, bien à contre-cœur il est vrai, vous ne seriez pas entrés si facilement, eussions-nous dû manquer aux devoirs de l'hospitalité.

— Te tairas-tu, Goliath de méchant aloi ! dit Richard courroucé, en saisissant le colosse par le baudrier ; te tairas-tu ! »

Mais le géant, avec un sourire de pitié, laisse retomber sa main de fer sur celle de Richard, et l'oblige sur-le-champ de lâcher prise.

Dans ce moment critique, le prince anglais, honteux de céder à la rude étreinte de son redoutable adversaire, fut sur le point de se trahir. Un regard du jeune Édouard l'avertit, et il eut assez d'empire sur lui-même pour se contenir ; toutefois, dans un mouvement convulsif, il brisa l'un des bras du siége sur lequel il était assis.

Cependant la salle se remplissait de guerriers, qui tour à tour venaient réchauffer leurs membres engourdis près du foyer bienfaisant ; car plusieurs d'entre eux avaient fait partie d'une ronde de nuit, et ils n'étaient rentrés que depuis quelques instants au château.

« Eh bien, mon vieux Jacques, dit le guerrier, qui tout à l'heure avait su maîtriser la violence du prince anglais, qu'avons-nous de nouveau ?

— Rien de bien intéressant, maître. Quelques cavaliers de la langue de

France, que nous avons aperçus dans la plaine, mais qui ont disparu presque aussitôt ; toutefois un pâtre, que nous avons interrogé, nous a étonnés : il prétend avoir vu hier, à la tombée de la nuit, un corps considérable de cavalerie qui longeait la lisière du grand bois, et il croit l'avoir reconnu pour appartenir à l'armée du roi Philippe de France. »

A ces paroles Richard, d'un geste involontaire, repose sur la table une coupe d'un vin généreux qu'on lui avait servie et qu'il portait à ses lèvres...

« De quel côté est située la partie du grand bois où ces cavaliers ont été aperçus? dit-il au vieux soldat.

— Seigneur étranger... »

Au moment où Jacques, le guerrier à barbe blanche, allait donner quelques explications au prince, le son d'un luth se fit entendre.

C'était une douce harmonie qui semblait ne pas appartenir à la terre ; après quelques préludes d'une pureté remarquable, une voix vraiment angélique domina les sons de l'instrument : c'était un de ces timbres délicieux dont les vibrations vont au cœur.

Le prince surpris, se lève, et oubliant pour le moment les soins de sa politique :

« Qu'entends-je ! dit-il ; d'où viennent ces chants ?

— Seigneur, répond le vieux Jacques, notre aimable suzeraine, qui depuis quelque temps est seule au château avec ses femmes, se plaît, pour charmer ses ennuis en l'absence de son époux, notre digne maître, à chanter nos vieilles ballades.

— Je veux la voir ! je veux la voir ! reprend Richard avec une sorte d'impétuosité, abandonnant encore le rôle qu'il avait pris aux portes du château, et dont il avait recommandé avec tant de soin à son page de ne pas s'écarter... Je veux voir cette femme !

— Fussiez-vous Richard Cœur de Lion en personne, vous ne la verriez pas ! » dit le géant.

Cet homme était Rodolphe, le chevetain ou capitaine du château, qui représentait le suzerain, et était plus particulièrement chargé de veiller à ce que la jeune châtelaine fût respectée par toutes les personnes qui recevaient l'hospitalité dans l'antique manoir.

— Et pourquoi? demande le prince impatient.

— Parce que tels sont mes ordres. »

Richard, qui malgré ses fougueuses passions avait souvent des élans généreux, ne put, dans cette circonstance, s'empêcher d'admirer la conduite ferme de Rodolphe; aussi, plaçant sa tête entre ses mains posées sur le pommeau de son épée, parut-il se livrer à une profonde méditation.

Yolande de Gourdon, baronne de Blossac, — c'était le nom de la jeune châtelaine, — était en effet digne de fixer l'attention d'un monarque même. C'était une femme qui possédait ce genre de beauté si séduisant tout à la fois et si impérieux, que l'on rencontre dans les fictions des poëtes, rarement dans la réalité.

Elle était en un mot dangereusement belle. Élevée au sein de sa famille, entourée des vassaux de ses aïeux, elle ignorait complétement l'empire qu'elle pouvait exercer sur les cœurs. Simple dans ses goûts, dans ses mœurs, dans ses habitudes, elle fuyait le faste, comme d'autres femmes le recherchent. Dans sa naïveté, le bonheur, pour elle, consistait à vivre en société avec des jeunes filles de son âge, chantant ensemble les vieux refrains et les exploits des paladins.

Yolande avait épousé sans amour le baron de Blossac : elle avait pour lui une respectueuse affection : elle le trouvait bon, aimable même, mais la passion n'agissait point sur son âme, et lorsque son époux quitta le château pour visiter la terre sainte, son cœur se serra, il est vrai, mais plutôt en pensant qu'elle perdait pour un certain temps son protecteur, que dominée par un sentiment plus tendre.

Elle avait souvent entendu parler des prouesses de Richard, et, bien que des bruits très-défavorables au prince courussent sur son compte, la jeune femme n'ajoutait foi qu'aux récits qui flattaient son imagination.

En réalité, Richard emporté, violent, brutal même, brave, mais fier de sa bravoure, de mœurs dissolues, était pour elle un prince magnanime, un héros à la guerre comme en amour. Il lui semblait au-dessus des autres hommes, moins par son rang que par l'éclat de ses conquêtes ; car les femmes sont très-disposées à l'indulgence pour ces espèces de forbans audacieux

Cependant, la nuit s'écoulait, et, bien que Richard voulût vaincre le sommeil, il fut obligé d'y céder... la salle d'armes ne reflétait plus que les dernières lueurs du feu qui s'éteignait. Les guerriers, tout armés, enveloppés de leurs manteaux, reposaient à peu de distance les uns des autres, étendus sur les dalles. Deux soldats seulement s'entretenaient à voix basse avec le chevetain.

Richard, d'un caractère belliqueux, accoutumé à la vie des camps, avait refusé la couche qu'on lui avait offerte et reposait paisiblement dans le fauteuil gothique sur lequel il était assis. Son page s'était blotti à ses pieds et, parfois l'œil à demi ouvert, il semblait veiller sur son maître.

« A cheval, seigneurs étrangers! à cheval ! s'écrie Rodolphe. Le soleil dore déjà la cime des coteaux voisins, et vous dormez encore ! vous avez donc fait hier une bien longue traite, qu'à l'heure qu'il est vous n'êtes pas encore debout. Oh ! de mon temps les chevaliers étaient plus gaillards ; ah oui ! on a beau dire, les hommes dégénèrent : témoin *Maurice du grand sentier*. Vous connaissez cette chaumière en bas de l'avenue?... Son père s'était fait une loi de se lever chaque jour avant le soleil, et pendant quatre-vingts ans qu'il a vécu, il n'y a jamais manqué...

— Pardon, respectable vétéran, reprit Richard ; j'ai faim, j'ai soif, et vous m'obligeriez de me faire servir quelque pièce de venaison et du vin... par ma foi ! de celui d'hier : il était excellent... Faites aussi seller nos chevaux, car nous avons une longue route à faire avant d'arriver à notre destination. »

Richard, tout en pensant à la belle châtelaine de Blossac, parcourut le Poitou, voyageant toujours incognito. Chemin faisant, il expliquait à son page les coutumes de cette province et les franchises que lui avait octroyées la reine Éléonore, sa mère. Ainsi, les habitants de Poitiers avaient la liberté de se marier soit dans la ville, soit hors la ville, avec qui ils jugeaient à propos; il leur était permis de disposer de leurs biens par testament, d'en faire le partage, etc. Les étrangers qui venaient s'établir à Poitiers jouissaient de tous ces priviléges. Richard se promettait d'accorder à cette ville le droit de foire, pour commencer le premier dimanche de carême et continuer pendant trois semaines.

« Mais, monseigneur, lui dit Édouard, les comtes de Poitiers ont encore d'autres priviléges : celui d'avoir la cuisse dans le lit des nouveaux mariés?

— Le droit de *cuissage?* Non, mon fils; il a été aboli par un arrêt, qui ordonne que le seigneur se contentera d'assister au festin de noce.

— M'est avis encore, monseigneur, que vous avez le droit d'obliger celui qui rend hommage pour toute la communauté, de se présenter tout nu pour s'acquitter de ce devoir?

— Point n'ai l'envie d'en user, répond Richard en souriant.

— Le seigneur du fief de Poisac, ajoute Édouard, dans l'aveu qu'il rend au seigneur de Secondigné, n'emploie-t-il pas le droit de prendre quatre deniers de chaque pucelle qui sera trouvée dans ladite paroisse, *ou de la pointer de l'aiguillon par une fois, à prendre de ses denrées?*

— Oh! c'est pis encore dans la terre de l'Hébergement-Idreau, en Bas-Poitou, poursuit Richard en riant aux éclats : « On y emploie le droit sur « chaque homme nouvellement marié, et au dedans de ladite châtellenie, « en venant hors terre et en dedans d'icelle, coucher et héberger, appelé

« cornuage, qui est que ledit nouveau marié doit venir à la porte dudit « château, en présence de témoins, au jour de sa noce, par trois fois, cou- « rant autour dudit château, et à chacune desdites fois, étant au devant « de la porte d'icelui, dire à haute voix : Eh ! cornuage, gentilhomme, « cornuage, noble devoir de monsieur et de madame, hou ! hou ! hou ! « par trois fois, et la dernière, donner deux deniers, le tout avant le soleil « couché, le jour de la bénédiction nuptiale... »

— Ça me paraît, en effet, d'une fière drôlerie...

— A donc ! mon page, si je te racontais les droits que veulent prendre les évêques et les curés sur les nouvelles mariées, cela prêterait bien autrement à rire... »

Et nos voyageurs de deviser ainsi tout à leur plaisir.

Huit jours après les événements que nous venons de rapporter, Richard rentrait à Château-Gaillard ; retiré dans l'intérieur de la forteresse, il venait de faire appeler Édouard, son page, et avait eu avec lui un long entretien, après quoi le jeune homme était parti à franc étrier, pour une mission inconnue...

Revenons au château de Blossac. Une jeune fille s'y présente. Elle est introduite près de la châtelaine.

« Recommandée, dites-vous, par une grande princesse, reprend Yolande ; et qui me garantira la sincérité de vos paroles ?

— Voici, madame, répond la jeune fille en rougissant : ce sont des titres qui, j'ose le croire, offrent les meilleures attestations. »

En disant ces mots, elle présente à la châtelaine des papiers portant le sceau de la maison régnante d'Angleterre.

« Que vois-je ? vous seriez protégée par cette illustre famille...

— Oui, madame...

— Jeune fille, savez-vous chanter? Ici nous chantons tous les soirs ; et, bien que mon aïeul m'ait recommandé de ne pas me familiariser avec mes suivantes, je leur ai permis, parce qu'elles sont bonnes et aimables, de passer leurs soirées près de moi...

— Madame, répond l'étrangère, je m'estimerais heureuse de jouir d'un tel honneur.

— Allons, vous resterez avec nous. Vous coucherez dans la petite tourelle du nord, qui avoisine mes appartements. Seulement, quand vous aurez à me parler, vous ferez d'abord appeler Clorinde : cette bonne fille a toute ma confiance et elle seule a le privilége de coucher dans ma chambre. Ensuite ne vous penchez pas en dehors pour regarder par la fenêtre de la tour, car le gouverneur a expressément recommandé aux factionnaires qui occupent la plate-forme, de surveiller mes femmes et de lui faire un rapport circonstancié de leurs faits et gestes. »

A quelques jours de là, la jeune fille nouvellement arrivée et agréée, avait déjà su, par ses manières engageantes, se concilier l'affection de ses compagnes en même temps que la bienveillance de sa maîtresse.

Cette prétendue jeune fille, et nos lecteurs l'ont sans doute deviné, n'était autre qu'Edouard, le page de Richard ; son jeune âge, la délicatesse de ses traits, la douceur de son regard, lui avaient facilité un travestissement qui entrait dans les vues du roi son maître.

Toutefois l'impatience de Richard était à son comble : dix jours s'étaient écoulés et il n'avait encore reçu aucune nouvelle du jeune homme. Il ne doutait pas qu'il n'eût été admis dans le château, car il avait su d'une manière certaine que la jeune châtelaine voulait augmenter le nombre de ses suivantes, et sur la question du déguisement, il s'en rapportait à la sagacité d'Édouard, ainsi que sur les moyens de tromper la vigilance du chevetain, qui, comme tous les hommes de guerre, eût arrêté plutôt un bataillon entier, qu'un étourdi travesti en cameriste.

Un matin, la pluie tombait par torrents, les vitraux à compartiments de Château-Gaillard étaient frappés obliquement par cette nappe d'eau qui battait toute la campagne ; un messager venait d'être introduit ans la forteresse; il remettait au prince une missive ainsi conçue :

« Le chevalier de Westbury est invité à se trouver mercredi au soir, « heure de minuit, au bas de la tourelle du château de...

« Il se fera escorter par quelques hommes intelligents et dévoués.

« É.

« *P. S.* Se munir d'un pont volant, léger et portatif. »

Aussitôt, malgré la pluie devenue torrentielle, Richard donne ses ordres, fait appeler dix cavaliers d'élite sur l'adresse et la bravoure desquels il peut compter. On part.

Il y avait à peine trois heures qu'il avait quitté Château-Gaillard, lorsque le prince aperçut, en tournant la tête, Phanor, son lévrier fidèle, qui courait à lui de toutes ses forces.

Cet incident contraria singulièrement Richard, car pour l'expédition qu'il projetait, non-seulement il fallait prendre les plus grandes précautions, mais le silence, et un silence absolu, était le seul garant du succès.

Toutefois il s'en remit à sa bonne étoile, et flattant de la main le noble animal : « Tu es parvenu à t'échapper de ta prison, lui dit-il, allons, tu seras des nôtres. »

Ils parcoururent ainsi une vaste étendue de pays, partie boisée, partie découverte, et ils n'arrivèrent à une certaine distance du château de Blossac que le soir du jour indiqué dans la missive qu'avait reçue Richard.

Le prince voulut que ses hommes se reposassent ; lui-même, accablé de fatigue, était bien aise de prendre aussi quelque repos : toutefois, Edgar de Westbury, comme il se faisait appeler, était inquiet : cette vie aventureuse, qu'il menait depuis quelque temps, ne lui permettait guère de réfléchir sur ses intérêts sérieux ; mais telle était chez lui la vivacité de caractère, qu'il se laissait dominer par tout ce qui ressemblait à l'agitation et au mouvement. L'action était pour lui le repos, — le repos au contraire lui pesait singulièrement.

Cependant l'heure s'approchait, et le prince, craignant quelque contretemps, après avoir fait rafaîchir ses gens, s'avança dans la vallée. En quelques heures le petit détachement fut en face du château. Le fossé seul le séparait du bas de la tourelle; il hésita un instant s'il jetterait son pont volant dans cette direction, ou s'il tournerait la position, et essayerait de monter par les escarpements.

Richard était sous l'empire de cette hésitation lorsqu'il en fut tiré par un léger bruit qui se fit entendre de la tourelle même; il prêta l'oreille et reconnut très-distinctement que l'on cherchait à ouvrir la petite croisée qui donnait sur la campagne : l'heure indiquée n'était pas encore sonnée; mais dans cette conjoncture, il ordonna à son escorte le plus grand silence. Phanor, qui semblait comprendre la gravité des circonstances, restait paisible aux pieds de son maître.

L'horloge du sombre manoir sonna douze fois.

Une flèche, partie du château, tombe aux pieds de Richard, qui voit qu'une corde y est attachée. Aussitôt, par ce moyen, deux cavaliers d'escorte s'avancent, jettent avec adresse le pont volant; et, après l'avoir assujetti de l'autre côté du fossé, le traversent hardiment, suivis du roi et des autres hommes.

Cependant Édouard, qui avait adressé au prince des renseignements très-succincts, venait d'entr'ouvrir sa croisée; car c'était lui qui, un instant auparavant, avait lancé la flèche.

Une échelle volante est attachée le long de la muraille, deux personnes paraissent vouloir y descendre, déjà l'une a quitté le rebord de la croisée, lorsque le cri : « Aux armes! aux armes! » se fait entendre.

En cet instant des flambeaux paraissent à toutes les meurtrières; les épées scintillantes se montrent au haut du donjon. Bientôt les soldats du manoir ont pénétré dans l'appartement de la jeune châtelaine, Rodolphe à leur tête; il court directement à la tourelle, il voit, il comprend tout: la châtelaine s'enfuit, accompagnée d'une autre femme, par une échelle de corde.

Le géant élève un regard vers le ciel, comme s'il voulait l'interroger; puis croyant qu'il y allait de la vie de sa suzeraine ou de l'honneur de son maître, il n'hésite plus: tenant une torche de la main gauche pour guider plus sûrement son bras, il frappe à coup de dague l'échelle qui porte les deux femmes; s'il parvient à la couper avant qu'elles aient touché le sol, elles sont mortes.

Richard sent une sueur froide couler de son front, son sang se fige dans ses veines; car ici la bravoure est inutile: les deux femmes vont être précipitées dans le fond du fossé.

Un des serviteurs de Richard, par une présence d'esprit admirable, jetant à ses camarades les couvertures de leurs coursiers, leur en fait saisir les extrémités et les place au-dessous des deux fugitives.

Il était temps! la corde se rompt: les deux femmes tombent sur l'étoffe préservatrice. Elles sont sauvées...

Prompts comme l'éclair, Richard et les siens repassent avec leur proie le fossé, et s'échappent dans la campagne.

Rodolphe, à la tête de trente cavaliers couverts de leurs armes, sort du château et se met à la poursuite des fuyards.

Cependant, cet enlèvement avait été préparé avec le plus grand soin par le jeune Édouard : il avait d'abord su intéresser adroitement Yolande, en lui représentant Richard comme le prince le plus magnanime, et, de plus, il avait fait entendre à la jeune femme que, tout récemment, Richard, guidé par l'amour, était venu incognito au château espérant la voir.

On sait que ce prince, surpris par la nuit, au milieu d'une de ces courses aventureuses qu'il aimait à entreprendre, suivi d'un seul écuyer, n'avait dû qu'au hasard la découverte du vieux manoir.

Toutefois, l'imagination de la jeune femme s'exalta; le perfide page eut le soin, en outre, de lui persuader que le baron son époux avait péri en Palestine ; conséquemment, qu'elle pourrait devenir, d'un jour à l'autre, la victime de Rodolphe, qui ne lui cachait la mort du baron que pour arriver plus sûrement à l'exécution de ses coupables desseins ; que, de plus, Richard se présentait en libérateur, pour lui offrir sa main et une couronne, et la rétablir dans ses droits.

Il n'en fallait pas tant pour séduire une femme d'un esprit simple et romanesque, qui comptait à peine dix-huit ans. Yolande, sans prendre conseil de personne, se concerta avec le jeune page, et se jeta dans le piége de Richard.

Cependant, dans leur marche nocturne, les fugitifs perdirent un temps précieux, et peu s'en fallut qu'ils ne tombassent entre les mains de Rodolphe ; ils furent même un instant obligés de se réfugier sous les arches d'un vieux pont jeté sur le lit desséché d'une rivière qui s'était tracé un nouveau cours. Ils entendirent au-dessus de leurs têtes le pas des chevaux des soldats du sire de Blossac, lancés à leur poursuite.

C'en était fait d'eux, si le chien de Richard n'eût été contenu par Édouard qui, dans cet instant critique, sut retenir l'impétuosité de Phanor et comprimer sa voix.

Deux jours plus tard, Château-Gaillard recevait des hôtes nouveaux.

Cependant la belle Yolande, séduite par les fallacieuses promesses de Richard et trompée sur le sort de son époux, s'était entièrement abandonnée aux désirs du prince.

Un soir, Richard voulut donner une fête à sa jeune maîtresse : Édouard, chargé des préparatifs, s'en acquitta avec un goût merveilleux. Toute la noblesse du pays y fut invitée, et se rendit avec empressement à Château-Gaillard.

La garnison du fort avait reçu double ration, car le monarque voulait que tout le monde partageât sa joie et son ivresse ; et, après le départ des convives, pendant que les soldats buvaient aux glorieux succès du prince, ce dernier, retiré dans un somptueux appartement orné de tentures et décoré de tout ce que le luxe de cette époque présentait de plus curieux et de plus séduisant, écoutait, mollement étendu sur un lit de repos, les accords ravissants que Yolande savait tirer de son luth, et auxquels elle mariait sa douce voix.

Transporté d'amour, il se lève, s'approche de la jeune femme... Mais quel pouvoir surnaturel l'attache au parquet? On le dirait en présence d'une vision menaçante. Lui, si brave, il chancelle, il pâlit, ses cheveux se hérissent...

« Qu'avez-vous, mon doux seigneur? s'écrie Yolande d'une voix craintive.

— Yolande! Yolande! tu ne vois pas? regarde de ce côté de la tapisserie... la figure de mon aïcule; elle grimace un sourire infernal; elle me convie du geste à la suivre au fond des enfers!... Spectre ou fantôme, retire-toi!... Holà, gardes! à moi!... Chassez ce monstre horrible... Ranimez les flambeaux... Là! là! vous dis-je; quoi! vous ne voyez pas non plus?.. Ombre des Plantagenets, retire-toi! dit-il, en reprenant un peu d'énergie. Fuis de ces lieux! Par le Dieu vivant, je t'adjure de rentrer dans les sombres demeures!... »

A cette dernière interpellation, le spectre disparut.

Richard, pâle comme la mort, peut à peine se soutenir; toutefois, il porte convulsivement la main sur son épée, qu'il retire à demi du fourreau, et il répète plusieurs fois cet acte irréfléchi. Cet indice d'une terreur inconnue jusqu'alors à ce prince, semble annoncer un besoin de verser du sang...

On le transporte dans son lit; Yolande veille auprès de lui : son sommeil est agité, et le soleil levant le trouve en proie à la plus profonde tristesse; cependant la présence de la jeune femme, ses soins délicats finissent par ramener le calme dans l'esprit du malade.

Quelques semaines s'étaient écoulées, et le prince avait repris sa sérénité habituelle ; seulement il cessa d'occuper la pièce où le spectre lui était apparu, et dès cette époque, il fit disposer des appartements dans une autre partie du château.

Il n'est pas sans intérêt de donner la description du logement de Richard, à cette époque. Il occupait le premier étage, qui ne formait qu'une seule et vaste pièce ; sur un des côtés était la cheminée, qui avait dix-huit pieds d'ouverture ; sur deux autres étaient percées des fenêtres de trois pieds de haut, de deux de large, pratiquées au travers de murailles de huit pieds d'épaisseur. Ce qu'il y avait de plus remarquable était la manière dont les lits étaient disposés. Au milieu de cette immense salle, on avait pratiqué un retranchement ou très-grand cabinet de forme circulaire, de trois toises au moins de diamètre, dans lequel était une énorme machine dont les tours de religieuses peuvent donner une idée ; ce tour colossal, fixé à son centre par une forte pièce de bois qui lui servait de pivot, portait à sa circonférence des roulettes avec lesquelles il tournait assez facilement sur un plancher soigneusement ciré. Il était divisé en huit ou dix cases, dont chacune contenait un lit. Chaque case avait une porte, mais le mur extérieur du cabinet n'en ayant qu'une seule qui communiquait à la grande salle, quand l'habitant de la case voulait y entrer ou en sortir, il avait à faire tourner la machine, jusqu'à ce que la porte de la case se trouvât vis-à-vis du cabinet.

Cependant la belle Yolande, à son tour, voulut festoyer son royal amant. Les mets les plus exquis, les vins les plus généreux avaient été dispersés avec profusion sur une table abondamment servie.

Des candélabres massifs, dans lesquels brûlaient la cire transparente occupaient les angles de la grande salle du palais. L'appartement choisi récemment par Richard était, nous l'avons vu, vaste et orné avec une magnificence inouïe. Ce n'était partout que tentures et boiseries dorées, les parfums de l'Orient brûlaient dans de riches cassolettes. D'éclatantes portières en tapisserie avaient été exécutées par Yolande elle-même.

Richard, enchanté d'une si belle ordonnance, imprima, en signe de joie, un baiser sur le front de la charmante Yolande, et lui dit :

« Douce mie, près de toi, oublierais volontiers les soins de mon royaume, et si veux être mienne toute la vie, te jure par ma couronne de te faire plus noble dame qui fut oncques. »

Puis, lui offrant la main, ils prirent place au banquet, avec leur nombreuse société : le jeune Édouard, debout derrière son maître, était attentif au moindre de ses ordres.

Les heures s'écoulent rapides au sein de la volupté ; mais souvent le réveil est cruel : Richard l'éprouva dans cette nuit fatale.

Les convives étaient partis. Richard était seul avec Yolande ; la tête de la jeune femme reposait doucement sur son cœur ; Édouard, à quelques pas de là, gisait endormi sur un banc : les seuls gardes qui occupaient la salle voisine veillaient gaiement, en sablant quelques bouteilles de vin vieux. Tout à coup un grand bruit se fait entendre ; la porte s'ouvre, et Richard voit devant lui... Rodophe, lui-même, le chevetain de l'ost de Blossac.

Comment se peut-il, à cette heure... par quel moyen, par quel prodige ce géant audacieux se trouve-t-il à Château-Gaillard?

Cependant, cette salle magnifique qui, tout à l'heure résonnait des accords d'une musique voluptueuse, frémit maintenant sous les pas de guerriers armés de pied en cap.

Deux gardes de Richard veulent s'opposer à l'entrée de Rodolphe ; mais celui-ci, du plat de son épée, les renverse et laisse à ceux qui le suivent le soin de le débarrasser de ces ennemis vulgaires. Pour lui, il n'en veut qu'à Richard...

« Noble fils d'Angleterre, s'écrie le géant, tiens-toi sur tes gardes ; car ce ne sont plus jeux d'amour, ivresse des sens ; ce n'est plus l'étreinte d'une jeune femme que tu vas sentir sur ta poitrine, c'est celle d'un ennemi qui ne fera ni grâce ni merci ! »

Tel qu'un lion surpris dans sa caverne, Richard, à peine armé, saute sur un bouclier suspendu à la muraille, et, tirant son épée, il se met en défense. Le prince vendra chèrement sa vie ; il a éloigné Yolande. Entouré de quelques hommes dévoués, il se précipite, avec un courage digne de sa brillante renommée, sur son redoutable adversaire. Le combat s'engage, mais il devient bientôt inégal. La force physique de Rodolphe, couvert d'une puissante armure, et secondé par plusieurs guerriers auxquels Richard ne peut opposer que quelques soldats de service, rend toute résistance périlleuse et impossible.

Par une fatalité remarquable, ce lieu est loin du corps principal du château où sont les guerriers normands, et les assaillants ont eu la précaution de pousser les verrous des portes de fer qui communiquent à l'appartement de Richard, pour lui couper la retraite.

Déjà le prince sent que ses forces diminuent ; sa vue se trouble, le glaive de Rodolphe est suspendu sur sa tête ; le colosse lui semble une vision comme celle qui l'a frappé de terreur quelques mois auparavant ; Richard Cœur de Lion va périr ! mais Édouard a prévu le danger ; il a vu en même temps Yolande éperdue se traîner aux pieds du géant et lui demander grâce pour le prince : Édouard frappe de sa main faible encore, l'ennemi de Richard, afin d'attirer sur lui sa colère ; son généreux stratagème réussit. Un instant Rodolphe détourne son attention et, de sa large épée, frappe le pauvre ménin, qui tombe blessé mortellement aux pieds de son maître.

Cependant, les troupes de Richard ont entendu le cliquetis des armes ; elles vont forcer la porte de fer, lorsque Rodolphe, voyant que la retraite peut lui être coupée, saisit d'un bras vigoureux Yolande, l'enlève malgré ses cris, et disparaît avec les siens dans les sinuosités d'un sombre corridor.

La chronique prétend qu'une ancienne maîtresse de Richard, que depuis longtemps il avait abandonnée par satiété, jalouse de la préférence que le souverain accordait à la jeune et belle Yolande, résolut de s'en venger.

Dans ce but, elle s'était rendue auprès de Rodolphe, à qui elle avait donné un plan exact de Château-Gaillard, en lui faisant remarquer surtout qu'une croisée basse du donjon, éloignée du corps de la place, n'était pas gardée. De là il était facile à un homme d'une taille élevée d'arriver à la hauteur de cette croisée. Une fois introduit dans le magasin sur lequel ouvrait la croisée, on pouvait surprendre le roi, dont les appartements étaient au-dessus de ce magasin.

On a vu que Rodolphe, à la faveur d'une nuit profonde, et guidé par la rivale de Yolande, était parvenu à ses fins.

Le lendemain, Richard donna des ordres pour qu'un corps de troupes qu'il voulait commander en personne, investît le manoir de Blossac. Dans la journée même, il apprend que le Poitou est en pleine insurrection. Le prince, humilié de sa défaite de la veille, le cœur gonflé d'une haine implacable, se précipite comme un fléau sur cette malheureuse province. Les châteaux rasés, les vignes déracinées, les récoltes détruites, le pillage, l'incendie, toutes les horreurs de la guerre, voilà ce qu'offrit Richard à ses anciens alliés; et, pour que rien n'y manquât, il déshonorait les femmes et les filles des vaincus et les livrait ensuite à ses soldats.

Quant à Yolande, Rodolphe l'avait conduite dans un couvent, où elle fit pénitence le reste de ses jours, sans que Richard parût s'informer d'elle. Il était fatigué d'une trop longue constance, ou il avait alors autre chose à penser : la politique le préoccupait fortement.

Henri II venait d'ordonner à ses enfants de faire hommage à leur aîné. Richard refusa et se mit en état de défense. Aucun moyen ne lui répugna pour satisfaire son ambition égoïste et ses emportements. Tous sentiments humains, toute loyauté furent bannis de cette guerre de famille. Au milieu de ces scènes de carnage, Richard se livrait à des actes de dévotion, et faisait don aux maisons religieuses du produit de ses rapines.

Il ne lui restait plus qu'un frère, connu sous le nom de Jean Sans Terre, et qu'il détestait cordialement parce qu'il était son frère et qu'il avait tiré l'épée contre lui pour la possession de l'Anjou.

Richard s'était lié étroitement avec Philippe-Auguste, successeur de Louis VII. Inquiet de cette intimité, Henri II ordonne à Richard de venir le rejoindre. Celui-ci, avant d'obéir, va enlever de force le trésor de son père, déposé au château de Chinon, et en emploie l'argent à fortifier ses places; puis il vient trouver Henri et renouvelle sur l'Evangile le serment dérisoire d'être désormais fidèle et obéissant.

Il reçoit la croix des mains de Guillaume, archevêque de Tyr, en même temps que Henri II et Philippe-Auguste, et fait recueillir les subsides nécessaires aux frais de la croisade.

Les barons du Poitou se soulèvent de nouveau, et Richard, pour la troisième fois, ravage ce comté, où il est devenu un objet d'exécration. La guerre s'allume, à cette occasion, entre Philippe et Henri II. Philippe propose la paix et demande que Richard épouse sa sœur Alix et soit déclaré héritier de tous les États de Henri. Richard était déjà fiancé à cette princesse, qui, dès l'âge de deux ans, avait été confiée à Henri II. Ce prince avait à peine attendu qu'Alix fût nubile pour satisfaire sur elle son dégoûtant libertinage. Richard passa là-dessus : son ambition ne reculait point devant un inceste.

Henri refuse les conditions qu'on veut lui imposer. Richard, furieux, se tourne vers Philippe, en présence de son père qu'il injurie ; met ses mains dans celles du roi de France et lui fait hommage de vassalité, pour la Normandie, l'Aquitaine, la Bretagne, le Poitou, le Maine et l'Anjou.

Le pape envoie un légat pour tâcher de rétablir la paix. Richard, irrité, tire son épée contre l'envoyé de Rome, qu'il aurait pourfendu si on ne l'eût arrêté. On peut, d'après cela, apprécier la sincérité de sa ferveur religieuse.

Depuis la mort de Henri le Jeune, Richard trouvait que son père *vivait trop longtemps;* il était dévoré du désir de régner.

Henri, malade et découragé, est assiégé par Richard, dans le Mans. C'était le berceau de sa race : là reposait Geoffroy, le premier des Plantagenets, celui qui avait dû à l'ornement de son casque ce sobriquet, devenu le nom de la famille. Enfin, le vieux roi, naguère si redoutable, est réduit à demander grâce. Richard vient donner à son père le baiser de Judas. A ce moment, Henri apprend que son fils bien-aimé, Jean, a répondu par la plus lâche trahison à l'affection paternelle : c'est pour lui le coup de grâce. Transporté à Chinon, Henri II, roi d'Angleterre et duc de Normandie, s'étrangle avec les rênes de son cheval, et meurt en maudissant ses enfants. Son cadavre était exposé dans l'église de ce monastère; Richard vint le voir et se mit à genoux. La chronique rapporte qu'en présence de Richard, le sang ne cessa de couler par les narines du mort!

Richard vint aussitôt à Rouen recevoir, devant le grand autel de l'église de Notre-Dame, l'épée, l'étendard et l'anneau, et se faire proclamer duc de Normandie. Deux mois après, il fut couronné roi d'Angleterre à Westminster. Ce prince était le quatorzième duc de la race de Rollon et le troisième de la race des Plantagenets.

Richard se croise ensuite avec Philippe-Auguste. A son retour, il fait naufrage sur les côtes de Venise; il traverse, déguisé, la moitié de l'Allemagne, et a l'imprudence de passer sur les terres du duc d'Autriche, son ennemi, qui l'arrête, le charge de fers et le livre à l'empereur Henri VI. Or, celui-ci avait reçu un soufflet de la main de Richard; c'était l'occasion de se venger : il le retient prisonnier, au secret, dans un de ses châteaux. Écoutons, sur la captivité et la délivrance du prince anglais, un chroniqueur du quinzième siècle, dont le manuscrit existe encore à la bibliothèque de Rouen :

« . . . Quant le roy Richart apperchut que il estoit ainssi espiez, si

« entra en l'ostel du duc d'Otheriche et print la broche d'un garchon et se « mist à la cuisine pour tourner les chapons. Une espie l'ala conter au « duc, et quant le duc le sceult, si envoia tant de chevaliers et de mesnie « (*monde*) que la force en fut leur, et fut prins le roy et envoyé en ung « fort chastel, et toute sa mesnie en ung autre ; et fut mené le roy de « chastel en chastel (*afin*) que n'en sceult nouvelles.

« Or vous dirons du roy Richart d'Engleterre que le duc d'Otheriche tenoit « en prison ; il advint que le roy Richart avoit nourri ung menestrel de « France qui avoit nom Blondiaux. Celui pensa qu'il querroit son seigneur « par toutes terres jusques qu'il l'eust trouvé. Et tant erra celui Blon- « diaux, par les estranges contrées, qu'il eust bien demouré an et demi « que oncques il ne ouit nouvelles du roy ; et tant aventura (*marcha à « l'aventure*) qu'il vint en Otheriche, en Allemaigne, ainssi comme « aventure le menoit, et vint droit au chastel où le roy estoit en prison, « et se heberga ceux (*chez*) une fame qui demouroit près du chastel, et « demanda à celle fame à qui le chastel estoit, et elle lui dist que le « chastel étoit au duc d'Otheriche, et qu'il avoit dedens ung prisonnier « bien iiij ans avoit (*depuis quatre ans au moins*) ; et alors il lui de- « manda qui il estoit, et elle lui dist que elle ne sçavoit, et ne pouvoit « sçavoir nul qui il estoit, et que l'on le gardoit bien songneusement, et « pour ce que elle créoit bien qu'il estoit gentil homme et grant seigneur. « Et quant Blondiaux oui ce, si fist tant qu'il s'acointa du chastelain de « laiens (*de cet endroit*) qui estoit jeune chevalier, et jouoit devant lui « et beguignement le servoit et l'aima moult le chastelain. Illec demoura « Blondiaux tout l'yver, ne povoit sçavoir qui le prisonnier estoit, tant que « ung jour Blondiaux fist tant que il alla, par les festes de Pasques, tout « seul au jardin qui estoit jouxte la tour où le roy estoit, et regarda au- « tour lui, et se pensa se par aventure pourroit veoir la prison. Ainssi « comme il estoit en ceste pensée le roy regarda parmi une archiere « (*meurtrière*), et vist Blondiaux, et pensa comme il se feroit à lui

« congnoistre. Si lui soubvint d'une chançon qu'ils avoient faicte entre eux « deux (1); si commencha à chanter moult hault et clerc, car il chantoit « moult bien, et quant Blondiaux l'oui, si sceust certainement que c'estoit « son seigneur le roy Richart, si en eust grant joie; autant se parti du « vergier. Ainsi demoura Blondiaux jusques à la Penthecouste, et si bien « se contint laiens que le chastelain ne nul aultre ne s'en apperchust; et « fist tant que, par ses belles parolles, il se parti d'avec le chastelain, et « alla tant par ses journées qu'il vint en Engleterre, et dist aux amis du « roy et aux barons qu'il avoit le roy trouvé, et leur dist où il estoit... »

(1) Richard Cœur de Lion était poëte. Voici une chanson, en langue provençale, composée par ce prince pendant sa captivité en Autriche. Cette pièce intéressante est peu connue. Nous la publions avec la traduction en regard :

Ja nuls hom pres non dira sa razon Adrechament, si com hom dolens non; Mas per conort den hom feire cason, Pro n'ay damis, mas pavre son li don; Ancta lur es, si per ma rezenson Soi sai dos yvers pres.	Jamais nul homme prisonnier ne dira sa raison Franchement, sinon comme homme malheureux, Mais pour consolation doit-on faire chanson, Assez j'ai d'amis, mais pauvres sont les dons; Honte leur est, puisque pour ma rançon Je suis ici deux hivers prisonnier.
Or sapchon bien miey hom e miey baron, Angles, Norman, Peytavin et Gascon Qu'ieu non ay ja si pavre compagnon Qu'ieu laissasse, per aver, en preison; Non ho dic mia per nulla retraison. Mas anquar soi jé pres.	Maintenant sachent bien mes sujets et mes barons, Anglais, Normands, Poitevins et Gascons, Que je n'ai jamais eu si pauvre compagnon Que je laissasse, pour argent, en prison; Je ne le dis point pour nul reproche, Mais encore suis je prisonnier.
Car sai eu ben per ver, certanament, Qu'hom mort ni pres n'a amie ni parent. E si m'laissan per aur ni per argent, Mal m'es per mi, mas pieg m'es per ma gent, Qu'apres ma mort n'auran reprochament, Si sai mi laisson pres.	Toutefois sais-je bien pour vrai, certainement, Qu'homme mort ou prisonnier n'a ami ni parent; Et s'ils me laissent pour or et pour argent, Mal m'est pour moi, mais pire m'est pour mon peuple! Après ma mort ils en auront reproche, Si ici ils me laissent prisonnier.
Nom'meravilh s'ieu ay lo cor dolent, Que mos senher met ma terra en turment; No li membrà de nostre sagrament Que nos feimes el san cominalment. Ben sai de ver que gaire longament Non serai en sai pres.	Je ne m'étonne plus si j'ai le cœur dolent, Car mon seigneur * met ma terre en tourment; Il ne lui souvient plus de notre serment Que nous fîmes au saint ensemble. Bien je sais de vrai que guère longtemps Je ne serai en ça prisonnier.
Envoi. Suer comtessa, vostre pretz sobeiran Sal Dieus, e gard la bella qu'ieu am tan Ni per cui soi j'a pres!	Envoi. Sœur comtesse, que votre gloire supérieure Dieu sauve! et qu'il protége la belle que j'aime tant Et par qui je suis déjà prisonnier!

* Philippe-Auguste.

Rentré dans son royaume, Richard tourna ses armes contre Philippe-Auguste, et lui présenta la bataille non loin d'Aumale.

D'abord, il eut quelque espoir de vaincre le roi de France ; mais abattu de cheval par la lance d'Alain de Dinan, et ne pouvant plus donner ses ordres, ses troupes lâchèrent pied et furent mises en déroute par la cavalerie française.

Quelque temps après, Richard, assiégeant le château de Chalux en Limousin, où il espérait trouver un trésor, fut atteint d'une flèche empoisonnée que Bertrand de Gourdon lui tira de dessus la muraille. Le prince fit appeler l'archer :

« Que t'ai-je fait, misérable! lui dit-il, pour que tu aies voulu me tuer ?

— Ce que vous m'avez fait? répond froidement Gourdon ; vous avez déshonoré ma sœur Yolande, ravagé le Poitou et tué de vos propres mains mon vieux père et mes deux frères. Vous avez résolu de me faire pendre ; je suis maintenant en votre pouvoir, vengez-vous comme il vous plaira. Je souffrirai volontiers tous les tourments, pourvu que je puisse me flatter d'avoir délivré le monde d'un si grand fléau. »

Richard lui pardonna, mais le malheureux fut écorché à l'insu du prince, dont le venin de la plaie ne vint, disent les historiens, que de son incontinence.

Les médecins, ajoute la chronique normande déjà citée, « lui cherchèrent la plaie, et lui dirent qu'il n'avoit garde, se il se vouloit garder. « Mais le roy, qui estoit de grand cueur, ne prisa riens la plaie ne le « conseil des mires. Si bust et mangea tant que il lui pleust, et jut « (*coucha*) avec fame, et sa plaie commencha à sourlever, et le feu y « fiert et en poi de eure fut tout entrepris le corps de lui… »

Un jour, Foulques de Neuilly, homme de Dieu, le reprenant de ses vices les plus apparents, lui avait dit : « Sire, défaites-vous promptement de trois méchantes filles qui vous ruineront : l'*ambition,* l'*avarice* et la *paillardise.* » Richard tourna en raillerie ce salutaire avis : « Eh bien donc, dit le prince, je donne mon *ambition* aux superbes Templiers, mon *avarice* aux moines, et ma *luxure* aux prélats. » Toutefois, Richard fut brave et généreux ; son courage le fit surnommer *Cœur de Lion*. Il n'y eut jamais de prince plus vaillant, mais aussi jamais de plus orgueilleux ni de plus emporté.

Il avait introduit l'usage des arbalètes en France. Avant lui, les gens de guerre étaient si francs et si braves, qu'ils ne voulaient devoir la victoire qu'à leur lance et à leur épée.

Après la mort de Richard, survenue le 6 avril 1199, Jean Sans Terre se porta aussitôt son héritier, au préjudice d'Artus, à qui la succession appartenait.

Artus, jeune et inconsidéré, s'en alla avec ses Bretons assiéger le château de Mirebeau en Poitou, croyant y prendre la vieille Éléonore son aïeule ; mais, s'étant emparé de la ville et pressant le donjon, une nuit qu'il n'était pas sur ses gardes, il fut surpris lui-même et livré au roi. Jean Sans Terre, tenant Artus en sa puissance, le promena, chargé de fers, de ville en ville et le mena enfin à Cherbourg. Un soir, l'ayant fait sortir avec lui pour l'entretenir d'affaires, dans la promenade sur le bord de la mer, il le perça par derrière d'un coup d'épée, puis le jeta du haut en bas du rocher.

Absorbé par cette action abominable, Jean cheminait lentement du côté de la ville, lorsqu'en passant près d'un bâtiment situé à l'entrée du faubourg, il entendit prononcer son nom : curieux de connaître les personnes qui s'entretenaient ainsi de lui, il s'approche avec précaution de la porte et il entend la conversation suivante :

« Par ma foi, seigneur Hugues, le jeune Artus est un brave et digne chevalier, et si n'était d'un naturel si emporté, serait un prince accompli. On dit que Jean Sans Terre le promène ainsi à Cherbourg pour déconcerter ses partisans et pour les obliger à se soumettre plus promptement. Mais qu'il y prenne garde ; il est observé ; on le suit de près, sans qu'il s'en doute, et s'il lui arrivait de commettre quelque mauvaise action, elle ne resterait pas ignorée.

—Oui, j'entends ; mais parlons plus bas, car les murs ont des oreilles.»

L'interlocuteur baissa ici la voix, au grand désappointement du prince qui écoutait.

« Quel pouvait être le personnage mystérieux qui suivait ainsi ses pas? se demandait Jean en lui-même. Serait-ce Glocester? Buckingham? Mais, non, ces seigneurs sont le plus souvent à Londres, et lorsqu'ils se rendent sur le continent, leur arrivée fait toujours une telle sensation, qu'il leur serait bien difficile de jouer le rôle d'espion. »

Jean se perdait dans ses conjectures ; il se retirait silencieux, lorsqu'il fut croisé par une jeune femme à la démarche distinguée, qui entra avec précipitation dans la maison même où s'était tenu le colloque qui avait si vivement excité l'attention du prince ; cette circonstance, quoique bien simple, réveilla sa curiosité. Il était persuadé au reste que la dame ne l'avait point aperçu, car sa marche était rapide et elle parais sait troublée.

Ne pouvant rester plus longtemps en ce lieu, où les patrouilles de cavalerie qui parcouraient la ville pouvaient le rencontrer, il s'éloigna, dominé par une grande agitation ; l'image d'Artus, sa victime, le poursuivait de rue en rue, et sans cesse la jeune femme qu'il avait entrevue se mêlait à ces sombres visions et semblait s'interposer entre lui et le prince infortuné.

Le lendemain matin Jean, affectant la plus grande insouciance, dirigea ses pas du côté de la maison du faubourg ; mais il ne put obtenir aucun éclaircissement sur la conversation de la veille. D'un autre côté, il n'osait interroger les habitants du voisinage : ç'eût été peut-être provoquer des soupçons qui déjà commençaient à planer sur sa tête ; car on venait de retrouver le corps d'Artus, les flots de la mer l'avaient rejeté sur le rivage. Il était constant qu'Artus avait été assassiné ; une plaie récente, large et profonde, prouvait par sa disposition que le prince avait été frappé par derrière.

Jean jugea prudent d'ajourner ses investigations, et affectant une grande tranquillité, il regagna son palais, non sans être accompagné pendant le trajet par quelques murmures de la populace; mais bien que les soupçons à l'occasion de la mort d'Artus se portassent sur lui, on n'osait s'y arrêter sérieusement.

Dans la journée, Glocester arriva de Londres : il avait été l'ami d'enfance de Jean, et bien que ce dernier, qui était naturellement dissimulé, lui accordât peu de confiance, il le recevait encore dans son intimité.

Glocester, esprit souple et adroit, fin jusqu'à la pénétration, n'eut pas plutôt conversé quelques instants avec le prince, qu'il aperçut en lui quelque chose d'extraordinaire. Jean, en effet, revenait sur la mort d'Artus avec tant de maladresse, qu'il était impossible de ne pas penser qu'il eût un intérêt puissant à ramener l'entretien sur ce sujet, dans un esprit de doute ou d'appréhension. Évidemment, la pensée du prince était de chercher à détourner les soupçons en abordant lui-même ce triste chapitre; mais en cela, son jugement était en défaut, car Glocester voyait clairement que sa conversation n'était pas naturelle; aussi, rompant le premier ce pénible entretien, il prit congé du prince.

Artus, mort si misérablement, était, avons-nous dit, d'un caractère emporté, irréfléchi; mais son cœur n'était point insensible. Il avait aimé, passionnément aimé une jeune fille du duché de Normandie. Elle se nommait Loïse; on la croyait fille de prince, mais ce n'était là qu'une suppositon gratuite. Elle vivait dans la médiocrité, sous le toit hospitalier d'une femme respectable qui l'avait recueillie dans un hameau incendié par des partis ennemis; la jeune fille avait grandi sous cette tutelle bienveillante, n'ayant pour tout bien que le riche médaillon d'or que sa bienfaitrice avait trouvé suspendu à son cou. C'est ce qui avait fait supposer que la jeune enfant avait une royale origine.

Loïse, à l'âge de dix-sept ans, avait été séduite et enlevée par Artus; mais dans le tumulte des fêtes dont son amant l'avait environnée, elle n'avait point oublié l'excellente femme qui lui avait tenu lieu de mère : elle se plaisait à embellir ses vieux jours. Loïse aimait comme on aime à cet âge où la vie n'est semée que d'illusions et où les déceptions sont mises au rang des chimères.

Avec son âme ardente, Loïse ne voyait qu'Artus, ne vivait que pour lui. Effrayée des dangers qui le menaçaient, elle ne le quittait point, et le jour où il devint le prisonnier de Jean Sans Terre, elle suivit le malheureux captif jusque sous la tente ennemie.

A l'insu de tous, à l'insu de son amant même, elle était partout où il était, et le soir du lâche assassinat d'Artus, elle se trouvait à une faible distance du théâtre du crime, trop éloignée toutefois pour prêter secours à celui pour qui elle avait tout sacrifié.

Dès ce moment, elle jura une haine mortelle au meurtrier de son bienaimé, et elle ne cessa de chercher les moyens de le sacrifier à sa vengeance. C'était elle que Jean avait aperçue le jour de la perpétration du crime; c'était elle qu'il avait vue entrer palpitante d'effroi dans la maison du faubourg, où elle résidait avec quelques serviteurs fidèles; c'était elle enfin qui, par ses émissaires, venait de répandre la nouvelle de l'attentat commis au bord de la mer.

Cependant, on vient d'arrêter une femme, en proie à la plus violente exaltation : cette femme accuse Jean Sans Terre de l'assassinat d'Artus. En présence de Jean, elle affirme de nouveau le fait; elle ne craint point la mort.

Alors la scène change. Jean ne garde auprès de lui que les vils satellites de ses débordements, sous prétexte que pour une misérable folle la juridiction ordinaire n'était pas nécessaire. N'écoutant que ses honteuses passions, il veut se livrer aux derniers actes de violence envers Loïse. La jeune fille lutte avec le courage du désespoir, et, pour cette fois, ne justifie que trop la supposition de ce barbare; car, échappée à cette horrible épreuve, la malheureuse était folle.

On la vit longtemps, dans les rues de la ville, promener sa douleur, et aller s'asseoir au bord de la mer pour y attendre son amant. Parfois le nom d'Artus s'échappait de ses lèvres; mais alors un éclat de rire insensé succédait à cette touchante interpellation... Elle était, à Cherbourg, l'objet d'une pitié bienveillante.

Son tyran crut avoir trompé l'opinion publique; mais il n'échappa point au remords.

« Le ciel, dit un historien, eut horreur de ce crime, et parmi quantité de prodiges épouvantables, il fit paraître cinq lunes en même temps : la première au nord, la seconde au midi, la troisième à l'occident, la quatrième à l'orient, et la cinquième au point de zénith, environnée d'étoiles, avec lesquelles elle tourna cinq ou six tours à l'entour des autres, puis le tout disparut. »

Cependant la jeune fille ne se donnait plus en spectacle; sa raison était revenue, grâce aux soins et au tendre dévouement d'un brave chevalier, qui avait été au service de l'infortuné Artus. Un jour, ils disparurent tous deux de la ville. Quelques curieux prétendaient les avoir aperçus chevauchant l'un à côté de l'autre, le chevalier couvert de son armure, et la charmante Loïse sous les habits d'un serviteur ou varlet. On croyait qu'ils allaient offrir au roi Philippe-Auguste le secours de leurs bras contre l'infâme Jean Sans Terre, qui, sans s'émouvoir, avait laissé raser et prendre plusieurs places de la Guienne et ravager la Normandie.

Car le roi de France, après avoir pris l'île d'Andely, fortifiée par Richard Cœur de Lion, s'emparait de Radepont, et venait assiéger Château-Gaillard.

Le roi ayant fait mettre ses pierriers et les autres machines en batterie, commença à battre furieusement et sans relâche, non-seulement le château de l'île, mais encore une triple palissade qui commençait au pied de la montagne de Château-Gaillard et continuait dans presque tout le travers de la rivière; c'était pour en fermer le passage aux vaisseaux du roi d'Angleterre. Mais les pierres, tirées de trop loin, faisaient peu d'effet et incommodaient seulement quelques maisons de l'île. D'ailleurs les assiégés avaient encore leur pont de communication du côté du Vexin, d'où ils pouvaient recevoir facilement du secours ou des vivres. Le roi vit bien qu'il n'avancerait rien, s'il n'assiégeait aussi la place de ce côté; mais, pour cela, il fallait un pont sur toute la largeur de la rivière et le plus près possible de la pointe de l'île, afin de pouvoir l'insulter. L'entreprise n'était pas aisée, le travail devant se faire à la portée des flèches, des pierres et des feux d'artifice, dont les assiégés ne manqueraient pas d'accabler les travailleurs.

Malgré ces difficultés, on vint à bout de rompre et d'arracher la palissade de la rivière; mais on y perdit beaucoup de soldats. Ensuite le roi ayant fait descendre des bateaux plats construits à Paris et dans ses autres ports de la rivière de Seine, on jeta le pont au-dessous de la place. Au milieu du pont s'élevaient deux tours de bois, qui avaient pour fondements quatre grands bateaux immobiles. Ces tours étaient si hautes, qu'elles dominaient les murailles du château de l'île; de sorte que personne ne pouvait y paraître sans s'exposer aux flèches des archers postés sur le haut de ces tours.

Le roi transporta ensuite son armée du côté du Vexin, et fit battre la place des deux bords de la rivière et de dessus le pont.

Cependant le roi d'Angleterre, bien résolu de secourir le château, avait assemblé dans le Vexin une armée nombreuse; mais par prudence, il ne voulait pas hasarder d'abord une bataille générale. Il forma donc, sous la conduite de Guillaume le Maréchal, un de ses meilleurs capitaines, une division de quatre mille hommes de pied et de trois mille cavaliers servants, c'est-à-dire de ceux qui étaient à cheval à la suite des chevaliers à bannières, appelés communément *bannerets*. C'est sous le règne de Philippe-Auguste que ce titre des chevaliers bannerets paraît pour la première fois dans notre histoire.

A ce corps, il joignit une grosse troupe de Cottereaux ou de Brabançons qui étaient à sa solde.

Tandis que cette armée marcherait vers le camp des Français, une flotte nombreuse qu'il avait assemblée un peu au-dessous de l'île assiégée, devait monter la rivière à force de rames, pour venir rompre le pont des assiégeants et jeter des vivres dans le château. Elle était composée de soixante-dix bâtiments légers, que le roi Richard avait fait construire peu de temps avant sa mort. Il y joignit quantité d'autres embarcations chargées de vivres pour le château. Il mit à bord de ces navires trois mille Flamands qu'il avait dans son armée, et les soldats d'un fameux pirate nommé Alain, lequel s'était mis à son service.

Il ordonna au commandant de la flotte et au général de l'armée de terre de combiner leur marche de telle façon, qu'ils pussent attaquer en même temps le pont et le camp. Il commanda de plus à l'amiral, s'il ne pouvait venir à bout de rompre le pont, de ne pas laisser d'en continuer l'attaque, pour occuper toujours l'ennemi et l'empêcher de faire passer les troupes de l'autre bord de la rivière, au secours du camp attaqué. La nuit venue l'armée de terre et la flotte se mirent en marche, sans trompettes et sans bruit. L'armée arriva bien plus tôt que la flotte, le vent contraire et le courant ayant retardé les vaisseaux.

Le général attaqua les maisons voisines du camp, fit main-basse sur tout ce qu'il y trouva et passa au fil de l'épée environ deux cents hommes. L'alarme se répandit bientôt dans le camp. La consternation s'y mit à tel point, que le pont se rompit sous le poids de fuyards. De l'autre côté de la rivière, le roi était campé et ne savait encore rien de ce qui se passait.

Cependant, Guillaume des Barres, Gaucher de Boulogne, Matthieu de Montmorency, et quelques autres chefs de l'armée française, s'étant mis promptement à la tête des troupes qu'ils rassemblèrent au milieu de ce tumulte, et ayant fait mettre le feu à des arbres et à des buissons pour éclairer le camp, rallièrent, l'épée à la main, ceux qui fuyaient et les rangèrent en bataille. Alors les soldats s'étant reconnus et les généraux français voyant l'ennemi en désordre, dispersé çà et là, le chargèrent à leur tour, tuèrent grand nombre d'hommes et dissipèrent le reste.

La brèche du pont fut immédiatement réparée ; on fut alerte dans tout le camp le reste de la nuit et en état de bien recevoir la flotte, qui parut à la pointe du jour.

A son approche le roi fit occuper les rivages, des deux côtés, par des archers et des frondeurs. Il distribua les postes du pont à Guillaume des Barres, au seigneur de Montmorency, au seigneur de Mauvoisin et à quelques autres des principaux chefs. Plusieurs ingénieurs montèrent dans les tours avec ceux qui maniaient les machines à lancer des pierres, qu'on avait disposées dans les divers étages de ces tours.

Cependant la flotte avançait toujours en bel ordre, en s'éloignant le plus possible des deux bords de la rivière. Elle essuya plusieurs décharges de flèches et de pierres. Les premiers vaisseaux, qui étaient les plus forts, vinrent heurter rudement contre le pont et s'y accrochèrent avec des grappins. Les hommes qui les montaient commencèrent avec la hache à rompre les pieux, à couper les câbles, à ébranler les poutres à coups de levier. On en vint alors aux coups de main, au javelot, à l'épée, au sponton, à la pique, avec beaucoup plus d'avantage du côté de ceux qui défendaient le pont ; d'ailleurs ces derniers étaient accablés de grosses pierres, de pots à feu et d'artifice qu'on leur lançait de toutes parts, et principalement des deux tours du pont.

Ils combattaient toutefois avec une opiniâtreté surprenante, lorsqu'une poutre d'une grosseur extraordinaire, ayant été poussée de dessus le pont sur deux de leurs plus gros vaisseaux, les fracassa et les coula à fond. Alors il s'éleva de grands cris des deux côtés, et les généraux de la flotte, n'ayant plus de chance de réussir, donnèrent le signal de la retraite.

Aussitôt après, les bateaux ennemis, pleins de morts et de blessés, commencèrent à s'éloigner à la faveur du courant. Le roi les fit harceler par quatre bâtiments légers.

Il y avait dans l'armée française un nommé Gaubert, natif de Mantes, lequel avait le secret de demeurer très-longtemps au fond de l'eau sans respirer. On l'avait vu plusieurs fois plonger et ne reparaître ensuite sur l'eau qu'à près d'une demi-lieue de l'endroit où il s'était jeté.

Une des maximes de Philippe-Auguste et de tous les grands rois, était de s'attacher par des bienfaits les gens qui avaient quelque chose d'extraordinaire, surtout quand leurs talents pouvaient être utiles par rapport à la guerre. Le roi, donc, ayant été averti pendant le combat que la palissade de l'île, du côté de Château-Gaillard, n'était point gardée, envoya Goubert porter des feux d'artifice dans l'île et incendier les palissades.

Aussitôt après, les soldats y furent transportés et ils enlevèrent les deux postes, ce qui assura presque au roi la prise de Château-Gaillard, au moins avec le temps et par la famine ; car il était impossible que rien y pût entrer désormais. Le roi mit une forte garnison dans le château de l'île, fit faire des retranchements entre Andely et la forteresse, rétablit les ponts de communication avec les deux rivages, s'entoura d'une partie considérable de son armée, et entre autres d'un corps de Brabançons qu'il avait pris à son service, avec leur général nommé Cadoc, à qui il donnait tous les jours mille livres pour sa solde et pour celle de ses gens.

Trois semaines après, la saison étant trop avancée, il fit en règle le blocus de Château-Gaillard, et creusa deux fossés très-profonds que l'on conduisit, de chaque côté, autour du château, en descendant jusqu'à la rivière ; on les fortifia de sept tours à égale distance les unes des autres.

De cette manière, toute liberté fut ôtée à la garnison assiégée de s'écarter et de rien tirer de la campagne pour sa subsistance. Le roi, après avoir pris toutes ses dispositions, alla passer l'hiver à Gaillon, pour être toujours proche de son camp.

Le capitaine qui commandait dans Château-Gaillard s'appelait Roger de Laci, comte de Chester, homme de résolution et de conduite. Il vit bien que le dessein du roi était de le prendre par famine : c'est pourquoi il mit hors la place une partie des bouches inutiles; il en fit sortir à deux reprises mille personnes, tant hommes que femmes, que les Français, par compassion, laissèrent passer. Mais le roi envoya ordre aux commandants du blocus de repousser désormais tout ce qui se présenterait pour sortir. Quelque temps après, vers la fin de l'hiver, le gouverneur ayant supputé exactement ce qu'il pouvait avoir de vivres, trouva qu'il en aurait encore pour un an, pourvu qu'il ne gardât que ceux qui étaient capables de porter les armes ; il mit dehors le reste, au nombre de douze cents personnes ; mais ces malheureux se virent accablés de pierres et de flèches dès qu'ils approchèrent du sommet de la colline ; on les écarta pareillement de la forteresse à coups de flèches. En sorte que, dans cette extrémité, ils se retirèrent tous dans le chemin creux, où la plupart périrent, et qui prit le nom de *Fossé des Affamés ;* les autres se nourrirent quelque temps de racines et de la chair des chiens que l'on avait aussi mis hors du château.

Le roi étant venu un jour visiter les travaux, ceux qui restaient de ces misérables accoururent au bord de la rivière : ils commencèrent tous à crier d'une manière pitoyable, lui tendant les mains, se jetant à genoux, se prosternant contre terre. Ce prince ne put soutenir ce triste spectacle ; il ordonna qu'on les laissât passer et qu'on leur donnât du pain.

Enfin, le roi vint avec de nouvelles troupes, à la fin de février, pour recommencer le siége.

Le chemin creux étant comblé, on se retrancha à peu de distance de la muraille : ensuite on mit les pierriers et les mangonneaux en batterie, et on éleva des tours, ou beffrois, plus hautes notablement que les murailles, pour tirer sur tous ceux qui y paraîtraient, quand les pierriers en auraient rompu les créneaux et le parapet. On fit avec le pic des degrés pour gagner le pied de la muraille.

Les mineurs furent enfin attachés au pied d'une tour, à un angle de la muraille. Ils la sapèrent par le pied, en l'étançonnant à mesure qu'ils avançaient. Quand le travail eut été poussé assez loin, on se disposa à l'assaut : le feu fut mis aux étançons, et la tour tomba dans le fossé avec un grand fracas. On monta en ce moment à la brèche ; on l'emporta après quelque résistance, et Cadoc, général des Brabançons, fut le premier qui planta l'étendard de France sur la partie de la tour qui restait encore debout. Le gouverneur, durant l'assaut, fit mettre le feu à toutes les maisons de cette partie de la place, et, à la faveur de l'incendie, il se retira derrière l'autre muraille, qui traversait la largeur du rocher et le séparait ainsi comme en deux places différentes.

C'était un nouveau siége qu'il fallait faire ; mais la hardiesse et l'exemple d'un seul homme en épargna la peine. Le roi d'Angleterre avait fait faire un an auparavant un assez grand bâtiment joignant la muraille du côté du midi, ce qui avait beaucoup rétréci le fossé en cet endroit. Le bas de ce corps de logis servait de magasin, le haut servait de chapelle, et pour donner du jour au magasin, on y avait pratiqué une fenêtre qui était assez basse, et dont il a été parlé précédemment.

Un jeune gentilhomme, de ceux qui, selon l'usage de ce temps-là, portait le nom de serviteurs, de varlets, de sergents, à l'égard des chevaliers qu'ils suivaient à la guerre, s'était avancé sur le bord du fossé, avec quelques-uns de ses camarades, pour reconnaître le terrain ; il aperçut cette fenêtre et pensa qu'il ne serait pas impossible de surprendre par là les ennemis. C'était un jeune homme intrépide et qui ne cherchait qu'à se distinguer par quelque action extraordinaire. On l'appelait Pierre Bogis, c'est-à-dire, selon ce que signifiait alors ce nom, *Pierre le Camus*, parce qu'il avait le nez court, ce qui ne nuisait pas à l'effet de sa beauté délicate et presque féminine. Il fit part de son dessein à quelques-uns de ses amis, s'offrant d'entrer le premier. Ils s'engagèrent à le suivre. Ils prirent avec eux quelques soldats des plus déterminés de l'armée, et ayant trouvé le moyen de descendre dans le fossé, tout escarpé qu'il était, ils se coulèrent sans être aperçus jusque sous la fenêtre. Là, Bogis se fit élever sur les épaules du plus grand de la troupe, et comme il était très-agile, il sauta sur cette fenêtre, et, l'ouvrant sans bruit, il jeta aux autres une corde qui les aida à le suivre.

La garnison était réduite à moins de deux cents hommes en état de combattre, le reste ayant péri, partie dans les sorties, partie dans les assauts, partie par les maladies ; d'autres étaient blessés ou malades. On ne dit point le nombre des soldats que Bogis avait avec lui. Il est certain qu'il n'égalait pas à beaucoup près celui de la garnison ; mais il comptait que le courage et la surprise y suppléeraient. La place fut emportée de force, et le brave Roger de Laci, avec tout ce qui lui restait de monde, n'ayant pu gagner le donjon où il aurait pu arrêter encore quelque temps l'armée, fut pris. Le roi, pour lui marquer l'estime qu'il faisait de sa bravoure, lui fit beaucoup d'honneurs, et ne lui donna pour prison que Paris et les environs.

Tous les prodigieux travaux et toutes les belles actions que l'on vient de raconter s'accomplirent en l'espace de trois semaines.

La place, réparée par Philippe-Auguste, devint le boulevard de la France contre la Normandie.

Pierre Bogis, on l'a deviné, n'était autre que la triste Loïse, toujours fidèle à la mémoire de son amant, et qui avait juré de venger sa mort. Elle venait de commencer, en ébranlant par un acte de courage la puissance chancelante de Jean Sans Terre.

Tant que dura le siége de Château-Gaillard, ce prince demeura tranquille à Rouen, sans tenter de secourir ses guerriers ni de faire aucune diversion, et cela malgré les instances des seigneurs de Normandie et des seigneurs d'Angleterre qui l'entouraient. Il se bornait à répondre :

« Laissez faire les Français ; je leur reprendrai bientôt plus de places en un jour qu'ils ne m'en auront pris en un an. »

En sorte qu'on disait partout qu'il était ensorcelé, tant son inaction paraissait surprenante. Aussi les seigneurs anglais qui étaient à sa cour et dans son armée le quittèrent pour repasser la mer, et les seigneurs normands jurèrent fidélité et firent hommage au roi Philippe. Si bien que ne se croyant plus en sûreté parmi eux, Jean prend la résolution de retourner en Angleterre.

C'est à ce moment qu'un jeune chevalier se fait annoncer au roi d'Angleterre, de la part de Roger de Laci. Il est introduit. Il tend au prince une lettre sans saluer, et lui dit :

« Sire, le brave gouverneur de Château-Gaillard si vous envoie ces lettres. Faites savoir, s'il vous plaît, qu'il y a, car je ne veux pas ci longuement demeurer. »

Le roi se fit lire nonchalamment les tristes détails de la défaite de son vaillant capitaine, et d'un geste congédia le messager. Mais celui-ci voulait un entretien seul à seul avec le prince.

« Tu peux, lui dit Jean Sans Terre, parler en présence de mes féaux ci présents.

— Non, Sire ; mon mandement ne veut pas de témoin. »

Et comme le prince hésitait, le jeune chevalier s'approcha de son oreille et prononça le nom d'Artus et le mot *assassinat*. Jean éloigna ses courtisans.

« Eh bien, que me veux-tu ? lui dit le prince.

— Te rappeler, chevalier félon, que tu as assassiné ton roi et usurpé par un crime le trône d'Angleterre.

— Je ne sais qui me tient...

LA TOUR DE NESLE (AMOUR DE MARGUERITE DE BOURGOGNE).

(Mystères des Vieux Châteaux de France).

— Point de menace. Je suis ici sous la protection du roi Philippe-Auguste, qui te chasse de ses États.

— Quel est ton dessein?

— Te reprocher ton régicide et ta brutalité envers une jeune fille sans défense que tu as voulu déshonorer, et qui s'est vengée en s'associant à tes ennemis ; car ils ont triomphé de tes guerriers qui valent mieux que toi, qui n'es qu'un assassin, un lâche, un infâme !... »

Jean resta pétrifié sous cette accusation accablante. Il ne voulut pas demeurer plus longtemps en Normandie, et le jeune chevalier, c'est-à-dire l'infortunée Loïse, prit le voile, et passa le reste de ses jours à prier pour son Artus bien-aimé.

Depuis la fin du siége mémorable, auquel vient d'assister le lecteur, et qui eut lieu en 1203, jusqu'à l'année 1313, il ne se passa à Château-Gaillard aucun événement digne d'être mentionné.

Le roi Philippe le Bel avait trois fils, les plus beaux hommes de leur temps : Louis, dit *le Hutin,* roi de Navarre du chef de sa mère ; Philippe, dit *le Long,* comte de Poitiers, et Charles, dit *le Bel,* qui n'avait pas encore d'apanage. Le premier avait épousé Marguerite, fille de Robert II, duc de Bourgogne ; le second, Jeanne, fille d'Othelin de Bourgogne, et Charles s'était uni à Blanche, sœur puînée de Jeanne.

Ces princesses, après leur mariage, habitaient ensemble l'hôtel de Nesle, qui occupait autrefois l'emplacement du palais de l'Institut, de l'hôtel de la Monnaie et de quelques maisons voisines. A l'extrémité occidentale de cet emplacement, à l'angle formé par le cours de la Seine et le fossé de l'enceinte de Philippe-Auguste, étaient, selon Dulaure, la porte et la tour de Nesle. La tour, que représente notre gravure, était ronde, très-élevée et accouplée à une seconde tour plus haute.

Les princesses étaient jeunes, elles étaient jolies et aimaient passionnément le plaisir. L'hôtel de Nesle fut bientôt le rendez-vous de la noblesse et de ce qu'il y avait alors d'hommes distingués et de femmes à la mode, qui recherchaient les fêtes et les distractions du monde.

Marguerite avait beaucoup de cette grâce enfantine qui fait souvent dans les cœurs des blessures plus profondes que la beauté même : elle distribuait à droite, à gauche, des regards dont on n'osait avouer les atteintes, mais qui laissaient dans le souvenir de plus d'un jeune gentilhomme de brûlantes images.

Blanche, plus aimable peut-être, s'emparait des cœurs par degrés : elle impressionnait moins d'abord que Marguerite, mais c'était une de ces figures dont l'aspect saisit d'admiration et qui finissent par subjuguer sans laisser soupçonner le feu des passions. Blanche, au surplus, avait une conversation, mélange de pruderie et de licence, qui la rendait piquante, même aux yeux des hommes qui eussent voulu échapper à son empire.

Jeanne, plus altière, sentait que le bandeau royal était fait pour reposer sur son front : elle semblait ordonner qu'on l'aimât ; et, il faut l'avouer, ce genre de despotisme trouvait peu de résistance : chacun s'estimait heureux de subir le joug de la superbe princesse, et plus d'un élève de l'Université, fasciné par le pouvoir des charmes de Jeanne, paya de sa vie, si l'histoire n'est point mensongère, des faveurs devenues fatales pour ceux qui s'enorgueillissaient de les avoir obtenues.

Parmi les jeunes hommes qui fréquentaient l'Université, il en était un surtout qui se faisait remarquer par sa bonne mine et sa tournure chevaleresque : il avait nom Buridan ; il était né à Béthune, en Artois.

C'était une de ces âmes ardentes qui portent la vue au delà de leur sphère, aimant les périls pour les braver, recherchant la gloire, les agitations, les femmes, tout ce qui promet à l'homme de fortes ou de douces émotions ; il évitait les milieux insipides, et, jusque dans ses études, il était extrême et se complaisait dans leur excitation violente.

Buridan affectait un souverain mépris pour les préjugés de son époque, et il n'admettait point de distances sociales ; il ne se croyait pas indigne de l'amour et des faveurs d'une reine ; et, bien que l'infériorité de sa position ne lui permît pas de se présenter à l'hôtel de Nesle, il espérait arriver jusqu'à Jeanne, dont il avait admiré la beauté, pendant une fête donnée en la Cité, et qu'elle avait ornée de sa présence.

Toutefois, Buridan était loin de pousser l'orgueil jusqu'à présumer que Jeanne elle-même irait au-devant de ses désirs.

Un soir que, selon son habitude, il était allé sur les bords de la Seine, sur le Pré-aux-Clercs, pour y respirer un air plus frais et plus vivifiant que celui du sombre quartier qu'il habitait, l'écolier fut assez surpris de se voir accosté par un homme de petite taille, qui le pria mystérieusement de le suivre.

Pour tout autre que Buridan, une pareille invitation, si elle n'eût pas été repoussée sur-le-champ, fût au moins devenue l'objet d'un examen sévère ; mais le jeune homme ne vit là que le commencement d'une aventure, et, quel que pût en être le dénoûment, il était déterminé à la tenter.

On y mit une condition : il fallait se soumettre à l'application d'un bandeau sur les yeux, dès qu'on se rapprocha de certain quartier. Buridan, qui jusque-là avait suivi son guide sans hésitation, accepta cette nouvelle exigence : il chemina ainsi en aveugle, pendant un quart d'heure, allant ou revenant sur ses pas; puis il monta quelques degrés, enfin on s'arrêta.

Mais, ô prodige ! son voile tombe... En croira-t-il ses yeux? Est-il en proie à une de ces visions séduisantes, qui naissent dans un heureux songe ?

Buridan sent la main de Jeanne qui presse la sienne. Il est dans une chambre parfumée, garnie de meubles somptueux, ornée de tout ce que le luxe pouvait alors offrir de plus coquet et de plus voluptueux.

Sa belle maîtresse couvre son front de baisers brûlants. Au milieu de ces étreintes de flamme, le jeune homme doute s'il rêve ou s'il veille ; toutefois si c'est un rêve, il demande que l'illusion se prolonge toujours...

Bientôt le sommeil, un sommeil plein de délices, s'empare de ses sens. Il se réveille enfin, mais il ne sait combien de temps a duré son repos; il veut étendre les bras, et ses bras sont comprimés ; il veut ouvrir la paupière, mais il a la tête alourdie. Tout à coup, il éprouve une commotion violente; son cœur est glacé, ses oreilles bourdonnent, sa respiration s'arrête; un frisson s'empare de tout son corps. D'un mouvement instinctif, il brise les entraves dont il se trouve embarrassé ; il se débat : il est au milieu des eaux de la Seine. Il n'a que le temps de se reconnaître; il nage vigoureusement pour échapper à un péril imminent, dont la cause lui paraît inexplicable.

Parvenu au rivage, Buridan est on ne peut plus surpris de se trouver presque au pied de la tour de Nesle. Il réfléchit, il calcule la distance qu'il a parcourue à la nage, il examine d'un regard soupçonneux les croisées de la tour : il a tout compris...

Ce n'était point un rêve: une noble dame, une grande princesse s'est livrée à Buridan; mais Buridan l'a reconnue, l'a nommée dans l'emportement de sa passion délirante; mais cette grande dame ne voulait pas avoir en lui un témoin indiscret de ses faiblesses; elle a ordonné qu'on le noyât...

«Fuyons, se dit le jeune homme; il n'y a plus ici sûreté pour ma vie.» Il fait un paquet de sa défroque d'écolier, se hâte de quitter Paris, et se réfugie à Vienne en Autriche.

Cependant des événements plus graves encore devaient bientôt se passer dans le même hôtel : deux gentilshommes normands, nommés l'un Philippe et l'autre Gaultier d'Aulnay, devinrent éperdument amoureux, le premier de Marguerite de Bourgogne, l'autre de Blanche. On prétend que Philippe penchait pour Marguerite, tandis que Gaultier préférait son aimable compagne.

Ces deux seigneurs étaient frères : ils n'avaient pas précisément un extérieur distingué, mais ils étaient doués de ce je ne sais quoi qui séduit un jeune cœur : une rudesse de ton, quelque chose de brusqué dans les allures, des expressions un peu cavalières, une conversation vive et enjouée ; avec cela une rondeur qui permet de risquer des paroles équivoques, lesquelles souvent ont plus de succès auprès des femmes qu'une déclaration passionnée ; en un mot, Philippe et Gaultier étaient de ces hommes qui se mettent tout de suite à l'aise ; pour lesquels les plaisirs des sens sont tout, et dont l'imagination ne va guère au delà ; de ces hommes dont s'accommode merveilleusement la dépravation : aussi ne faut-il pas s'étonner que deux jeunes princesses, abandonnées à elles-mêmes, privées de tout conseil, et dont les instincts avaient une secrète tendance au libertinage, aient promptement cédé devant de tels agresseurs.

Mogis, l'un des huissiers de la chambre de Marguerite, trempait aussi dans cette fatale intrigue. C'est lui qui introduisait secrètement Philippe et Gaultier dans l'hôtel. Ce misérable jouait, tout à la fois, le rôle d'espion, d'entremetteur et de traître : on alla même jusqu'à le soupçonner d'avoir à son tour obtenu, en la menaçant de révélations compromettantes, les faveurs de l'une des princesses.

Homme d'un esprit subtil, ne rêvant après tout, qu'aux moyens d'agrandir sa fortune, Mogis ne voyait rien de mieux que ses lâches complaisances : il organisait dans ce but des divertissements qui devaient favoriser les intrigues des princesses.

Il avait aussi fait construire dans une chambre voisine de l'appartement de Marguerite, une espèce de vestiaire mobile qui en un clin d'œil se repliait sur lui-même : c'était là que Philippe et Gaultier d'Aulnay avaient l'habitude de se travestir ; car, bien qu'ils fussent reçus à l'hôtel de Nesle avec les autres seigneurs, ils étaient cependant obligés parfois de s'en éloigner sous un costume différent de celui qu'ils portaient en y entrant, et cela pour détourner les soupçons.

L'huissier pensait qu'à la faveur d'une fête qu'il avait préparée, il serait plus facile aux princesses de prendre leurs ébats. En un tel jour, en effet, on ne pouvait s'étonner de voir les appartements éclairés, même à une heure avancée de la nuit.

Malheureusement, les prévisions de Mogis ne se réalisèrent pas au gré de ses vœux. Les trois princesses, comme la plupart des femmes galantes de ce temps-là, avaient mis à la mode l'usage de se découvrir la gorge, les jambes et même le côté. Aussi un poëte contemporain se plaint-il d'un tel abus dans les vers satiriques suivants :

De ce se fet dame blasmer
Qui seut (*a coutume*) sa blanche char monstrer
A ceux de qui n'est pas privée.
Aucune lesse de fermée
Sa poitrine, pour ce qu'on voie
Com fetement sa char blanchoie :
Une autre lesse tout de gré
Sa char apparoir au costé;
Nues ses jambes trop descuevre;
Prudhom ne loe pas ceste œuvre.

Or, un chanteur avait été appelé à l'hôtel de Nesle pour contribuer à l'amusement de la société. Cet homme se disait d'origine italienne. Il chanta, en s'accompagnant de la mandore, les plaisirs de l'amour; il s'anima par degrés à un tel point, surtout en dévorant du regard la presque nudité de la belle Marguerite, qu'oubliant tout à coup les dernières bienséances, cet insensé eut la témérité de presser dans ses bras la princesse et de la couvrir de baisers délirants. Philippe d'Aulnay, malgré sa prudence habituelle, ne put rester indifférent à une pareille action, et tirant son épée, il allait transpercer l'audacieux baladin, lorsque l'huissier Mogis lui retint le bras.

Cet événement scandaleux fit du bruit : déjà des murmures circulaient sourdement, on disait tout bas que les d'Aulnay étaient singulièrement favorisés à la cour; que, de petite noblesse, ils n'en jouissaient pas moins d'une foule d'avantages et de priviléges, incompatibles avec la médiocrité de leur condition.

On allait jusqu'à blâmer l'emportement de Philippe à l'égard du chanteur italien ; car on refusait d'y voir le mouvement d'un cœur droit et loyal qui veut faire respecter l'honneur outragé d'une noble princesse : c'était, selon la médisance, l'explosion d'une espèce de jalousie ou de vanité mal comprimée.

Sur ces entrefaites, Marguerite, effrayée des suites que cet incident pouvait avoir, se détermina à faire appeler secrètement le célèbre Paviot.

Paviot était un sorcier, un astrologue fameux. A l'inspection des traits du visage, à l'examen des lignes tracées dans la paume de la main, il établissait, avec les signes du zodiaque, une corrélation d'où il induisait le passé, le présent et l'avenir : il tirait ainsi et sans hésitation l'horoscope du consultant.

Ce personnage extraordinaire fit répondre à Marguerite qu'un homme comme lui ne pouvait un instant quitter son laboratoire, où d'ailleurs se trouvaient réunis les instruments et les substances propres à la divination. En même temps, il indiquait à la princesse le lieu de sa demeure, et l'invitait à s'y rendre, le soir, incognito.

Cette circonstance imprévue, qui changeait les plans de la princesse, ne fit néanmoins qu'accroître chez elle le sentiment de la curiosité. Piquée, au fond, d'être obligée de descendre jusqu'à accepter un rendez-vous dans le réduit mystérieux d'un être de cette espèce, elle ne savait à quoi se résoudre. Après une nuit très-agitée, elle s'arrêta au parti d'aller chez Paviot l'astrologue.

La onzième heure du soir venait de sonner : Marguerite, accompagnée seulement de l'huissier Mogis, son confident, quitte l'hôtel de Nesle. Enveloppée d'une cape brune, elle parcourt silencieusement les rues boueuses de la cité.

De sombres nuages masquaient de temps à autre le disque argenté de la lune, et traversaient, rapides, l'atmosphère nébuleuse. L'imagination de Marguerite voit déjà dans ces alternatives de lumière et d'obscurité le pronostic affligeant d'un avenir orageux.

Enfin, on arrive dans un quartier solitaire, à l'extrémité d'une ruelle étroite et puante. L'huissier reconnaît la demeure de Paviot. Il frappe et donne le mot d'ordre.

Une petite femme vieille et boiteuse, au regard louche, vient ouvrir : elle tient à la main un flambeau résineux, dont elle voile la lumière pour la protéger contre l'action du vent. Cette créature disgracieuse est complétement en harmonie avec la localité délabrée. Tout en elle est bas et vulgaire : le soupçon anime son regard oblique ; elle examine, elle examine encore Marguerite et son compagnon. Enfin elle se décide à leur livrer passage. Les voilà entrés.

Marguerite n'est pas sans crainte ; elle a besoin d'être encouragee par la présence de son guide ; autrement, elle retournerait volontiers sur ses pas. Cependant, après avoir traversé deux cours entre les pavés desquelles poussaient de longues herbes, ils enfilent un couloir étroit, et parviennent à une porte ferrée, dont on leur tire les verrous. Là est la demeure du sorcier.

Ils sont introduits dans le sanctuaire. Ce réduit est d'un aspect fantastique : des animaux immondes et qui semblent encore vivants, en occupent le plafond et les angles ; là le serpent aux rampantes allures ; ici la chauve-souris aux ailes membraneuses ; plus loin, le crapaud à l'œil hagard ; plus haut, le squelette d'un poisson de structure bizarre ; puis le fourneau, les alambics, tous les appareils, tous les instruments d'un alchimiste, d'un nécromancien ; à droite, à gauche, partout, des vases, des flacons difformes ou grotesques, des livres à demi ouverts ou fermés ; un sablier, des portraits en cire, quelques images symboliques, et au milieu de cet étrange assemblage, un réchaud d'où s'élève une flamme bleuâtre qui jette sur les visages une teinte livide et satanique.

Napoleon Thomas del. [illegible]

[illegible]

[illegible]

Paviot paraît; sorcier et grand astrologue, son costume participe de ce double caractère : une longue robe noire traînante enveloppe, sans l'étreindre, sa taille élevée ; un livre est dans sa main gauche, une baguette dans la droite. Les constellations, le soleil, la lune, brillent sur sa poitrine. Il a pour coiffure une espèce de turban magique; sa chaussure est longue et effilée; ses manches sont pendantes ; son visage ne manque pas de gravité; son regard est contemplatif ; une barbe épaisse lui descend sur la poitrine.

D'un signe impératif, il fait discrètement retirer Mogis ; d'un regard dominateur il fascine la tremblante Marguerite et lui commande l'attention : alors la flamme redouble d'intensité; une fumée épaisse s'élève en nuageux tourbillons et remplit bientôt la chambre. Le magicien semble évoquer un génie familier. Tout à coup, au centre du brasier, se dresse une apparition fantasmagorique. Marguerite pâlit, ferme les yeux, frémit d'effroi... Il y a dans les traits du fantôme quelque ressemblance avec Philippe d'Aulnay : on dirait le gentilhomme normand décharné, privé de vie.

Le magicien se retournant du côté de la princesse :

« Madame la reine, lui dit-il; l'avenir se charge de sombres couleurs : cette figure, si ne me trompe, vous est chère, non dans l'état méconnaissable où elle se présente ici; mais animée par la santé, la jeunesse et les plaisirs d'une cour où règne la licence. Prenez-garde à vous : la quatrième constellation indique, dans l'éloignement, une catastrophe sanglante...

« Je vois aussi, dans la constellation de Sirius, *qui influe sur le cœur,* une tache de mauvais présage.

« Dans celle d'Orion, *qui influe sur le bras gauche,* un mouvement extraordinaire qui semble indiquer une mort violente.

« Toutefois, ces événements peuvent être prévenus :

« La constellation où se montrent *Les longues étoiles,* est pure : elle indique qu'un retour à des sentiments louables peut vous retenir sur le penchant de l'abîme. »

Cependant la fantasmagorie était passée peu à peu à l'état d'une espèce d'évaporation éthérée ; bientôt le fantôme s'était évanoui.

« Attendez encore, madame la reine, puisque vous avez foi en l'astrologie, qui est un art sublime. César, Pompée, Crassus et bien d'autres grands hommes de l'antiquité y croyaient comme vous. Attendez, je vais consulter la vertu des *maisons du soleil.* »

Et Paviot, avec sa baguette divinatoire, se met à tracer, pour représenter les signes du zodiaque, douze triangles disposés de manière à former le *carré astrologique* ci-après :

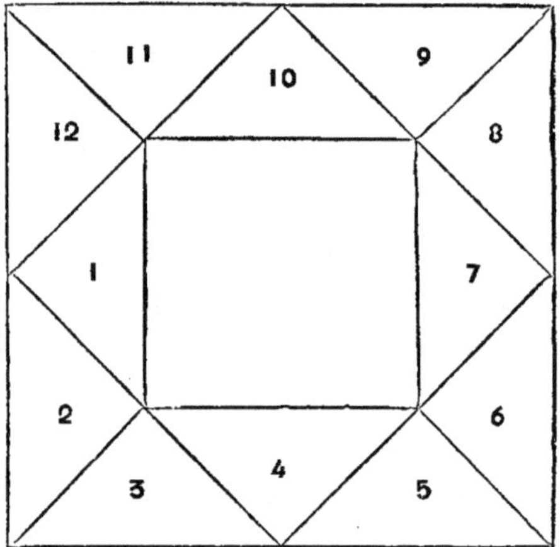

« Je connais, poursuit le magicien, l'état du ciel à l'heure de votre naissance. Je n'ai plus qu'à rapprocher dans ce carré chaque planète de la constellation avec laquelle elle se trouvait alors en conjonction.

« Je ne m'arrêterai point aux maisons 2 *des richesses,* 3 *des héritages,* 4 *des patrimoines,* 5 *des donations,* 7 *du mariage,* 9 *de la reli-*

gion et des voyages, 10 *des charges et dignités,* 11 *des amis.* Ce serait pour vous d'une importance trop secondaire.

« Mais je vois dans les maisons 1 *de la vie,* 6 *des chagrins,* 8 *de l'effroi et de la mort,* 12 *des emprisonnements et de la mort violente*, des pronostics qui viennent confirmer ma prophétie de tout à l'heure. »

Marguerite, éperdue, se lève et jette une bourse à l'astrologue.

Celui-ci, la repoussant de sa baguette, dit solennellement à la princesse :

« Reprenez cet or, madame la reine ; l'homme en contact avec les intelligences supérieures peut accepter un souvenir, mais non un vil métal. »

Marguerite, aussitôt, détachant une pierre précieuse de sa parure, la lui donne et s'en va.

Rentrée, non sans peine, dans ses appartements, Marguerite, poursuivie par un souvenir funeste, passa le reste de la nuit en proie aux plus vives terreurs. Le lendemain, elle forma le projet de se retirer, pour un certain temps, à l'abbaye de Maubuisson ; elle espérait qu'à l'ombre de cet asile tutélaire, le calme rentrerait dans son âme et qu'elle pourrait prévenir la catastrophe dont la menaçait son horoscope ; car, on s'en souvient, Paviot lui avait conseillé un retour à de meilleurs sentiments.

Marguerite engagea Blanche à la suivre dans son exil volontaire. Celle-ci, qui n'avait pas non plus la conscience tranquille et qui ne pouvait se passer de la société de la reine de Navarre, y consentit sans peine.

Elles partirent ensemble pour Maubuisson, où existait alors une abbaye célèbre. On les y accueillit avec tous les égards dus à leur rang et avec la bienveillance qu'inspiraient des jeunes femmes que l'on supposait animées d'un esprit de ferveur qui les éloignait de la cour.

Mais, chez ces princesses, les passions étaient trop vives, et les images de Philippe et de Gaultier d'Aulnay étaient toujours présentes à leur pensée. De leur côté, ces jeunes seigneurs, par l'intermédiaire de l'huissier Mogis, ne tardèrent pas, à l'insu des religieuses du couvent, à renouer de coupables intrigues.

Dans le fief de Maubuisson, était une vaste prairie qui s'étendait jusque sous les murs du monastère. C'est de ce lieu que Philippe et Gaultier, par des signaux convenus, avertissaient les princesses de leur arrivée. Comme les cellules de ces dernières donnaient sur la campagne, il leur était facile de recevoir leurs amants dans ce paisible séjour, sans qu'on s'en aperçût : les deux gentilshommes, au reste, étaient adroits et lestes ; ils escaladaient avec une merveilleuse agilité les clôtures du couvent.

Ce genre de vie n'était pas sans péril, et déjà quelques soupçons commençaient à l'occasion des fréquents pèlerinages des deux frères. Un jour un petit chevrier, en traversant la prairie, trouva une boucle de ceinture d'un beau travail, et son père reconnut, à sa forme, qu'elle devait appartenir à un seigneur de la cour. Malheureusement pour Gaultier d'Aulnay, on l'aperçut le lendemain dans la prairie : il y était revenu de très-grand matin pour tâcher de trouver sa boucle, qui pouvait le compromettre.

Ses recherches ayant été infructueuses, il eut l'imprudence d'interroger quelques jeunes pâtres, et, sur leur indication, il fit partir un de ses gens pour le hameau voisin, afin de réclamer ce témoignage fâcheux de sa présence en ces lieux.

Au bout de quelques jours, tout le monde savait qu'un seigneur, nommé Gaultier d'Aulnay, avait perdu une boucle de ceinturon au bas des murs de l'abbaye de Maubuisson. C'était un orage terrible qui grossissait et ne pouvait manquer d'éclater.

Enfin, un matin, quatre officiers de la maison du roi, accompagnés de plusieurs gardes, arrêtèrent les deux frères, comme prévenus d'un commerce illicite avec les princesses Marguerite et Blanche.

Les scènes licencieuses qu'on supposait s'être passées dans l'abbaye de Maubuisson, signalaient plus particulièrement cette localité comme le lieu où le crime d'adultère avait été commis. En conséquence, l'affaire fut portée devant la juridiction de Pontoise, et bientôt instruite.

Le magistrat qui remplissait alors les fonctions d'accusateur public, ayant informé le président de la présence des accusés, s'exprima en ces termes :

« Seigneurs chevaliers, et vous bourgeois et manants, vous voyez comparaître devant vos magistrats deux hommes prévenus du plus grand crime.

« Philippe d'Aulnay et Gaultier d'Aulnay, gentilshommes normands, attachés au service de Sa Majesté notre roi bien-aimé Philippe le Bel, sont accusés d'avoir abusé de l'inexpérience et de la jeunesse de deux princesses que nous nous plaisions à révérer, de Marguerite de Bourgogne, épouse de Louis, fils de notre roi, et de Blanche, épouse de Charles, également fils de notre roi.

« Ainsi, par une ingratitude et une lâcheté de cœur sans exemple, ces deux hommes ont trahi non-seulement la foi jurée, mais ils ont, de plus, oublié tout ce qu'ils devaient d'amour et de respect à leur souverain. Pour l'élévation à laquelle ils étaient parvenus, ils ont, par la plus coupable félonie, souillé la couche royale.

« Tels sont, seigneurs chevaliers, les principaux griefs imputés à ces deux hommes, naguère si arrogants. Qu'on ne vienne pas dire que leur jeunesse, que leur entourage aient pu un moment leur faire oublier ce qu'ils devaient aux fils de notre roi. Élevés au milieu d'une cour auguste, ils ont dû connaître de bonne heure les dangers qu'ils avaient à éviter en même temps que les devoirs qu'ils avaient à remplir. Nous nous abstiendrons d'entrer ici dans aucun détail sur les scènes libidineuses qui se sont passées à la tour de Nesle et dans l'abbaye de Maubuisson : le respect que nous devons à la douleur si légitime du roi notre sire nous en fait une loi ; toutefois, nous ferons observer que depuis le commencement de la monarchie jusqu'à nos jours, on n'a pas vu une action aussi condamnable être portée devant la juridiction du royaume. »

En cet instant, Philippe d'Aulnay demande la parole. Cette faveur lui étant accordée, il cherche à démontrer qu'aucune preuve certaine n'établissait le crime qu'on lui imputait, pas plus qu'à son frère; qu'à la vérité les apparences étaient contre eux, mais que tôt ou tard leur innocence serait reconnue.

Leur défenseur, qui les avait conseillés, entra dans le même système, et soutint que pour une affaire de cette nature, il fallait se livrer à une enquête minutieuse; que c'était là le seul moyen de découvrir la vérité; que l'audition de quelques témoins, dont la moralité lui paraissait suspecte, n'était pas suffisante pour établir un fait aussi grave que le crime dont on accusait ses clients; puis se tournant du côté des magistrats et des principaux seigneurs de la cour :

« Rappelez-vous, nobles chevaliers, et vous juges appelés à prononcer une sentence, rappelez-vous que jusque-là vos esprits ne sont dominés que par des bruits populaires, par des dépositions peu concluantes, par des rumeurs où l'on croit reconnaître les cris de l'envie et de la haine, bien plus que le témoignage de la vérité; gardez-vous d'oublier que votre devoir n'est point de précipiter dans l'abîme deux infortunés, par cela seul qu'ils sont accusés; mais de chercher au contraire à savoir s'ils sont réellement coupables. Or, comment arriverez-vous à ce résultat, si vous voulez envelopper cette affaire d'une foule de précautions qui en rendent l'examen impossible? »

Le défenseur cherchait ici à profiter de l'avantage que lui avait donné l'accusateur public, lorsque celui-ci faisait entendre que, par respect pour la personne du souverain, on s'abstiendrait de soulever le voile qui couvrait les turpitudes reprochées aux d'Aulnay.

Toutefois, il comprenait que c'était là un moyen de défense extrême. En effet, comment supposer que deux hommes innocents aient été gratuitement accusés d'un crime aussi abominable par ceux-là mêmes qui devaient avoir le plus d'intérêt à étouffer un pareil scandale. Si un roi et les fils d'un roi admettaient comme possible le crime d'adultère de la part des princesses, il s'ensuivait naturellement qu'ils devaient avoir par devers eux des preuves bien évidentes de l'attentat.

Le défenseur des d'Aulnay comprenait tout ce que son système avait de faible de ce côté. Aussi insista-t-il plus particulièrement sur les preuves matérielles impossibles à fournir ; un délit de cette nature ne pouvait être sérieusement admis que dans le cas flagrant.

Cependant des murmures commençaient à s'élever de tous les points de l'auditoire ; des doutes naissaient dans l'esprit de quelques juges sur le degré de culpabilité des d'Aulnay.

Mais leur mort était résolue ; et, il faut le dire, il n'y avait qu'un sentiment, qu'une opinion à leur sujet : on les accusait hautement, et peu s'en fallut que la populace ne les lapidât lorsqu'on les reconduisit en prison.

Le lendemain, qui était le vendredi après le dimanche de la Quasimodo, de grand matin, le président prononça leur sentence en présence d'un concours immense de personnes de tout âge et surtout de femmes.

« Philippe et Gaultier d'Aulnay, dit Mézeray, eurent les parties dont ils avaient commis le crime arrachées, la peau éraflée, et, après de cruels tourments, ils furent traînés à la queue de chevaux furieux sur des troncs de foins nouvellement coupés, et leurs corps, ainsi défigurés, portés au gibet. L'huissier de chambre de Marguerite, ministre et confident de leurs intrigues, fut pendu. »

Un frère de l'ordre de Saint-Dominique, l'évêque de Saint-Georges, qu'on supposait aussi avoir été l'instigateur de cette trame criminelle, et qui était en outre accusé d'avoir fourni des remèdes propres à détruire les fruits de l'incontinence des princesses, fut remis entre les mains des frères prêcheurs de Paris, qui le condamnèrent à une prison perpétuelle.

Plusieurs autres personnes furent arrêtées et mises à la torture.

Quant à Marguerite de Bourgogne et à Blanche, elles furent l'une et l'autre, par l'ordre de leurs époux, enfermées à Château-Gaillard et Jeanne au château de Dordan. Blanche, toutefois, finit par recouvrer sa liberté; mais terrifiée par l'horrible catastrophe qui vient d'être rapportée, elle se retira de nouveau dans cette même abbaye de Maubuisson, témoin de ses égarements, et y mena une vie de pénitence et de repentir.

Cependant la malheureuse Marguerite, resserrée étroitement dans l'un des cachots de Château-Gaillard, voyait s'écouler ses jours au sein de l'abandon et de la tristesse la plus profonde. Les pas lourds et mesurés de la sentinelle qui veillait dans le vestibule voisin, étaient la seule distraction dont elle pouvait jouir dans ce sombre manoir; distraction bien douloureuse toutefois, puisque chaque pas de son gardien lui rappelait durement sa captivité. Deux ans s'étaient ainsi écoulés.

Un soir, elle crut entendre une voix étrangère, qui parlait haut et sans ménagement; cette voix disait que la prison de Marguerite devait être visitée exactement soir et matin; la princesse prêta une oreille attentive et crut reconnaître un officier de la maison du roi de Navarre son époux.

A la dixième heure de la nuit son confesseur, qui avait coutume de la visiter, entra dans son cachot.

« Ma fille, lui dit-il, avez-vous répété les prières que je vous avais données pour accomplir votre pénitence?

— Oui, mon père.

— Bien, mon enfant: veillez et priez sans cesse, dit notre sainte loi, car vous ne savez ni l'heure, ni le jour!

— Qu'est-ce à dire? demanda vivement Marguerite; ma vie serait-elle menacée? Est-ce que mes jours seraient en danger?...

— Mon enfant!... Et les sanglots étouffèrent la voix du bon religieux.

— Je comprends, dit Marguerite; l'ordre de ma mort est arrivé aujourd'hui à Château-Gaillard... »

Puis, reprenant d'une voix forte :

« Louis le Hutin, je t'appelle d'ici à un an dans la tombe où je vais descendre !...

— Ma fille, interrompit le prêtre, calmez-vous ; le ressentiment ne saurait convenir à une âme chrétienne. »

Marguerite parut se recueillir ; ensuite elle traça quelques lignes, qu'elle remit à son confesseur en le priant de porter lui-même cette lettre à Louis le Hutin en personne... Elle se confessa et demanda à être enterrée en l'église de Vernon. Le religieux, attendri, lui promit de suivre en tout point sa volonté. Après l'absolution, il se retira.

En ce moment le bourreau entra dans le cachot de Marguerite pour exécuter les ordres impitoyables qu'il avait reçus. D'une main il tenait une lampe sépulcrale, et de l'autre une serviette. Marguerite, par un mouvement d'horreur, s'était réfugiée au fond de ce sombre séjour ; elle s'était appuyée sur un banc de pierre, le visage caché dans ses mains.

L'exécuteur la saisit, lui passa la fatale serviette autour du cou et l'étrangla.

Ainsi mourut, à l'âge de vingt-cinq ans, en 1315, cette jeune femme, coupable sans doute, mais digne peut-être d'obtenir un généreux pardon, après tout ce qu'elle avait souffert pendant deux ans d'une dure captivité. Peut-être aussi aurait-il fallu avoir égard à sa jeunesse et à son inexpérience ; car elle avait épousé Louis le Hutin à l'âge de quinze ans.

On a toujours pensé, et cette opinion s'est accréditée chez plusieurs historiens du temps, que Marguerite, dans sa dernière lettre à Louis, avait singulièrement compromis Enguerrand de Marigny. Aussi, ce ministre fut-il aussitôt accusé de trahison, lui qui, un an auparavant, avait été défendu auprès de Philippe le Bel par Louis le Hutin. A cette occasion, voici en quels termes s'exprime Mézeray :

« Le roi connaissait bien l'animosité des princes à l'égard d'Enguerraud de Marigny ; et, pour les apaiser aucunement en éloignant l'objet de leur haine de devant eux, il était d'avis de le reléguer en Chypre, en attendant qu'il y eût une plus ample information des crimes dont on l'accusait; mais cette volonté fut changée par un nouveau fait. Il courut un bruit qu'il avait dessein de faire mourir le roi, et que sa femme se servait d'un nommé Paviot et d'une vieille boiteuse réputés grands sorciers, pour faire des images de cire à la ressemblance de Sa Majesté et des princes, afin de les ensorceler et de les dévouer aux puissances infernales. Le comte de Valois en ayant fait le rapport au roi, il lui répondit que si cela était, il abandonnait désormais Enguerrand à sa volonté et qu'il n'empêcherait plus qu'on le punît exemplairement. Aussi le misérable étant livré au pouvoir de ses ennemis, fut condamné à être pendu devant le point du jour, comme c'était la coutume. Il fut mis dans une charrette, conduit ignominieusement au lieu patibulaire, ne disant autre chose à la foule du peuple qui le suivait, sinon : *Bonnes gens, priez Dieu pour moi !...* Et ensuite il fut attaché au gibet qu'il avait fait rebâtir, et comme maître du logis, il eut l'honneur d'être mis au bout, au-dessus de tous les autres voleurs. Le peuple, voulant satisfaire la haine qu'il avait conçue contre lui, courut au palais et abattit sa statue, qui était au pied de celle de Philippe, au-dessous de laquelle, avant l'embrasement du palais, on lisait ces deux vers :

Chacun soit content de ses biens,
Qui n'a suffisance n'a rien.

« Ainsi le maître élevé au gibet servit de pâture aux corbeaux, et sa statue, brisée sur le pavé, servit de jouet à la populace. Ses biens confisqués furent en partie donnés à la reine Clémence, en partie au comte de Valois et l'autre aux frères du roi. Son supplice fut équitable, mais la poursuite ne le fut pas : *car ce n'est pas justice de punir un coupable, si on ne le punit pour son crime.*

« La vieille sorcière fut brûlée toute vive, et ses portraits superstitieux

JEANNE DE BOURGOGNE RECONNUE INNOCENTE PAR LE COMTE DE POITIERS, SON ÉPOUX.

(Mystères des Vieux Châteaux de France).

montrés au peuple. Paviot fut pendu au-dessous d'Enguerrand, et sa femme avec la dame de Chasteleu, condamnées à une prison perpétuelle. »

C'est à peu près vers la même époque que Jeanne, épouse de Philippe le Long, rentra en grâce auprès de son époux.

Voici, à cet égard, ce qu'on lit dans une chronique de Godefroy :

« Jeanne, comtesse de Poitiers, sœur aînée de Blanche et l'héritière du comte de Bourgogne, était violemment soupçonnée ; mais après de sévères informations, il fut jugé au Parlement, en présence du comte de Valois, du comte d'Évreux et de beaucoup de noblesse, *qu'elle était absolument sans reproche et sans tache* (*inculpabilis et omninò innoxia judicatur*). Le comte, son mari, fut un des premiers à reconnaître son innocence ; il la rappela auprès de lui après l'avoir fait sortir du château de Dordan. »

Buridan, qui, selon le poëte Villon,

Fust jeté en ung sac en Seine,

acquit comme philosophe une grande célébrité. Après avoir fondé l'Académie de Vienne (Autriche), il vint professer dans l'Université de Paris, et fit des commentaires sur la logique, sur la morale, et sur la métaphysique d'Aristote.

En 1332, Jeanne de Bourgogne donna par testament son hôtel de Nesle, pour le prix en provenant être employé à la fondation du collége dit de Bourgogne. Un siècle plus tard, les Anglais, alors maîtres de Paris, ont fait représenter à l'hôtel de Nesle le mystère de la Passion de saint Georges.

Louis le Hutin mourut en 1316, à la suite d'une partie de chasse ; et ce qu'il y a de remarquable, un an après Marguerite de Bourgogne, dont il avait eu une fille nommée Jeanne.

Comme on vient de le voir, notre épisode de *la tour de Nesle* a peu de rapports avec le drame si populaire d'Alexandre Dumas. Mais le poëte a fait plier l'histoire à ses exigences; tandis que nous nous sommes pliés aux exigences de l'histoire.

Ici s'arrête notre chronique de Château-Gaillard. Les événements qui se sont succédé depuis la mort de Marguerite de Bourgogne seraient sans intérêt pour nos lecteurs. Ainsi, pendant le quinzième siècle, cette place forte eut à soutenir plusieurs siéges mémorables. Sous Henri II et sous Henri IV, tant qu'ont duré les guerres de religion, Château-Gaillard entendit encore le bruit des armes. Pendant la minorité de Louis XIV, le donjon servit de cantonnement à des bandes de partisans qui, par leurs brigandages, désolaient le pays d'alentour. Enfin, la forteresse étant devenue inutile, elle fut démantelée; et pour accélérer l'œuvre de destruction, on autorisa les habitants du pays à y venir prendre des matériaux. Deux siècles d'une pareille exploitation n'ont pu épuiser cette carrière, et l'on remarque encore aujourd'hui les ruines restées debout, qui ont à peine perdu leur forme guerrière; on prétend même que l'on peut y voir quelques traces du *Fossé des affamés,* ainsi que les cellules souterraines où furent enfermées les princesses coupables, et le banc de pierre où Marguerite fut étranglée...

SAINT-GERMAIN.

Elle (Louise de La Vallière) avait reçu de la nature
La candeur et la simplicité,
Un cœur tendre, une âme pure,
Et la grâce plus belle encor que la beauté.

ELVIRE.

C'était une petite violette qui se cachait sous l'herbe, et qui était honteuse d'être maîtresse, d'être mère, d'être duchesse... Jamais il n'y en aura sur ce moule;

MADAME DE SÉVIGNÉ.

VUE DU CHATEAU DE SAINT-GERMAIN.

(Mystères des Vieux Châteaux de France).

SAINT-GERMAIN.

La fondation du château de Saint-Germain remonte à Louis-le Gros; un diplôme de ce roi, daté de 1124, constate le fait. Jusque-là, rien ne prouve qu'il y eût autre chose en ce lieu qu'une église fondée par le roi Robert, sous l'invocation de saint Germain. Cet antique manoir fut construit sur la crête de la colline qui couvrait alors, comme aujourd'hui, une forêt qui, dans des temps reculés, porta le nom de *silva Lida*, et plus tard, ainsi que le château, celui de Saint-Germain en Laye.

Vers le treizième siècle, une ville déjà considérable s'était élevée non loin de cette demeure royale. En 1346, le château et la ville furent pris et brûlés par les Anglais; ils ne furent réédifiés que sous le règne paisible de Charles V.

Avant ce désastre, un événement relaté par les contemporains porta le trouble dans la cour d'Isabeau de Bavière, dont les lâches intrigues devinrent si funestes à la France. On raconte que Charles VI et la reine, assistant à l'office divin, et le conseil se trouvant assemblé pour délibérer sur les moyens d'établir de nouveaux subsides, un orage éclata, et sa violence fut telle, que le château en parut ébranlé : les vitraux de la chapelle furent entièrement brisés, et la cérémonie fut suspendue. La terreur s'empara des esprits ; et la reine elle-même, qui avait sollicité l'impôt, fut la première à renoncer à ce projet, ayant considéré cet événement comme un acte de la colère céleste.

Ce fut quelques années après que la perfide Isabeau, de concert avec les Anglais, leur livra le château, qu'ils dévastèrent une deuxième fois.

En 1435, le parti du Dauphin ou des Armagnacs s'en empara ; et, trois ans plus tard, Saint-Germain retomba au pouvoir des Anglais par trahison. Il fut livré par un moine. Ce moine était un religieux de Sainte-Geneviève et prieur de Nanterre. Étant parvenu à se concilier l'amitié du capitaine de Saint-Germain, il entrait dans l'intérieur de cette forteresse sans inspirer la moindre méfiance ; il savait où les clefs des principales portes étaient déposées. Un jour il prit furtivement ces clefs, en fit fabriquer de semblables, et, sans être aperçu, les remit à leur place. Muni de ces fausses clefs, le prieur se rendit promptement à Rouen, s'adressa au comte de Warwick, qui commandait dans cette ville (1), et lui promit de le rendre maître du château de Saint-Germain s'il consentait à le payer généreusement. Le comte de Warwick accepta sa proposition : le moine partit avec une troupe anglaise, et l'introduisit dans le château.

Louis XI, par l'une de ces singularités dont l'histoire de ce prince a donné tant d'exemples, fit don du château de Saint-Germain et de ses vastes dépendances à son médecin Jacques Coictier, président de la cour des comptes. On sait qu'après la mort de ce roi, de cruelle mémoire, Coictier partagea le sort d'Olivier le Daim et de Tristan l'Ermite. Coictier fut trop heureux de racheter sa liberté et sa vie par l'abandon de ses

(1) Voyez, au *Château de Chinon*, l'histoire de Jeanne d'Arc.

biens. Ce fut alors qu'il se retira à Auteuil, dans une modeste maison, sur la porte de laquelle il fit sculpter un abricotier et mettre au-dessous cette inscription :

A L'ABRI COICTIER.

Le séjour de Saint-Germain plaisait beaucoup à François Ier; son mariage y fut célébré. Sous son règne, une partie de la forêt fut transformée en parc.

L'un des événements les plus remarquables qui aient eu lieu à Saint-Germain fut le fameux duel permis par Henri II, entre Jarnac et La Chateigneraie.

Ces deux seigneurs étaient liés de la plus tendre amitié ; quelques propos indiscrets les brouillèrent sérieusement ; et La Chateigneraie demanda à François Ier la permission d'un combat à outrance. Ce prince la refusa constamment, et elle ne fut obtenue que sous le règne suivant, le 10 août 1547. Le combat se fit dans le parc du château, en présence du roi, du connétable de Montmorency, et de quelques autres seigneurs. La Chateigneraie, après avoir reçu au jarret une blessure très-dangereuse, tomba par terre. Sa vie était à la discrétion de Jarnac, mais le vaincu ne voulait point la demander ; plusieurs fois le vainqueur supplia le roi de la lui faire accepter. Enfin, le roi, se laissant gagner par les prières de Jarnac et par celles du connétable, donna ordre qu'on portât La Chateigneraie dans sa tente pour le panser ; mais la honte d'avoir été vaincu jeta ce seigneur dans un tel désespoir, qu'il rendit bientôt mortelles des blessures peu dangereuses par elles-mêmes, en s'obstinant à arracher les appareils qui les couvraient : il mourut trois jours après, à peine âgé de vingt-huit ans. Le coup de Jarnac a depuis passé en proverbe pour signifier une ruse, un retour imprévu de la part d'un ennemi. L'intervalle des formalités qui précédaient cette sorte de combat avait été employé par les deux champions à se fortifier dans les armes. Jarnac avait, dit-on, si bien profité des leçons d'un maître d'escrime, qu'en s'exerçant avec lui, il ne manquait jamais le coup qu'il porta à La Chateigneraie. Ce combat en champ clos est le dernier qui se soit vu en France ; le regret qu'eut Henri II de la mort de La Chateigneraie, son favori, lui fit jurer qu'il ne permettrait plus de duel de ce genre.

Les derniers Valois habitèrent successivement Saint-Germain.

Les troubles de la Ligue y fixèrent Charles IX et sa cour ; mais des craintes superstitieuses en éloignèrent Catherine de Médicis. Un astrologue lui ayant prédit qu'elle mourrait près de Saint-Germain (1), elle abandonna ce lieu, et les mêmes préventions lui firent quitter le Louvre.

Le château de Saint-Germain fut le théâtre des amours de Henri IV et de Gabrielle d'Estrées. Ce fut pour elle que ce prince fit construire le *Château-Neuf,* que l'on distingue des anciennes constructions appelées le *Vieux-Château.* Gabrielle se plaisait beaucoup dans cette résidence royale. Une fois qu'elle exprimait à Bassompierre combien elle aimait ce séjour, elle lui dit :

« Quand j'y suis, j'ai un pied à Saint-Germain et l'autre à Paris.

— Ah ! madame, s'écria le galant Bassompierre, en ce cas je voudrais bien être à Nanterre !... »

Or, le village de Nanterre, comme on le sait, est situé juste entre Paris et Saint-Germain.

Louis XIII y fit un long séjour. Sur la fin de sa carrière, on y baptisa le Dauphin. Cette cérémonie, longtemps retardée, était à peine achevée, que ce monarque ayant demandé à son fils quel nom on lui avait donné, le royal enfant lui répondit avec assurance :

« Je m'appelle Louis XIV.

— Pas encore, mon fils, lui répondit le roi ; mais ce sera peut-être bientôt, si c'est la volonté de Dieu. »

(1) Par un de ces hasards qui donnent souvent du crédit aux croyances les plus absurdes, la prédiction faite à Catherine de Médicis se réalisa dans la personne du prêtre qui lui donna les secours spirituels à ses derniers moments : cet ecclésiastique se nommait Saint-Germain.

En effet, il mourut peu de jours après.

De tous les lieux habités par nos rois, l'un des plus heureusement situés est le château de Saint-Germain : un immense horizon s'y découvre. Au pied de la colline qui surmonte sa belle terrasse, se développe le cours sinueux de la Seine, ce fleuve dont les tranquilles eaux, se repliant trois fois sur elles-mêmes, semblent ne quitter qu'à regret les champs de l'antique Lutèce ; elles animent ce riche paysage, où des cités, des hameaux, des monuments de tous genres, indiquent, par leur nombre et leur variété, les approches de la moderne Athènes.

Pourquoi faut-il que les flèches gothiques de Saint-Denis, en s'offrant à d'augustes regards, leur aient trop souvent rappelé que la gloire et l'éclat du trône n'affranchissent point du fatal tribut que la mort impose à la vie ? Elles firent, dit-on, reculer le grand roi de Saint-Germain à Versailles ; et vainement ce prince eut recours aux prodiges de l'art pour embellir ce dernier séjour, il dut y regretter souvent l'imposant et riche tableau que domine le château de Saint-Germain.

Ce vieil édifice, dépouillé d'ornements, transformé en caserne, n'intéresse plus que par les traditions qui s'y rattachent ; et l'on aime à s'y rappeler la tendre La Vallière cherchant à s'y consoler d'un amour malheureux en dispensant des bienfaits. Les divers traits de la vie de cette favorite sont des plus touchants. Racontons ici brièvement l'histoire de cette petite violette, comme l'appelait madame de Sévigné, qui aimait tant à se cacher sous l'herbe, et qui était honteuse d'être maîtresse, d'être mère, d'être duchesse...

Louise de La Vallière naquit en 1644, d'une famille distinguée, qui était originaire du Bourbonnais, et établie en Touraine. Sa mère s'étant remariée à M. de Saint-Remi, premier maître d'hôtel de Gaston, duc d'Orléans, elle fut élevée à la cour de ce prince, et résida successivement à Orléans et à Blois.

Quand le frère unique de Louis XIV épousa Henriette d'Angleterre, mademoiselle de La Vallière fut placée auprès d'elle, en qualité de fille d'honneur. Elle venait d'entrer dans sa dix-huitième année. Sa figure n'était ni régulière ni frappante; elle semblait faite pour attendrir et pour charmer le cœur, et non pour éblouir les yeux : l'expression de la modestie, de la candeur et de la sensibilité en embellissait tous les traits, on la voyait sans étonnement, on ne l'examinait jamais avec indifférence. De grands yeux d'un bleu foncé, voilés par de longues paupières noires, la blancheur la plus pure, mais sans mélange d'incarnat, donnaient à sa physionomie une douceur enchanteresse. Son regard timide semblait implorer l'indulgence; son sourire plein de charme était à la fois ingénu, touchant et spirituel. Elle avait une taille parfaite, quoiqu'un accident arrivé dans son enfance l'eût rendue un peu boiteuse; mais ce défaut même avait en elle de la grâce, elle pouvait le déguiser en marchant lentement. Sa démarche timide et mal assurée paraissait convenir à cette figure délicate, modeste et touchante : elle s'accordait avec son maintien, et ajoutait à l'intérêt inexprimable répandu sur toute sa personne. A toutes ces qualités physiques, elle joignait les dons les plus rares de l'âme et de l'esprit; elle était douée surtout de la candeur la plus pure et de la sensibilité la plus exquise.

Le cœur tendre et sensible dont elle-même parle souvent dans ses Lettres, devait bientôt trouver un maître. Dès que Louise fut au service de Madame, elle vient habiter le château de Saint-Germain, où résidait alors le plus souvent la cour brillante de Louis XIV. C'est là qu'elle conçut d'abord la plus vive admiration, puis une affection non moins grande pour le roi, que la gloire et la magnificence semblaient élever au-dessus du reste des hommes. Elle aurait voulu se cacher à elle-même des sentiments qui n'étaient pas légitimes : la force lui manquait pour les combattre avec constance et succès. Il est permis de dire que la lutte entre sa faiblesse et la conviction qui la pénétrait de ses devoirs fut courageuse; mais le triomphe d'un jeune prince tel que Louis XIV pouvait-il être longtemps difficile ! Il goûta avec cette jeune beauté, si attachante à tous égards, le bonheur, bien rare pour les souverains, d'être aimé uniquement pour lui-même. A travers les bouillantes passions qui l'entraînaient et le dégoût qui en était fréquemment la suite, il revenait toujours à celle qui l'avait subjugué sans art et sans étude.

L'admiration mêlée d'amour que mademoiselle de La Vallière avait pour le monarque, se révéla à ce prince d'une manière assez romanesque. Durant le voyage de Fontainebleau, dans l'une des plus belles soirées de l'été, le roi se promenant sur la terrasse du château, aperçut de loin quatre jeunes personnes qui, après avoir traversé le parterre, se hâtaient d'entrer dans les bosquets ; l'obscurité ne permettait pas de les reconnaître. Le roi éprouva cette espèce de curiosité qui, si souvent parmi les princes, naît de l'ennui et de l'oisivcté. Il dit tout bas à Lauzun de le suivre, et il prit le chemin des bosquets. Les jeunes personnes, assises sur des bancs de verdure, s'entretenaient ensemble. Elles parlaient d'une fête donnée la veille chez Madame et du ballet dans lequel le roi et quelques hommes de la cour avaient dansé. Cachés derrière des feuillages, le roi et son favori écoutaient attentivement cette conversation. On se demandait quel était le danseur qui avait paru le plus agréable : l'une se déclare pour le marquis d'Alincour, l'autre pour M. de Vardes, la troisième pour le comte de Guiche ; la quatrième garde le silence. On la presse de s'expliquer, alors la voix la plus douce et la plus touchante se faisant entendre :

« Est-il possible, dit-elle, que l'on puisse remarquer ceux dont vous parlez, quand ils sont auprès du roi !

— Ah ! ah ! il faut donc être roi pour vous plaire ?..

— Non, la couronne n'ajoute rien au charme de sa personne ; elle en diminue même le danger. Il serait trop redoutable s'il n'était pas roi... mais du moins il préserve de toute autre séduction. »

A ces mots le roi, très-ému, se retire ; il défend à Lauzun de parler de cette aventure et rentre au château. Mais quelle était donc celle qui le préférait avec si peu de prétention et tant de sincérité? C'était l'une des filles d'honneur de Madame; voilà tout ce que le roi en savait, et il brûlait d'entendre de nouveau la voix qui l'avait si agréablement touché. Le lendemain il se rend de bonne heure au cercle de sa belle-sœur; il parcourt des yeux le groupe des filles d'honneur, et il entrevoit, cachée derrière la princesse, une figure noble et mélancolique qui lui paraît la plus gracieuse. Si c'était elle!... Il le voudrait, il le croit... il le croit et cette idée lui cause un trouble inexprimable. On arrange des parties de jeu; pendant ce mouvement, Louis s'approche du groupe des filles d'honneur, il adresse la parole à mademoiselle de Pons, mais il a les yeux fixés sur mademoiselle de La Vallière : elle baisse les siens, elle rougit!... Le roi s'avance, lui parle; elle tressaille, pâlit, et répond d'une voix tremblante, mais qu'on ne peut méconnaître... oh! c'est bien elle!...

Le roi, depuis ce moment, ne vit plus chez Madame que mademoiselle de La Vallière; le soin de cacher son amour en augmenta l'ardeur et la délicatesse. Il prit d'adroites informations sur l'objet qui l'occupait uniquement : tout ce qu'il en apprit acheva de le charmer. On louait son esprit, sa candeur; on adorait son caractère; tout, jusqu'à la simplicité de son éducation, concourait à la rendre intéressante aux yeux du roi.

Peu de temps après eut lieu une partie de plaisir dans la forêt de Saint-Germain. Toute la cour se trouvait réunie sous un pavillon de verdure. Une musique délicieuse se fait tout à coup entendre et une foule joyeuse de nymphes et de sylvains, accourant de toutes parts, viennent chanter des couplets et présenter des fleurs aux dames. On resta dans la feuillée jusqu'au déclin du jour, et l'on voulut encore se promener à pied dans le bois. Au bout d'une demi-heure, un vent impétueux s'élève, de roulantes détonations se font entendre, et une pluie d'orage vient surprendre la cour au milieu de ses plaisirs. Aussitôt chacun s'empresse de chercher un abri sous les arbres les plus touffus, et les dames sont charmées de trouver auprès d'elles des cavaliers aimables, des protecteurs empressés, auxquels le bruit du tonnerre donne de l'audace, au lieu d'inspirer de la timidité. Au milieu du tumulte produit par la tempête, les protecteurs avaient conservé assez de présence d'esprit pour choisir leur protégée. C'est ainsi que Madame se trouvait dans les bras du comte de Guiche, que la comtesse de Soissons était secourue par de Vardes, et que la grande Mademoiselle se trouvait sous l'égide de Lauzun.

Le roi, autant que ses courtisans, avait conservé sa présence d'esprit et son courage : il avait offert son appui à mademoiselle de La Vallière, qui l'avait accepté avec reconnaissance. Louise, qui marchait lentement, n'avait pu suivre ses compagnes ; elle était donc restée en arrière bien avant dans la forêt. Le roi conduisit la jolie fille d'honneur sous un arbre dont l'eau ne pouvait traverser l'épais et large feuillage ; et bientôt, profitant de la circonstance favorable où il se trouvait, il manifesta à la jeune fille les sentiments d'amour qui avaient germé en son cœur depuis la conversation qu'il avait entendue à Fontainebleau. Aux premières paroles du roi, le cœur de Louise battit avec force ; sentant le danger auquel elle était exposée, elle fit comme un mouvement pour s'enfuir. Mais le roi la retenant par la main :

« Eh quoi ! mademoiselle, dit-il, avez-vous plus peur de moi que de l'orage ? Je suis donc un prince bien malheureux, puisque je suis un objet d'effroi quand je voudrais en être un de confiance et d'attachement ? De grâce, mademoiselle, ai-je rien fait pour mériter votre haine ?

— Ma haine !... Oh non, Sire ! vous savez bien que vous êtes le prince que tout le monde aime et révère.

— Vous me rassurez par ces mots ; et s'il en est ainsi, apprenez que je ne veux pas seulement être aimé comme roi, mais comme votre serviteur le plus tendre et le plus dévoué. »

Le roi, à ces mots, tomba aux genoux de Louise en lui serrant les mains avec passion.

« Je ne me relèverai, dit-il, que lorsque vous m'aurez accordé mon pardon pour oser vous aimer comme je le fais. »

Mademoiselle de La Vallière, en voyant le monarque à ses pieds, ne put contenir son émotion.

« Relevez-vous, Sire, dit-elle, je vous en prie; vous êtes mon roi, je suis votre sujette, et mon dévouement vous est assuré pour toujours.

— C'est votre amour que j'ambitionne: donnez-m'en aujourd'hui une preuve, dites-moi que vous m'aimez. »

La jolie fille d'honneur ne pouvait pas convenablement satisfaire sitôt à la demande du roi. Celui-ci, devenant de plus en plus pressant, et la foudre venant à éclater non loin d'eux, la demoiselle se tira d'embarras en prenant le parti de s'évanouir. Louis XIV s'empressa de recueillir dans ses bras celle qu'il affectionnait si ardemment, et, chargé de ce précieux fardeau, il se mit en marche pour rejoindre son cortége qui l'attendait sur la lisière de la forêt.

De temps en temps il s'arrêtait pour contempler au jour d'une clairière les traits charmants de sa Louise; tantôt il la pressait avec amour contre sa poitrine, et tantôt il couvrait son gracieux visage de mille baisers. Louis XIV allait bientôt atteindre l'extrémité de la forêt, lorsque la jeune fille revint à elle, paraissant tout étonnée de la situation où elle se trouvait, et remerciant mille fois le monarque de la protection qu'il avait daigné lui accorder. Bientôt plusieurs personnes parurent au détour d'une allée, et un instant après, toute la cour était rentrée au château, sans doute au grand déplaisir des amants, que l'orage avait si bien favorisés.

La déclaration respectueuse et passionnée du roi ne toucha que trop profondément un cœur sensible et combattu, qui déjà s'était donné. Mais le mouvement de joie qu'éprouva mademoiselle de La Vallière en découvrant la passion du monarque, lui fit connaître aussi toute la violence de ses propres sentiments, qu'elle n'avait regardés jusqu'alors que comme une simple préférence. Les scrupules envahirent aussitôt sa conscience, et elle se reprocha d'avoir inspiré une flamme adultère.

« Quand il me témoignait son amour, disait-elle, j'ai ressenti une joie insensée! Quand il me pressait de lui faire un aveu, j'ai gardé le silence... Je ne lui ai point ôté une espérance injurieuse!... Que pense-t-il de moi? sans doute il me méprise!... Je saurai réparer ce moment d'erreur et d'imprudence; hélas! quel prix ne dois-je pas attacher à son estime, c'est le seul de ses sentiments auquel il me soit permis de prétendre!... »

Les résolutions les plus vertueuses furent le fruit de ces réflexions. Les jours suivants, mademoiselle de La Vallière, se rapprochant davantage de Madame et de la jeune reine, ne laissa au roi aucune possibilité de lui parler; le roi se décida à lui écrire. Il fit une lettre qu'il communiqua au poëte Benserade pour l'embellir et la corriger : le roi ignorait sans doute qu'une lettre d'amour n'a pas besoin d'art, et que la plus ingénieuse est rarement la plus persuasive. Le poëte raccommoda la lettre du roi, ou pour mieux dire il la gâta; il y ajouta plusieurs phrases spirituelles, qui en ôtait cette vérité de sentiment si préférable aux pensées les plus brillantes.

Le roi n'avait fait à Benserade qu'une demi-confidence; il lui avait avoué son amour, mais il n'en avait pas nommé l'objet. Le poëte crut que la lettre s'adressait à mademoiselle de Pons. Benserade, à quarante-cinq ans, toujours galant, aimable encore, était amoureux de mademoiselle de La Vallière, qui ne s'en doutait pas, et qui, le regardant presque comme un père, et touchée des soins qu'il lui rendait, avait pris pour lui de l'amitié et lui montrait de la confiance. Cependant la fille d'honneur de Madame reçoit la lettre du roi. Elle aimait, cet écrit lui parut un chef-d'œuvre d'amour et de génie. Le roi demandait une réponse, mais comment répondre à une telle lettre? On voulait ôter l'espérance, et néanmoins on voulait aussi donner une opinion favorable de son esprit. La lettre qu'on allait écrire était la première et serait la dernière : on y attachait donc une grande importance! Dans cet embarras, on se décide à consulter Benserade, en lui cachant le nom de l'amant dont on rejette l'hommage. En effet, mademoiselle de La Vallière, le soir, chez Madame, dit tout bas à Benserade qu'elle le priait de se rendre chez elle le lendemain dans l'après-midi. Le poëte, transporté de joie d'obtenir un rendez-vous qu'il n'aurait osé demander, attendit le lendemain avec une impatience inexprimable : à l'heure indiquée, il vola chez celle qu'il regardait déjà comme sa maîtresse ; il la trouva seule, et en entrant il s'avança et mit un genou en terre devant elle. Croyant simplement qu'il la remerciait de sa confiance, elle sourit de cette démonstration exagérée de reconnaissance.

« Je voulais, dit-elle, vous consulter sur la réponse que je dois faire à une lettre que j'ai reçue. J'ai besoin d'un conseil paternel... et je l'attends de vous. »

Ces mots glacèrent Benserade ; il se releva tout confus de la méprise qu'il avait faite. Mademoiselle de La Vallière, ne voulant pas montrer l'écriture du roi, fut obligée de lire elle-même et tout haut ; le poëte reconnut, dès les premières lignes, cette lettre qu'il avait presque entièrement composée. Comme il était beaucoup moins amant que courtisan, il se consola promptement en pensant au parti qu'il pourrait tirer de cette double confidence. Lorsque la fille d'honneur eut achevé d'une voix basse et tremblante la lecture de la lettre :

« A présent, s'écria Benserade, je devine votre secret tout entier ; il n'y a que le roi qui puisse avoir autant d'esprit!... »

Mademoiselle de La Vallière nia faiblement, et bientôt convint de tout. Le poëte eut beaucoup de peine à composer une lettre au gré de Louise : elle en trouvait toujours les expressions équivoques ; enfin, Benserade, bien certain que la lettre ne contiendrait pas le dernier mot de cette correspondance, se décida à dicter la réponse la plus fière et la plus rigoureuse. Lorsque Louise fut seule, elle relut cette réponse, et au fond de l'âme, il lui semblait que le ton en était trop sec et trop rude; elle finit par se dire qu'elle ne devait point envoyer une lettre qu'elle n'avait pas dictée. N'osant s'avouer à elle-même le motif secret qui la faisait agir, elle écrivit une autre lettre qu'elle envoya à Benserade, qui s'était chargé de la faire parvenir au roi. Celui-ci, devenu confident de mademoiselle de La Vallière, obtint facilement toute la confiance du roi, qui se laissa guider entièrement par lui.

Le roi, après plusieurs lettres écrites et plusieurs lettres reçues, vit bien qu'il n'obtiendrait jamais une réponse favorable par écrit. Il désespérait d'obtenir un rendez-vous, lorsque Benserade promit de gagner mademoiselle d'Artigni, l'amie intime de mademoiselle de La Vallière et dont l'appartement communiquait à celui de sa compagne. Les logements des filles d'honneur étaient situés au faîte du château; il était possible d'y parvenir par les plombs, mais de cette manière on ne pouvait entrer que par les fenêtres, qui donnaient sur une espèce de terrasse. Il fut convenu que mademoiselle d'Artigni ouvrirait sa fenêtre, et que de son appartement Louis passerait dans celui de celle qu'il aimait. La négociation de Benserade eut tout le succès qu'il avait annoncé. Mademoiselle d'Artigni était ambitieuse, elle consentit à tout ce qu'on voulut d'elle. Le soir même, à minuit, le roi, plein d'inquiétude et d'agitation, escalada les plombs, parvint à la terrasse, trouva la fenêtre ouverte, entra chez l'officieuse amie, qui le conduisit à la porte de la chambre de mademoiselle de La Vallière. Cette dernière, à peine rentrée depuis un quart d'heure, était assise dans un fauteuil et relisait la lettre du roi. Elle entend ouvrir sa porte, elle tourne la tête, aperçoit le roi, fait un cri, se soulève et retombe presque évanouie dans son fauteuil!... Louis est à ses pieds, il reconnaît sa lettre qu'elle tient encore, il voit qu'elle s'occupait de lui, il s'attendrit et cherche à la rassurer, en lui protestant que ses sentiments sont aussi purs que passionnés. Louise ne répond d'abord que par un torrent de larmes, ensuite elle ose reprocher au roi une témérité qui peut la déshonorer. Le roi lui assure qu'on l'ignorera toujours ; il donne sa parole de ne faire aucune démarche à l'avenir sous le consentement de mademoiselle de La Vallière ; enfin, il l'interroge sur les sentiments qu'il inspire : on lui refuse avec fermeté l'aveu qu'il sollicite ; alors il déclare qu'il a recueilli la conversation nocturne du bosquet. Louise se cache le visage avec ses deux mains et ses pleurs recommencent à couler. Le monarque lui montra tant de respect et de délicatesse, qu'il parvint à la calmer un peu : mademoiselle d'Artigni vint avertir que le jour allait paraître ; aussitôt le roi s'échappa.

Le lendemain matin, la duchesse de Navailles, gouvernante des filles d'honneur, fut avertie à son réveil qu'on avait aperçu, durant la nuit, un homme sur la terrasse des appartements de mesdemoiselles de La Vallière et d'Artigni. La duchesse de Navailles, sur-le-champ, envoya chercher des ouvriers auxquels elle donna l'ordre d'aller, sans délai, poser des grilles aux deux fenêtres désignées. La gouvernante avait toujours eu, il est vrai, des mœurs austères ; mais, fière de sa réputation, elle y mettait tant d'amour-propre, qu'elle faisait de la vertu une espèce de métier. Elle voulait en retirer une considération personnelle que l'on ne pût comparer à nulle autre ; et quoique sa conduite s'accordât avec ses principes, et qu'il fût impossible de l'accuser d'hypocrisie, on aurait pu souvent lui reprocher l'exagération, et surtout d'aimer les scènes d'éclat. Elle n'agissait que pour les spectateurs, vanité presque inévitable lorsqu'on se trouve placé sur le plus brillant théâtre ; et c'est ainsi qu'à la cour la vertu même, sans se démentir, perdait communément ses motifs, oubliait son véritable but, n'était plus qu'un rôle, et trop souvent un calcul d'ambition.

Mademoiselle de La Vallière fut épouvantée en voyant poser des grilles à ses fenêtres et à celles de sa compagne ; elle sentit bien que les soupçons ne tomberaient que sur elle, la laideur de mademoiselle d'Artigni assurait à cet égard sa réputation. Louise, au désespoir, écrivit à Benserade pour lui peindre sa douleur; Benserade aussitôt courut chez le roi, et lui rendit compte de cet événement : alors le roi, sans perdre un moment, ordonna à la duchesse de Navailles de faire poser sur-le-champ des grilles à toutes les fenêtres des filles d'honneur, sans exception; le roi ajouta la défense expresse de dire qu'il eût donné cet ordre. Il fallut obéir. La duchesse de Navailles s'en consola par le bruit prodigieux que fit cette espèce d'exécution, qui honorait toujours sa vigilance et sa rigidité, et même avec plus d'éclat.

Cette précaution, qui sauvait l'honneur de mademoiselle de La Vallière, répandait des soupçons outrageants sur toutes ses compagnes; elle entendit leurs plaintes, elle vit couler leurs pleurs, elle se crut coupable de leurs peines et de l'injustice qu'elles éprouvaient, et elle s'affligea sans mesure. Pour distraire la cour de cet événement, qui faisait le sujet de toutes les conversations, le roi annonça qu'il donnerait dans quelques jours des fêtes magnifiques. L'objet unique de ces fêtes était mademoiselle de La Vallière. Celle-ci en connaissait d'avance l'intention, mais elle en ignorait le plan.

On fit d'abord un carrousel vis-à-vis des Tuileries, dans une vaste enceinte qui a retenu le nom de *place du Carrousel*. On avait fait élever de tous côtés des gradins et des amphithéâtres pour les spectateurs, et un dais recouvert de soie pour les dames. Toutes les plus belles de la cour s'y trouvaient, et avec des ajustements et des pierreries incomparables. On y vit figurer trois reines : la reine mère, Anne d'Autriche; la reine régnante, épouse de Louis XIV; la reine d'Angleterre, veuve de Charles Ier, oubliant un instant ses douleurs. Quand les dames furent placées, les violons du roi jouèrent un air d'entrée, et les combattants s'avancèrent dans l'enceinte du carrousel. Il était composé de cinq quadrilles. Le roi arriva le premier à la tête des Romains. Dès qu'il parut.

tout le monde se leva en signe de respect et aussi pour contempler sa bonne grâce. Il était monté sur un cheval blanc richement enharnaché, et qui, à la façon dont il agitait la tête, semblait deviner la charge superbe qu'il portait. Le roi fit trois fois le tour du carrousel en saluant les dames, et en cherchant des yeux l'objet de son adoration.

Le second qui parut fut Monsieur, frère du roi; il commandait les Persans. Il n'y eut qu'une voix sur la richesse de ses costumes, la beauté singulière de sa personne et son adresse à manier son coursier.

Ensuite vinrent le prince de Condé, à la tête des Turcs; le duc d'Enghien, son fils, conduisant les Indiens; et le duc de Guise, les Américains.

Les jeux durèrent une partie de la journée. Le roi triompha deux fois; puis il se retira. Le prix resta au comte de Saulx, fils du duc de Lesdiguières, qui vint le recevoir des mains de la reine mère.

Le second jour, ceux qui devaient courir avaient les costumes d'anciens chevaliers : le roi représentait Roger; tous les diamants de la couronne brillaient sur son habit et sur le cheval qu'il montait; il effaçait tous les seigneurs de sa cour par l'éclat de sa magnificence, et surtout par la grâce et la majesté de sa figure. Les chevaliers étaient précédés de hérauts d'armes, de pages, d'écuyers qui portaient leurs boucliers, sur lesquels étaient tracés leurs devises et des vers écrits en lettres d'or, et composés par Benserade. La devise du roi faisait allusion à la modestie et aux charmes de mademoiselle de La Vallière : c'était une rose entr'ouverte et cachée à moitié sous des feuilles, avec ces mots italiens :

Quanto si mostra men, tanto e piu bella (1)

Devise que l'on pouvait appliquer à toutes les jeunes personnes, et qui n'en désignait qu'une seule. Le roi, en passant sous les arcs de triomphe, ne regarda et ne vit que mademoiselle de La Vallière : elle était

(1) Moins elle se montre, plus elle est belle.

assise derrière une de ses compagnes, la plus vive rougeur embellissait encore son aimable visage, dont le roi n'aperçut que la moitié ; cependant il recueillit un doux regard, mais aussitôt, se penchant de l'autre côté, elle se cacha entièrement ; le roi alors, baissant les yeux sur sa devise, y retrouva du moins son image ; car, surtout dans ce moment, l'allégorie était parfaite.

Le roi remporta quatre fois le prix des jeux ; il avait désiré avec ardeur les obtenir, il combattait sous les yeux de mademoiselle de La Vallière... Mais, ne devant pas recevoir les prix de sa main, il les laissa disputer ensuite aux chevaliers, auxquels il les abandonna.

Les autres fêtes furent données dans la partie des jardins de Versailles qu'on venait d'achever. Le roi y alla avec la cour, composée de six cents personnes, qui furent défrayées avec leur suite, aussi bien que tous ceux qui servirent aux apprêts de ces enchantements. Le roi et la jeunesse de la cour y représentèrent les divinités de la Fable. On vit d'abord un char élégant, parsemé de roses, dans lequel était à demi couchée Madame, sous les traits de l'Aurore ; ensuite vint le char éclatant du soleil, conduit par le roi, représentant Apollon ; ce char, étincelant de dorure, avait dix-huit pieds de haut, quinze de large, vingt-quatre de long. Les quatre Ages, d'or, d'argent, d'airain et de fer ; les Signes célestes ; les Saisons, parmi lesquelles mademoiselle de La Vallière se trouvait sous la figure du Printemps ; les Heures suivaient à pied ce char. Tout était parfaitement caractérisé. Un dernier char, celui de Diane (représentée par la jeune reine), entourée de ses nymphes, terminait cette espèce de marche ; ce char était d'argent, décoré de guirlandes de pavots. La Nuit et les Songes légers la suivaient. La reine mère et tous les autres spectateurs étaient sous des arcades de feuillages et de fleurs, ornées de cinq cents girandoles vertes et d'argent, qui portaient des bougies qu'on alluma le soir ; une balustrade dorée fermait cette vaste enceinte, que toutes ces divinités de l'Olympe parcoururent lentement plusieurs fois dans l'ordre qu'on vient de décrire. Durant ce temps, un nombreux orchestre, placé hors de l'enceinte, faisait entendre une musique instrumentale et vocale. Les paroles des airs, chantées en chœur et composées pour la fête, étaient remplies d'allusions délicates et piquantes sur les personnes qui représentaient les déités de la Fable, sur les passions qui animaient la cour. Quelquefois la musique cessait tout à coup, la marche s'arrêtait, et l'un des acteurs, formant une espèce de petite scène, récitait des vers faits pour les reines et pour les princesses. Benserade, s'approchant du char d'Apollon, adressa au roi les vers suivants :

> Je doute qu'on le prenne avec vous sur le ton
> De Daphné ni de Phaéton,
> Lui trop ambitieux, elle trop inhumaine :
> Il n'est point là de piége où vous puissiez donner ;
> Le moyen de s'imaginer
> Qu'une femme vous fuie et qu'un homme vous mène!

Ces courses finies et la nuit venue, on alluma les girandoles, et, en outre, quatre mille gros flambeaux achevèrent d'éclairer l'espace où se donnaient les fêtes. Une montagne mouvante artistement illuminée, et couverte de verdure, d'arbustes fleuris, et des divinités des bois, s'avança vers l'enceinte au son des instruments champêtres ; on en vit descendre le dieu Pan suivi des hamadryades, des nymphes des prairies, et d'une troupe de bergers, qui formèrent un ballet, et qui, ensuite, dressèrent des tables ; les nymphes qui n'avaient point dansé posèrent sur ces tables ce que les campagnes et les forêts produisent de plus délicieux. Après la collation, les tables furent enlevées ; alors la montagne se transforma tout à coup en théâtre, où l'on vit la première représentation de *la Princesse d'Élide,* pièce de Molière, offrant un beau spectacle, des divertissements variés, et, d'ailleurs, remplie de traits fins et délicats qui devaient plaire à une telle assemblée.

Le jour suivant fut occupé par des amusements d'un genre différent, mais plus magnifiques encore. On établit dans le parc une grande quantité de boutiques remplies de bijoux et de diamants, achetés par le roi, et toutes les dames furent invitées à choisir ce qui pouvait leur être agréable. Ensuite, on eut un spectacle fait pour donner un véritable éclat à cette fête : on assista à la première représentation des trois premiers actes du *Tartuffe*. Le roi voulut voir ce chef-d'œuvre, avant même qu'il fût achevé. Il le protégea ensuite contre les faux dévots, qui voulurent intéresser le ciel et la terre pour le supprimer ; et il subsistera tant qu'il y aura en France du goût et des hypocrites.

Au milieu de tous ces enchantements, de ces séductions de tout genre, et de l'espèce d'ivresse que devait éprouver celle qui était l'objet de ces fêtes somptueuses, le roi s'approcha souvent de mademoiselle de La Vallière, pour lui dire quelques mots de tendresse et solliciter d'elle ce qu'il appelait le bonheur. Il est bien difficile de résister longtemps à un roi qui vous supplie, qui vient mettre sa couronne à vos pieds, qui vous jure de vous aimer toujours, et pour lequel on éprouve un vif sentiment d'admiration et de sympathie. Aussi ne faut-il pas s'étonner si la pauvre Louise, à la fin de l'une de ces journées délicieuses où le roi lui offrait en hommage les plaisirs les plus ravissants, consentit à lui accorder en échange ce qu'il sollicitait avec tant d'instance, à faire taire ses scrupules et à sacrifier sa vertu à l'amour que lui portait son royal amant.

Mademoiselle de La Vallière, en faisant le sacrifice de sa vertu, espérait pouvoir sauver les apparences ; elle désirait du moins que personne au monde ne pût avoir la certitude de sa faiblesse ; aussi supplia-t-elle le roi de ne point trahir son secret, de ne parler à qui que ce fût de leurs sentiments mutuels, et de mettre la plus grande discrétion dans les rapports ou les entrevues qu'ils pourraient avoir ensemble.

Un secret à la cour ! un secret de ce genre surtout ! comment cela était-il possible ? Les précautions de la fille d'honneur furent inutiles ; on ne tarda pas à connaître toute l'étendue de la faveur dont elle jouissait auprès du monarque, et aussitôt la médisance et la jalousie de faire tous leurs efforts pour tourmenter, par leurs traits envenimés, celle qui n'avait cédé qu'à un amour sincère et partagé.

Parmi les personnes qui montrèrent le plus d'acharnement à torturer la malheureuse victime, se trouvait Madame (Henriette d'Angleterre, belle-sœur du roi), qui, malgré ses relations intimes avec le comte de Guiche, avait la prétention de plaire au monarque, et de lui inspirer les sentiments les plus tendres. Henriette était l'une des plus belles femmes de la cour ; le cœur du roi était très-faible du côté du beau sexe : elle pouvait donc espérer de réussir au gré de ses désirs Les assiduités de Louis XIV auprès d'elle, ses empressements à se trouver à ses réunions de chaque jour, les hommages qu'il affectait de lui adresser en public, tout lui faisait croire au triomphe de ses charmes, au succès qu'elle ambitionnait avec ardeur. Malheureusement elle se trompait. Si Louis était assidu auprès d'elle, ce n'était point pour contempler sa beauté, mais pour jouir de la présence du véritable objet de son amour ; les hommages qu'il adressait à sa belle-sœur n'avaient pour but que de faire diversion aux soins et aux prévenances qu'il ne pouvait s'empêcher d'avoir pour sa Louise adorée. Mademoiselle de La Vallière avait trop d'esprit pour ne pas voir à quel excès Madame était flattée des sentiments qu'elle supposait au roi ; il était aisé de prévoir que son dépit serait extrême, si jamais elle se désabusait. Cette idée causait à la jeune fille une frayeur insurmontable ; elle pressentit tout ce que l'orgueil irrité devait lui faire souffrir ; quelques incidents frivoles achevèrent de la trahir et de découvrir entièrement le secret que les deux amants voulaient cacher.

Un soir, chez Madame, en présence du roi, après avoir parlé d'un roman de mademoiselle Scudéry, on convint de donner à tous ceux qui composaient la société, suivant leurs caractères, les noms des personnages de cet ouvrage. Madame, comme on peut croire, reçut le nom de la principale héroïne; la comtesse de Soissons, son amie, prit celui de la confidente ; on avoua que le roi seul devait garder le nom qu'il immortalisait ; tout le monde, d'ailleurs, en choisit un de roman ; chacun promit de le substituer à son nom de baptême, et de le signer dans les billets de société qu'on écrirait à l'avenir. On oublia mademoiselle de La Vallière dans cette distribution ; le marquis de Vardes, s'en apercevant tout à coup, lui proposa le nom d'une jeune princesse insipide, que personne ne s'était soucié de prendre ; mademoiselle de La Vallière répondit ingénument qu'elle était attachée à son nom de baptême, et qu'elle n'en voulait point d'autre. On lui demanda quel était son nom ; cette question si simple parut la confondre : une réflexion rapide causait cette anxiété... Madame, étonnée de son trouble, réitéra la question qu'on venait de lui faire. Mademoiselle de La Vallière sentit combien il était ridicule d'hésiter autant à répondre ; cette idée accrut son émotion. Les personnes timides et sensibles n'ont jamais de présence d'esprit ; l'embarras, lorsqu'il est extrême, les jette toujours dans le découragement. La jolie fille d'honneur rougissait, pâlissait, baissait des yeux mouillés de pleurs, et n'avait pas le courage d'articuler ce nom terrible. Le roi voulut changer d'entretien ; mais Madame insistant avec une sorte d'autorité, mademoiselle de La Vallière se résigna, se soumit, et, avec une voix tremblante et une naïveté enchanteresse, elle dit qu'elle s'appelait *Louise!*... A ce nom, un petit murmure de moquerie s'éleva dans le cercle ; Madame sourit d'un air de pitié, en assurant qu'elle n'avait point eu le projet d'embarrasser mademoiselle de La Vallière.

« Je le crois, reprit le roi... Quelle cruauté il faudrait avoir pour former le dessein d'intimider tant d'ingénuité, de douceur et de modestie ! »

Ces paroles, prononcées d'un ton sévère et avec une émotion visible, causèrent une surprise qui changea subitement l'expression de tous les visages ; on n'aperçut plus la trace des sourires malicieux, chacun reprit un air de bienveillance, à l'exception de Madame, qui ne put dissimuler son humeur. Cependant les jours suivants, le roi reprenant avec elle toute son affabilité accoutumée, elle se persuada que la pitié seule avait produit, en faveur de sa fille d'honneur, ce mouvement d'intérêt si vif et si marqué ; elle en conserva contre elle une espèce de rancune, mais sans prendre encore un bien grand ombrage; car comment aurait-elle pu s'imaginer que Sa Majesté préférât une fille obscure, qu'elle trouvait sans grâce, sans beauté, à elle, princesse née sur un trône et douée de toutes les perfections du corps et de l'esprit ! Il fallut cependant céder à des témoignages évidents, et ces témoignages ne se présentèrent qu'en trop grand nombre.

La reine mère, Anne d'Autriche, faisait souvent des loteries de bijoux, dont elle donnait des billets aux personnes de la famille royale et à ses favorites. Un jour que la cour, chez elle, était fort nombreuse, et que mademoiselle de La Vallière, à la suite de Madame, s'y trouvait, la reine mère fit une de ces loteries, et le roi gagna le premier lot ; c'étaient de magnifiques bracelets de diamants ; tout le monde se récria sur leur beauté : Madame, surtout, les loua avec excès ; mais combien ils augmenteront de valeur lorsqu'ils seront donnés! A qui Louis les offrira-t-il? La jeune reine les désire sans espoir, Madame se croit sûre de les obtenir; quelqu'un, en les admirant, dit qu'ils sont sans prix.

« Pas encore, reprit la belle Henriette ; mais ils le seront tout à l'heure. »

Cependant le roi reprend l'écrin posé sur la table ; il cherche des yeux celle qui ne frappait jamais la vue et qu'il fallait toujours découvrir ; il traverse la chambre, non-seulement sans embarras, mais d'un air de triomphe : on est si fier, on a tant d'audace quand on veut venger ce qu'on aime !... Louis s'approche de mademoiselle de La Vallière et lui présente les bracelets ; il met à cette action, non la grâce de la galanterie, mais l'expression du respect et toute la dignité d'un sentiment dont on s'honore : jamais hommage éclatant ne fut rendu avec tant de franchise et de noblesse ; jamais la contenance de Louis ne fut plus assurée et plus majestueuse; mais malheureusement il révélait, par cet acte de galanterie, ce secret que sa maîtresse voulait cacher. Celle-ci fut consternée de l'indiscret hommage de son royal amant : saisie, pénétrée, remplie d'inquiétude, de crainte et de reconnaissance, elle dissimula néanmoins autant qu'elle put, et parut croire que le roi seulement lui montrait le superbes bracelets :

« Ils sont fort beaux, dit-elle en baissant les yeux; et en même temps elle fit un geste pour les lui rendre.

— Non, mademoiselle, s'écria-t-il; ils sont en de trop belles mains pour rentrer jamais dans les miennes ! »

Mademoiselle de La Vallière ne répondit que par une profonde inclination; elle était près de se trouver mal; le roi s'éloignant, elle se hâta de dérober les bracelets à la vue des admirateurs et de se cacher elle-même derrière les personnes qui l'entouraient.

L'étonnement général fut extrême, et le dépit de Madame si violent, qu'elle ne put s'empêcher de montrer au roi même une aigreur qui frappa tout le monde, quoiqu'elle tâchât de la déguiser par le ton de la gaieté; mais ses plaisanteries avaient quelque chose de si forcé, il s'y mêlait une ironie si amère, qu'il était impossible de ne pas voir clairement tout ce qu'elle éprouvait. Le roi n'opposa à ses épigrammes qu'un sang-froid inaltérable et l'air distrait d'une complète insouciance. Cette conduite porta au comble la colère de Henriette; elle fut vingt fois au moment de faire une scène ridicule; elle vit qu'on la regardait avec surprise, que plusieurs personnes l'examinaient avec malignité, pénétraient sa jalousie et jouissaient de son agitation. Elle sentit que dans tout ce qu'elle disait, elle manquait de mesure et de naturel; elle se crut déjouée, humiliée aux yeux de toute la cour, perdue à jamais dans l'esprit du roi, et elle jura une haine irréconciliable à mademoiselle de La Vallière.

Dès ce moment, deux partis se formèrent à la cour : l'un contre mademoiselle de La Vallière, composé de toute la société intime de Madame;

l'autre en faveur de mademoiselle de La Vallière, formé de ceux qui s'intéressaient à elle, et des personnes qui n'aimaient pas Madame ou qui haïssaient ses favoris.

Les amis de Henriette ne cherchèrent point à modérer son humeur; ils étaient eux-mêmes outrés de voir perdre à la princesse, qu'ils gouvernaient, l'ascendant qu'elle avait eu jusqu'alors sur le roi; et l'on ne pouvait s'abuser sur les sentiments de Louis, tout annonçait en lui une grande passion, et cette passion était la première qu'il eût véritablement éprouvée (1)! Enfin, on accusait de coquetterie cette violette timide, comme l'appelait madame de Sévigné, qui avait résisté au roi autant qu'elle l'avait pu. On prétendit que cette personne si douce, si modeste et si naïve, était profondément artificieuse et remplie d'ambition. On lui supposait les desseins qu'on aurait eus à sa place; en faisant d'elle un portrait imaginaire, on se peignait soi-même; en se déchaînant contre elle, on faisait sa propre satire. Chaque réflexion augmentait l'indignation et la confusion de Madame; le présent n'éclairait que trop sur le passé; il était évident que le roi aimait mademoiselle de La Vallière depuis plusieurs mois; on se rappela une infinité de circonstances qui ne laissaient aucun doute à cet égard : ainsi, depuis cette époque, toutes les fêtes données par le roi n'avaient été que des hommages rendus à cette petite hypocrite! ainsi Madame, qui n'avait point reçu de l'amitié du roi la confidence de cet amour, avait servi de prétexte pour le favoriser et le cacher à tous les yeux! le roi n'avait pas craint de la tromper et de lui faire jouer un rôle ridicule! Quelle est la femme dominée par la vanité qui peut pardonner de semblables torts?

Henriette était peu capable de dissimulation; mais ses amis l'engagèrent à se contenir, à traiter passablement bien la jeune favorite, et à

(1) Louis XIV avait aimé, sans attachement profond, Laure Mancini, la comtesse de Soissons et la vénérable Beauvais, première institutrice de notre aimable souverain dans la douce science des amours.

recevoir le roi sans humeur. Cependant, par une intention maligne pour sa fille d'honneur, elle imagina de donner des bals chez elle ; mademoiselle de La Vallière ne dansait pas à cause de son infirmité, et toute la société de Madame se réunit pour faire valoir les agréments de mademoiselle de Pons, la plus belle danseuse de la cour ; le roi dansa plusieurs fois avec elle, et parut frappé de ses grâces. On vit alors la pauvre Louise se troubler et pâlir : un soir, au milieu du bal, elle disparut ; le roi, après avoir dansé une contredanse avec mademoiselle de Pons, s'était assis auprès d'elle, il lui parlait à voix basse, avec vivacité ; on triomphait ; Madame eut la cruauté d'envoyer chercher mademoiselle de La Vallière, elle reparut avec les yeux rouges et l'air le plus abattu. Le roi la regarda, s'émut, et s'éloigna de mademoiselle de Pons. Les jours suivants il ne s'approcha plus d'elle, et ne voulut plus danser. On perdit l'espoir qu'on avait conçu avec tant de joie.

Mademoiselle de Pons n'ayant pas réussi à captiver Sa Majesté, on essaya de lui présenter un appât plus séduisant. La comtesse de Soissons, qui avait été la maîtresse du roi, et qui à ce titre partageait la jalousie de Henriette, découvrit dans cette circonstance une beauté éclatante, aux formes bien prononcées, à la constitution solide, au minois éveillé et agaçant. C'était mademoiselle de La Mothe-Houdancourt, qui formait en tout, avec mademoiselle de La Vallière, un contraste frappant. Madame l'admit sur-le-champ au nombre de ses filles d'honneur, et lui donna toutes les instructions nécessaires pour le rôle qu'elle devait remplir. Il s'agissait de ravir Sa Majesté à la séduction sentimentale de La Vallière. Le roi, qui, par goût, aimait assez la variété, fut frappé des charmes robustes et sémillants de la nouvelle arrivée. Mademoiselle de La Mothe n'épargna pas ses agaceries et ses provocations ; elle fournit au roi plus d'une occasion de lui faire des aveux ; enfin le monarque, se laissant prendre à la glu, se donna la distraction qu'on lui présentait, et parut négliger quelque temps la sensible Louise.

Le parti de Madame était au comble de la joie ; on pensait que le roi allait abandonner entièrement celle qui faisait l'objet de tant de jalousie; on parlait déjà d'éloigner mademoiselle de La Mothe pour l'empêcher de prendre trop d'empire sur le cœur du monarque, et déjà on s'apprêtait à la remplacer d'une manière victorieuse par des charmes plus puissants. Mais toutes les espérances furent bientôt déçues. Louis XIV se dégoûta facilement d'une beauté qui ne lui offrait que des jouissances matérielles; son cœur demandait une satisfaction que cette dernière ne pouvait pas lui offrir. Au bout de deux mois il revint à mademoiselle de La Vallière, avec la soumission que donne le repentir et avec plus d'ardeur que jamais.

L'intimité qui existait entre le roi et Louise n'étant plus, à la cour, un mystère pour personne, la jeune reine seule conservait une entière ignorance à cet égard. Il eût été trop dangereux de lui parler ouvertement; le roi l'aurait su par elle, et c'était d'ailleurs jouer le rôle le plus odieux. On tâcha vainement de l'éclairer sans se compromettre, par ces mots équivoques, cet air mystérieux et ces mines étudiées qui disent tant de choses. Quelquefois on paraissait la plaindre en regardant sa rivale, on soupirait, on haussait les épaules, on affectait de traiter en sa présence mademoiselle de La Vallière avec une froideur remarquable ; Madame, surtout alors, montrait à cette infortunée un dédain révoltant. La pauvre Louise pâlissait, baissait les yeux, dévorait ses larmes ; on voyait à sa physionomie qu'aucun des traits lancés contre elle n'était perdu. Ils parlaient tous, nul n'était repoussé ; ils déchiraient ce cœur sensible et fier, qui, se jugeant lui-même avec tant de sévérité, croyait mériter ces outrages, les supportait toujours avec une douloureuse résignation, sans pouvoir jamais s'accoutumer à les recevoir.

Toutes ces méchancetés n'instruisirent point la reine du secret qu'on voulait lui dévoiler ; Marie-Thérèse était jalouse de mademoiselle de La Mothe, dont les agaceries avaient été si manifestes ; et cette préoccupation qui dura très-longtemps, préserva mademoiselle de La Vallière de ses soupçons.

Madame et son amie la comtesse de Soissons, outrées de l'inutilité de leurs efforts pour dessiller les yeux de la reine, consultèrent, dans un comité secret, le comte de Guiche et le marquis de Vardes, leurs amants. Le dernier proposa un moyen dangereux mais expéditif, que la haine, encore plus imprudente que l'amour, n'hésita pas à saisir, parce qu'il en attendait un plein succès.

Henriette avait une lettre du roi d'Espagne, père de la reine ; on contrefit cette écriture, et l'on composa en espagnol une lettre supposée du roi d'Espagne à la reine, dans laquelle toute l'intrigue de Louis et de mademoiselle de La Vallière se trouvait détaillée. On pensa bien qu'avec le temps la reine apprendrait que cette lettre n'était point de son père ; mais on se flatta qu'elle en serait d'abord la dupe, qu'elle se plaindrait à la reine mère, si respectée du roi ; qu'elle exigerait de Madame le renvoi de Louise ; et que du moins après un tel éclat, cette dernière, si douce, si timide, si pénétrée de sa faute, n'oserait plus reparaître et s'éloignerait pour jamais de la cour.

On était à Saint-Germain, le roi n'y devait point coucher ; il fut convenu que le soir même la comtesse de Soissons irait faire sa cour à la reine, et qu'elle glisserait adroitement dans le lit de cette princesse la lettre supposée, ce qui fut en effet exécuté. Mais la Molina, femme de chambre espagnole de la reine, trouva cette lettre, n'en parla point à sa maîtresse, et le lendemain la remit au roi. Croyant reconnaître l'écriture du roi d'Espagne, Louis, qui ne savait pas l'espagnol, se fit traduire cette lettre par la Molina, qui, après l'avoir lue, lui dit que le langage en était si mauvais et si ridicule, qu'elle ne pouvait être ni du roi, ni même d'un Espagnol. On peut juger de la colère et de l'indignation de Louis. Voulant éclaircir promptement cette affaire, son impatience ne lui permit pas d'attendre Lauzun, son confident, qui n'était pas alors à Saint-Germain; il fit sur-le-champ appeler le comte de Guiche. Le comte frémit en entrant dans le cabinet du roi : il voyait et reconnaissait entre les mains du monarque la lettre supposée; il se crut perdu... Le roi, trop agité lui-même pour remarquer son trouble, le rassura au moment même, en prenant la parole pour le charger de découvrir les auteurs de cette fourberie. Le comte tâcha de diriger les soupçons de Sa Majesté sur mademoiselle de Montpensier ; Louis répondit qu'il l'estimait, et qu'elle était incapable d'une telle bassesse. Peu de jours après, il accusa le duc et la duchesse de Navailles, et il ajouta à cette calomnie atroce plusieurs circonstances qui la rendirent tellement vraisemblable, que le roi ne douta point qu'il n'eût deviné. Alors il instruisit mademoiselle de La Vallière de tout ce qui s'était passé. La bonne Louise tenta vainement de l'adoucir; malgré ses prières et ses pleurs, la duchesse et son mari furent exilés.

Cependant la Molina, en apprenant cet événement, dit au roi qu'elle avait découvert une chose qui lui donnait de grands soupçons contre une autre personne, et elle conta que la jeune Felipa, une petite Espagnole attachée au service de la reine, étant assise derrière un rideau de fenêtre, dans la chambre de cette princesse, le soir où l'on avait remis la lettre dans le lit, avait vu la comtesse de Soissons entrer seule et furtivement dans la chambre, s'approcher du lit, en soulever la couverture, et ensuite se retirer avec précipitation : ce récit était positif. Le roi se rendit chez la comtesse, et, sans préambule, lui déclara qu'il avait la certitude d'avoir découvert l'auteur de la lettre. Lorsqu'un homme coupable perd la tête dans une occasion périlleuse, il se coupe, il se contredit mais il persiste à nier; tandis que la femme, qui manque de présence d'esprit communément, avoue sur-le-champ : en général les femmes ne savent pas lutter contre le sort. La comtesse de Soissons, quoiqu'elle fût naturellement artificieuse, convint de premier mouvement qu'elle avait écrit la lettre; mais elle eut la lâcheté de dénoncer Madame et le comte de Guiche. Le roi ordonna à la comtesse de quitter la cour sans délai;

le comte de Guiche et le marquis de Vardes furent exilés ; le duc et la duchesse de Navailles furent rappelés. Le roi eut une scène très-vive avec Madame ; il fut quelque temps sans aller chez elle ; mais les pressantes instances de mademoiselle de La Vallière l'engagèrent à y retourner. Madame était, du reste, assez punie : elle n'avait pu nuire à l'objet de sa haine, et elle perdait à la fois l'estime du roi, son amie, son amant et l'espoir de se venger.

Le roi, depuis longtemps, brûlait du désir de soustraire son amante à la domination impérieuse de Madame, et de s'affranchir lui-même d'une contrainte pénible, en déclarant publiquement le choix coupable de son cœur. Il parla de son projet à mademoiselle de La Vallière, qui s'y opposa avec autant de force que de sincérité ; sa première objection fut la juste douleur que cet éclat causerait à la jeune reine.

« Vous vous trompez sur ses sentiments, répondit Louis ; je vous assure qu'elle n'a point de passion pour moi.

— Ah ! cela est impossible ! s'écria la fille d'honneur ; je vous en conjure, n'ajoutez pas à la faiblesse que je dois me reprocher, le tort affreux d'indigner et d'affliger la vertu ! Je suis assez coupable, ne me rendez pas odieuse. Songez à votre propre gloire, c'est la mienne aujourd'hui ; je n'en ai point d'autre !.... Laissez-moi l'oubli, l'obscurité, s'il est possible ; l'éclat et la renommée ne peuvent être pour moi désormais qu'une flétrissure... L'admiration qu'on a pour vous ne saurait me justifier, mais elle m'excuse, et surtout elle me console. Ne l'affaiblissez pas en montrant publiquement le mépris de la foi conjugale. On respectera vos faiblesses tant qu'on vous verra soigneux de les cacher, et qu'on ne pourra que les découvrir ; mais quand vous les afficherez vous-même, vous devra-t-on de l'indulgence ?... Et moi, quel serait mon désespoir de voir s'altérer pour vous la vénération publique, et d'en être la fatale cause ! »

Le roi fut touché d'une si noble résistance, mais il était bien éloigné de renoncer à un projet auquel il attachait le bonheur de sa vie.

Au milieu de ces circonstances, un moment terrible et redouté arriva. Mademoiselle de La Vallière se trouva enceinte. Après avoir caché pendant neuf mois sa grossesse, autant qu'elle le put, elle ressentit un soir à Saint-Germain les douleurs de l'enfantement. Elle fit avertir le roi, qui accourut aussitôt avec un médecin qu'il avait mis dans son secret, une garde-malade et mademoiselle d'Artigni, devenue la marquise de Sourdis. Les souffrances de Louise furent extrêmement prolongées par la contrainte affreuse qu'elle s'imposa ; l'infortunée craignant d'être entendue, ne jeta pas un cri, ne poussa pas un gémissement. Le médecin l'exhortant à ne pas étouffer ses douleurs :

« Ah ! répondit-elle, il ne m'est pas permis de me plaindre ! »

Louis ne se montra jamais si tendre et si passionné ; il ne voulut point consentir à la quitter un seul instant. Baigné de larmes, il interrogeait le médecin à chaque minute ; nulle réponse ne pouvait le rassurer : il la voyait souffrir, il craignait tout ; il répétait avec égarement :

« Sauvez-la, c'est ma vie que je vous demande ! tout ce que je possède est à vous, sauvez-la ! »

Mademoiselle de La Vallière oublia bientôt ses douleurs, ses craintes et sa honte : elle était mère, elle tenait son enfant entre ses bras !... Le roi, dans son transport, embrassa tout ce qui était dans sa chambre ; sa joie fut aussi touchante que l'avait été son inquiétude.

Cependant la fille d'honneur, après avoir goûté quelques heures de repos, se réveilla avec une sorte d'effroi, en pensant que la reine viendrait à midi dans sa chambre. En effet, cette princesse, qui allait tous les jours à la messe dans une chapelle particulière, traversait l'appartement de mademoiselle de La Vallière, afin d'éviter un détour assez long. Il était convenu qu'on l'empêcherait d'entrer ; mais Louise, afin d'éloigner tout soupçon, prit tout à coup l'étrange résolution de la recevoir. Elle fit remplir sa chambre de tubéreuses, son lit en fut entouré ; en respirant ces parfums réputés si dangereux dans son état, elle croyait exposer sa vie, mais elle espérait sauver son honneur... La reine vint; on lui dit que mademoiselle de La Vallière était un peu malade, et l'on ouvrit les portes. Marie-Thérèse s'approcha du lit de Louise et lui parla avec bonté. Une demi-heure après, la malade s'évanouit; néanmoins le lendemain elle eut le courage de se lever, de s'habiller pour recevoir la reine, de la conduire jusqu'à la chapelle, et le soir de paraître un moment au cercle de Madame.

Malgré tant de courage et de précautions, cet événement ne fut ignore que de la jeune reine ; tout le monde en fut instruit, et mademoiselle de La Vallière n'eut pas même la consolation de pouvoir s'abuser à ce sujet, car on lui fit sentir de mille manières que son secret le plus intime était connu. Elle redoubla de prudence et de mystère : trop naïve et trop sincère pour dissimuler ses sentiments, elle voulait du moins qu'il fût impossible de lui reprocher le scandale d'une conduite audacieuse ; et qu'enfin, si elle ne pouvait échapper aux soupçons, personne n'eût le droit affreux de l'accuser avec certitude.

Si Marie-Thérèse ignorait encore l'intimité qui existait entre Louise et le monarque, la reine mère avait été mise, on ne sait de quelle manière, au courant de toute cette intrigue amoureuse. Elle en parla bientôt à Madame, qui prit bien garde de la dissuader et de combattre ses soupçons à cet égard. Anne d'Autriche crut dans cette circonstance qu'il était de son devoir d'agir, et d'éloigner, de sa propre autorité, celle qui pouvait compromettre le bonheur de la jeune reine ainsi que la majesté du trône : elle fit donc mander chez elle mademoiselle de La Vallière. Cet ordre était si extraordinaire, que Louise hésita à s'y rendre avant d'avoir consulté le roi. Cependant un second message arriva, et si pressant, qu'elle ne put se dispenser d'obéir. Elle trouva la reine mère dans sa chambre grise, et Madame à côté d'elle. La vue de celle-ci la glaça; il partit des yeux de Henriette un éclair de vengeance, que la pauvre Louise ne put soutenir : elle rougit, baissa la tête, et s'avança plus morte que vive.

« Vous voilà, ma mie, lui dit la reine; savez-vous ce qu'on vous veut?

— Non, madame, répondit la fille d'honneur; mais j'attends vos ordres pour obéir.

— Qu'elle est d'une belle soumission, s'écria Madame avec ironie, et que c'est admirable!

— Tant mieux, qu'elle soit soumise, reprit la reine; nous n'aurons pas à répéter les mêmes choses. Vous comprenez donc, mademoiselle, que vous ne pouvez demeurer au château.

— Mais, madame, d'où vient?...

— Vous le savez de reste, dit la mère de Louis XIV; à moins que vous ne vouliez qu'il y ait deux reines dans le royaume de France. »

Mademoiselle de La Vallière faillit s'évanouir, épouvantée de cette apostrophe et de l'abominable perfidie de Madame, qui faisait servir le nom de la reine à sa vengeance. Louise regarda avec terreur la princesse : elle était radieuse.

« Ainsi, c'est entendu? reprit Anne d'Autriche en se levant pour passer dans la seconde chambre; vous allez retourner d'où vous êtes venue, madame de Choisy vous remmènera... Toutefois, n'oubliez pas de remercier Madame de ses bontés.

— Non, non, répliqua Henriette; qu'elle parte! je la dispense du reste. »

Et là-dessus les deux princesses tournèrent le dos à la fille d'honneur.

Celle-ci rentra chez elle, égarée, folle...

« Chassée! s'écria-t-elle; honteusement chassée!... Que va-t-on penser de moi?... que va dire ma pauvre mère?... Grand Dieu! je suis perdue! »

Cette journée fut affreuse pour Louise; elle versait des larmes, elle poussait des cris, des soupirs, et, ainsi qu'une insensée, elle se promenait dans sa chambre, parlant à tous les objets qui étaient autour d'elle, comme pour leur dire adieu ou leur demander du secours; puis elle s'arrêtait subitement, et se remettait à pleurer avec une nouvelle force. Elle croyait voir sa mère qui lui reprochait son déshonneur, et elle se jetait à ses pieds, lui demandait pardon, et la priait de ne pas la maudire. Parfois, c'était l'image du roi qui revenait à son esprit; et l'idée qu'elle allait le quitter à jamais la jetait dans un désespoir et dans des transports plus affreux que tout le reste.

Le roi vint la visiter vers le soir. Il ignorait tout ce qui s'était passé. Mademoiselle de La Vallière était entièrement abattue par la fatigue; cependant elle ne pleurait plus. Malgré tous ses efforts pour dissimuler sa douleur, elle ne put commander assez à son visage pour que le roi n'y aperçût pas les traces d'une profonde affliction. Il lui demanda aussitôt ce qu'elle avait. Le premier mouvement de Louise fut de tout déclarer à son amant, car sa vue l'avait un peu ranimée; mais la pensée du désordre qu'elle allait exciter au sein de la famille royale l'empêcha de parler. Elle prévoyait la colère de Sa Majesté, ses éclats contre Madame, peut-être contre la reine mère; elle tremblait même que le bruit n'en arrivât aux oreilles de Marie-Thérèse; et elle se voyait jetée au milieu de ce mouvement comme une cause de trouble et de scandale. Cette vue la fit frémir; ses larmes recommencèrent à couler. Excité par quelque soupçon de jalousie, le roi insista; elle se mit à sangloter. Alors la colère de Louis n'eut plus de bornes; il éclata, menaça; et, ne pouvant obtenir aucune parole, il sortit furieux.

Alors elle se trouva seule, seule tout à fait. Celui-là même à qui elle avait tout sacrifié l'abandonnait! Ce dernier coup lui enleva ce qui lui restait de raison. Cependant elle se rappela une ancienne convention qu'elle avait faite avec le roi, après une première mais bien douce querelle, convention par laquelle les deux amants s'étaient engagés à ne jamais s'endormir sans se raccommoder et s'écrire. Cette pensée la remit un peu, et elle attendit la lettre du roi. Hélas! minuit, une heure, sonnèrent, et la lettre n'arriva pas. Elle attendit toute la nuit, et elle ne reçut pas la consolation qu'elle désirait. Quand le jour fut venu, sa tête se perdit entièrement; elle se jeta à genoux devant sa fenêtre, et prenant tout à coup un parti décisif, elle s'écria :

« Puisqu'il ne me reste plus que Dieu pour consolateur, donnons-nous à lui ! »

Aussitôt elle fit un paquet de quelques hardes, et se glissant par les petits escaliers, elle gagna au plus vite une des portes du château. Elle trouva sur ses pas une bonne vieille femme qui se dirigeait vers la rivière :

« Ma bonne, lui dit-elle, n'est-ce pas par là le chemin de Chaillot?

— Si fait, lui répondit la vieille, et je n'en vais pas fort loin.

— En ce cas, marchons de compagnie; vous m'obligerez beaucoup. Tenez, ajouta Louise en lui donnant les hardes qu'elle avait emportées, ceci est pour vous.

— Dieu vous le rende, ma belle dame; voilà une journée qui commence bien.

— Oui, dit la fille d'honneur, et que Dieu veuille vous entendre! »

La vieille, ayant accompagné mademoiselle de La Vallière jusqu'à Chaillot, lui indiqua le couvent des sœurs de Sainte-Marie, et la quitta.

Louise attendit quelque temps au parloir; enfin la grille s'ouvrit, et une tourière parut. La fille d'honneur demanda à parler à la supérieure du couvent. On lui répondit qu'on était en retraite et qu'on ne pouvait voir ni la mère, ni personne.

« Au nom de Dieu, dit-elle, ne me refusez pas! Dites à la mère que c'est une personne affligée qui vient vers elle, et qui voudrait entrer en religion. »

La sœur tourière s'en alla, et mademoiselle de La Vallière resta dans le parloir, assise sur un banc de bois qui se trouvait contre la muraille.

Il se passa une grande heure sans que la sœur revînt. Alors un sombre abattement s'empara de la pauvre repentante; elle promena ses regards sur ces vieux murs qui l'entouraient, et elle se demanda quel refuge lui resterait au monde, si même dans cette maison elle ne pouvait trouver un asile. Elle aurait de bon cœur fait l'abandon de sa jeunesse et de la cour, pour un peu de calme dans ce petit couvent. Le désespoir commençait à la saisir ; elle s'agenouilla devant un crucifix, tournant de temps en temps les yeux vers la grille, qui ne s'ouvrait pas. Dans son angoisse, elle crut que Dieu ne voulait pas d'elle, ou la réservait à de plus grandes épreuves. Enfin, désolée, n'en pouvant plus, car la fatigue et le manque de nourriture l'avaient épuisée, elle perdit peu à peu l'usage de ses sens, et tomba sur le pavé, froide et presque sans vie.

Quand elle rouvrit les yeux, elle se trouvait dans l'intérieur du cloître, entourée de religieuses qui lui prodiguaient leurs soins et leurs caresses.

Louis XIV, en apprenant la fuite de sa maîtresse, fut dans la plus grande inquiétude. Soupçonnant le motif qui l'avait poussée à cette extrémité, il se mit en colère en présence de la reine mère, en donnant les marques de la plus grande douleur. Anne d'Autriche, voyant avec peine l'exaspération de son fils, crut devoir lui faire remarquer l'inconvenance de ses démonstrations :

« Pour un souverain, vous n'êtes guère maître de vous-même ! lui dit-elle avec un ton de reproche.

— Si je ne le suis pas de moi, répondit-il, je le serai de ceux qui m'outragent. »

Louis XIV fit aussitôt appeler l'intendant de police La Reynie, et lui ordonna de mettre tout en œuvre pour découvrir les traces de la belle fugitive. La Reynie ne tarda pas à connaître le lieu où s'était cachée mademoiselle de La Vallière ; il en fit part au roi, qui, tout joyeux, se jeta sur la route de Chaillot et alla frapper à la porte du couvent.

Quelques vieilles nonnes, peu ambitieuses de plaire au monarque, voulurent arrêter Sa Majesté sur le seuil du parloir ; mais la supérieure, mieux apprise, jugea que la grille d'un cloître devait céder au moindre attouchement d'un sceptre; Louis parvint donc au milieu de cette enceinte sacrée.

Mademoiselle de La Vallière, retirée au fond de la cellule qu'on lui avait donnée, était loin de penser que son illustre amant songeât à s'introduire dans le séjour de la pénitence. Assise près d'une petite fenêtre ouvrant sur les jardins, elle rêvait profondément et soupirait quelquefois, tandis que le vent agitait, avec un léger bruit, les pampres enlacés autour des barreaux de sa croisée. Le chagrin amer de la nouvelle recluse s'était un peu calmé; il semblait sommeiller dans le sein de cette mélancolie qui, comme une autre atmosphère, enveloppe en quelque sorte les habitants du cloître. L'âme candide de mademoiselle de La Vallière, créée pour les douces impressions, se laissait aller à cette calme félicité; elle croyait dévotement aux ressources de la prière, et se flattait d'oublier les éclatantes séductions du monde, qui bientôt ne lui apparaîtraient plus que dans le lointain de sa pensée.

Tout à coup, un bruit confus de pas et de voix se fait entendre dans le long corridor; ces voix, ces pas, ce sont ceux d'êtres virils qui, pour la première fois, pénètrent dans cet asile de la chasteté et du repentir. Louise a reconnu les accents du roi, dont le souvenir s'était un moment assoupi en elle. C'en est fait, son cœur palpite, la grâce s'éloigne; l'amour profane se rallume.

« Mon Dieu, ne m'abandonnez pas! » dit la pauvre recluse en entendant ouvrir avec fracas la porte de sa cellule.

Louis XIV, en apercevant celle qu'il aime, ne peut retenir son émotion; il se précipite dans la cellule, et sans considérer que les religieuses le regardent, il se jette dans les bras de sa Louise, qu'il presse contre sa poitrine et qu'il couvre de mille baisers.

« Venez, dit Louis XIV, venez .. votre vocation ne vous appelle pas ici; je ne souffrirai pas que la crainte fasse violence à vos intentions.

—Je n'y serais pas venue. Sire, il est vrai, si je n'avais craint d'offenser par ma présence d'augustes personnages; mais maintenant, permettez-moi d'y rester pour y obtenir le pardon des fautes que j'ai commises.

—Vous voulez donc m'abandonner, Louise? dit doucement Louis XIV; je serai donc aussi la victime des tracasseries que l'on vous suscite?

— Je ne puis retourner convenablement à la cour, où un regard de la reine est une condamnation pour moi.

— La reine vous estime; il n'y a que des jaloux qui puissent trouver à blâmer l'amitié que je vous porte.

— Je vous en supplie, Sire, laissez-moi dans ces lieux pleurer mon innocence, et reconquérir du moins la paix de l'âme.

— Louise, vous ne m'aimez pas... vous ne m'avez jamais aimé!

— Je ne vous ai jamais aimé, Sire! dit mademoiselle de La Vallière en soupirant. Je ne vous ai jamais aimé! et cependant je vous ai sacrifié tout ce que j'avais de plus cher; et aujourd'hui, ajouta-t-elle en se levant, au milieu de cette maison religieuse et de ces objets sacrés, une seule chose m'occupe l'esprit, c'est votre image; un seul sentiment me remplit le cœur, c'est mon amour pour vous!

— Si vous m'aimez véritablement, Louise, suivez-moi. Je ne puis vivre sans votre présence; venez, ne craignez rien, et malheur à ceux qui oseraient désormais vous causer la moindre douleur!

— Sire, je ne sortirai d'ici que lorsque vous m'aurez promis de pardonner aux personnes qui pourraient, à cause de moi, avoir encouru votre ressentiment.

— Je vous le promets, ange du ciel, dit Louis XIV en entraînant sa Louise adorée; une parole de vous désarmera toujours ma vengeance et ma colère. »

La belle fugitive, cédant à un mouvement de son cœur, se laissa emmener hors du couvent, non sans remercier l'abbesse de ses bontés, non sans jeter un dernier regard sur la cellule qui avait, pendant quelques jours, donné à son âme un peu du calme dont elle avait tant besoin.

Louis XIV, qui avait depuis quelques années l'intention de donner une maison à mademoiselle de La Vallière, afin de l'affranchir de la servitude sous laquelle elle gémissait, avait fait acheter l'hôtel Biron, à Versailles. Les somptueux bâtiments du château de Versailles étaient presque achevés, et la cour avait quitté Saint-Germain pour s'installer dans le nouveau palais.

Mademoiselle de La Vallière refusait depuis longtemps la faveur que son amant voulait lui accorder. Elle redoutait le scandale que son établissement devait produire, et elle fit tous ses efforts pour détourner Louis d'accomplir son dessein. Mais le roi prétendit qu'après l'éclat de la fuite à Chaillot, le mystère était désormais superflu ; il ajouta qu'il ne pouvait plus la voir supporter les hauteurs et les dédains affectés de Madame ; enfin il pressa, conjura avec les plus vives instances : il ne put arracher un consentement formel, mais il se conduisit comme s'il l'eût obtenu. Il mena sa maîtresse à l'hôtel qu'il lui avait destiné : tout était prêt pour la recevoir, et le premier objet qui s'offrit aux regards de Louise fut sa fille chérie, qu'elle prit aussitôt dans ses bras et à qui elle prodigua les plus tendres caresses.

Peu de jours après, le roi reconnut, par acte authentique, l'enfant encore au berceau de mademoiselle de La Vallière, et qu'on appela depuis mademoiselle de Blois. Il fit aussi l'acquisition de la terre de Vaujour, qu'il érigea en duché-pairie, et dont il gratifia son amante, devenue, par cette dotation, duchesse de La Vallière. Les lettres patentes délivrées à cette occasion étaient ainsi motivées :

« Nous avons cru ne pouvoir mieux *exprimer dans le public* l'estime que nous faisons de la personne de *notre chère bien-aimée et très-féale* Louise-Françoise de La Vallière, qu'en lui conférant les plus hauts titres *d'honneur* en foi de l'estime qu'une affection *très-singulière,* excitée dans notre cœur par une infinité de rares perfections, nous a inspirée depuis quelques années en sa faveur. »

Ce fut en vain que le plus grand roi employa toute sa puissance pour élever l'objet de son amour ; la malheureuse duchesse, au milieu de la pompe de sa nouvelle fortune, se sentit plus que jamais affaissée sous le poids accablant de la honte !... Après la déclaration du Parlement qui assurait à ses enfants le rang de princes du sang, elle conjura le roi de la laisser vivre obscurément dans un coin retiré de Versailles ; elle refusa tous ses dons, mais Louis la força de les accepter ; il employa pour l'y contraindre toute l'autorité du monarque le plus absolu et tout l'empire d'un amant adoré.

Les souverains peuvent accorder des places éminentes et prodiguer des richesses, mais ils n'ont point de trésors qui puissent racheter l'honneur. La duchesse de La Vallière ne vit dans ces faveurs éclatantes que de nouveaux sujets de confusion. Il lui fut impossible de prendre congé de Madame, elle n'aurait pu soutenir ses regards ; elle lui fit remettre sa démission avec les formes les plus respectueuses, et elle s'enferma dans la superbe demeure que l'amour avait embellie pour elle. Ce fut avec une profonde humiliation qu'elle se trouva dans cette maison magnifique.

« Enfin, dit-elle, me voici donc rangée dans la classe méprisable de ces femmes altières que l'histoire marque à jamais du sceau de l'infamie! Tout ce faste qui m'environne, en affichant ma honte, me ravit tout ce qui pouvait l'excuser : hélas ! je m'étais donnée ; l'univers entier pourra croire que je me suis vendue ! Qu'est-ce, en effet, à tous les yeux, que la maîtresse déclarée d'un roi? la courtisane la plus célèbre de la nation !... Oh ! comment supporter cet excès d'ignominie !... »

Cette réflexion terrible la frappa tellement, que, malgré les prières du roi, elle fut plus de quinze jours enfermée, sans pouvoir se résoudre à sortir ni à recevoir ses amis, même les plus intimes.

Elle avait trouvé, dans sa chambre, un écrin rempli de ses plus beaux diamants ; elle n'en voulut pas garder un seul, elle les fit vendre tous, et avec l'argent qu'elle en retira, elle fonda deux hôpitaux, l'un pour de pauvres vieillards, et l'autre pour l'éducation de jeunes orphelines.

Enfin il fallut reparaître à la cour, le roi l'exigea formellement. La duchesse, en sortant de sa maison, fut épouvantée de voir autour de sa chaise une multitude de gens du peuple que la curiosité rassemblait; elle crut apercevoir sur tous les visages l'expression du mépris insultant ou de la haine contrainte : pâle, tremblante, elle osait à peine lever les yeux, et son trouble s'accrut encore lorsqu'elle entra dans le château; tous les courtisans qu'elle rencontra s'empressèrent autour d'elle, mais ces nouveaux hommages ne firent qu'augmenter sa confusion. On crut qu'elle allait s'évanouir, lorsque arrivée chez la reine, elle aperçut cette princesse : il lui fut impossible de proférer une seule parole; sa pénible émotion fut si visible, que la reine même y parut compatir, et lui parla avec cette douceur qui la caractérisait. La duchesse s'inclina profondément, et ses yeux se remplirent de larmes. Madame lui fit beaucoup moins de mal en la recevant avec la froideur la plus dédaigneuse.

La duchesse de La Vallière se promit bien de ne retourner que rarement à la cour : jamais, depuis sa faute, elle ne s'était trouvée si malheureuse; jamais ses remords n'avaient eu autant d'amertume.

Cependant, tant de secousses et d'agitations violentes altérèrent si visiblement la santé de Louise, que le roi commença à concevoir quelques inquiétudes. Il consulta secrètement son premier médecin sur l'état de la duchesse; on pensa qu'un air plus pur lui serait salutaire, et l'on partit aussitôt pour Saint-Germain. La duchesse eut dans ce lieu une maison séparée, avec un grand jardin qui touchait à la forêt.

Un jour qu'elle se trouvait dans son jardin, entourée de plusieurs personnes de ses amies, on vint lui annoncer qu'un prêtre vénérable venait implorer son assistance. Ce prêtre, curé d'un village voisin, faisait une quête pour le soulagement de quelques familles infortunées qui venaient d'avoir le malheur de perdre tout leur bien dans un incendie.

MADEMOISELLE DE LA VALLIÈRE AU CHATEAU DE SAINT-GERMAIN.

(Mystères des Vieux Châteaux de France)

La duchesse ayant fait venir le prêtre au milieu de sa compagnie :

« Mon père, lui dit-elle, on m'a fait la peinture la plus touchante des désastres causés par l'incendie ; je voudrais bien me transporter sur le lieu du sinistre... »

Elle attendait une réponse, et n'en recevant point :

« Je vous prie, mon père, reprit-elle, de m'apprendre quelle est la famille la plus intéressante de votre village. L'argent que je dois vous remettre aujourd'hui est destiné à soulager tous les malheureux incendiés ; mais, en outre, je voudrais prendre soin d'une famille... »

A ces mots, la duchesse entendit soupirer l'ecclésiastique, mais elle n'obtint pas de réponse.

« Eh quoi ! dit-elle, craignez-vous de me confier le sort de quelques infortunés ?... Craignez-vous de remettre en mes mains de jeunes orphelines ?... Je n'ai pas droit de m'offenser de cette défiance, cependant elle n'est pas fondée... Mon père, je leur tairai mon nom, et je placerai les enfants dans des colléges et dans des couvents... »

Ici la duchesse s'arrêta ; le vénérable pasteur versait des larmes. Elle le regarda alors avec intérêt, cherchant à découvrir le sujet de son émotion. Tout à coup la duchesse est saisie elle-même d'une vive agitation ; elle vient de reconnaître les traits du prêtre secourable : c'est l'ami de son enfance, celui qui lui donna de pieux conseils, et lui fit faire sa première communion.

« O mon père, s'écrie-t-elle, Dieu me pardonnera, je suis si malheureuse !

— Oui, dit enfin le vieillard en lui prenant la main, une telle âme doit revenir à lui !... »

Ses larmes continuant à couler, il se retira en priant la duchesse de lui permettre de la visiter de temps en temps. Louise acquiesça volontiers à la demande qui lui était faite, et fit remettre à son ancien directeur une forte somme pour être distribuée aux malheureux incendiés.

Cependant la duchesse ne tarda pas à recouvrer entièrement la santé. Le roi la demandant à Versailles, elle y retourna malgré elle, et chercha à faire oublier sa position par tous les dehors de la plus grande réserve et de la plus grande modestie.

Louise était bien la favorite la moins ambitieuse qu'on ait jamais vue. Bien différente des favorites ordinaires, elle n'abusa en aucune occasion de son autorité, de son crédit. Elle aimait, comme dit madame de Caylus, le roi et non la royauté. Ses intrigues se bornaient à solliciter vivement en faveur des personnes qui avaient déplu à Louis, et précisément à cause d'elle et de la faveur dont elle jouissait. Elle n'était jalouse que de faire du bien à tous ceux qui avaient besoin d'être aidés ou secourus par elle, même sans leur préférer ses parents. Elle avait un frère au service de Louis XIV : non-seulement elle ne demanda jamais rien pour lui à son amant, mais elle n'apprit même cette particularité au roi que dans une circonstance où elle fut obligée de le faire pour se disculper. Le frère de la duchesse était jeune, et avait fait sa première campagne parmi les cadets de la maison du roi. Louis XIV, faisant la revue de ses troupes à Versailles, s'aperçut que sa maîtresse souriait amicalement à un jeune officier qui, de son côté, l'avait saluée plusieurs fois d'un air de connaissance. Le roi fit semblant de ne rien voir, mais un sentiment de jalousie s'était déclaré dans son cœur. Le soir même, le monarque demanda à Louise, d'un ton sévère et irrité, quel était ce jeune homme. Elle se troubla d'abord : la colère du roi lui avait inspiré une telle crainte, qu'elle ne pouvait s'expliquer.

« Quel est ce jeune homme? répondez! dit le roi en s'agitant ; quel est ce cadet à qui vous faisiez tout à l'heure de si douces mines?

— Ah! Louis! Louis! dit mademoiselle de La Vallière en pleurant, je croyais être à l'abri de pareils soupçons...

— Vous ne répondez pas à ma question, madame.

— Des soupçons! répéta la duchesse en pleurant ; les ai-je donc mérités?

— Il ne s'agit pas de savoir si vous les avez mérités, dit le roi d'une voix forte; mais de les détruire par vos explications.

— Quelle humiliation ! s'écria-t-elle.

— Quel est ce jeune homme? je veux le savoir; si vous ne me répondez pas catégoriquement, je le fais arrêter, et punir de sa témérité !

— Ce jeune homme est mon frère, dit la duchesse avec dignité.

— Votre frère!... O ma Louise, je vous demande pardon de mon emportement. Quand on aime bien, on désire conserver sa conquête. Ma jalousie est la conséquence de mon amour; et j'espère qu'à cause de ce dernier sentiment, vous voudrez bien me pardonner le premier.

— Vos soupçons m'avaient blessée, Sire; mais je comprends parfaitement ce qui vous a fait agir ainsi. Seulement je vous prierai, à l'avenir, de me demander vos explications un peu plus doucement : alors, n'étant pas troublée, je pourrai vous répondre plus vite et plus clairement.

— Mais pourquoi aussi ne pas m'avoir dit depuis longtemps que vous aviez un frère dans mes armées? Pouvais-je donc m'imaginer que votre discrétion serait poussée à ce point?

— L'occasion ne s'en est jamais offerte.

— Il est toujours temps de faire avancer un gentilhomme dont j'honore la sœur de mon affection.

— Votre Majesté, Sire, ne doit rien à ma famille, rien à moi-même, qu'un peu de retour au plus tendre attachement... Le reste ne peut me flatter, et m'humilie quelquefois. »

Le roi ayant fait appeler le jeune officier qui avait causé sa jalousie, lui donna d'abord un régiment à commander, et lui confia ensuite le gouvernement du Bourbonnais.

La naissance du comte de Vermandois fut fatale à la duchesse sa mère. Par suite de ses couches, elle perdit une partie de ses charmes extérieurs : ses yeux avaient conservé leur douceur, mais sa figure devint pâle et son teint n'eut plus la même fraîcheur. C'est pendant cet état de la duchesse que madame de Montespan réussit à attirer sur elle l'attention du roi.

La marquise de Montespan, âgée alors de vingt-deux ans, joignait à la régularité des traits, à la perfection de la taille et de la beauté, toute la fraîcheur de la première jeunesse, et la physionomie la plus animée et la plus piquante. Son esprit avait peu d'étendue et de solidité, mais il était original et brillant. Un certain tour vif, ingénieux et caustique, donnait à sa conversation une sorte de singularité frappante, surtout à la cour. Elle savait varier ce ton épigrammatique : quelquefois il était sérieux et ressemblait à de la raison ; plus souvent la gaieté la plus aimable en faisait excuser la malignité. Elle possédait deux grands moyens de plaire et de réussir dans le monde : elle avait de la fausseté dans le caractère et du naturel dans l'esprit. A la fois insatiable et frivole dans ses désirs, elle voulait dominer, non pour conduire et régner, mais seulement pour paraître ; elle ne voulait s'élever que pour attirer et fixer sur elle tous les regards ; enfin, quoiqu'elle n'eût point d'avarice, elle était avide de richesses, mais pour les prodiguer avec faste. Elle avait pour but unique de dominer et de montrer de la magnificence.

La marquise de Montespan parut se passionner tout d'abord pour mademoiselle de La Vallière, dont elle obtint la plus tendre amitié et toute la confiance. La duchesse lui ouvrit son âme tout entière ; elle lui laissa voir ses scrupules, ses remords, sa tristesse, et ce sentiment si profond, cet amour accru par tant de peines et de sacrifices, qu'elle ne pouvait plus ni surmonter ni modérer. La marquise la plaignit, et surtout loua son repentir ; elle convint et elle répéta qu'avec tant de délicatesse, elle ne serait jamais heureuse en se livrant à une passion qu'elle se reprochait si vivement.

« Hélas ! répondit Louise, si je pouvais m'arracher d'auprès de lui sans le désespérer, j'en aurais peut-être encore le courage ! Mais l'affliger, lui percer le cœur, empoisonner le reste de sa vie, pour prix de tant d'amour, de soins et de constance! non, je n'aurai jamais cette force inhumaine... »

A de semblables discours, madame de Montespan tombait dans une espèce de rêverie dont elle ne sortait que pour s'attendrir encore sur le sort de son amie. Elle était la première personne de la cour qui, loin de combattre les remords de mademoiselle de La Vallière, eût l'air de les comprendre et de les approuver.

« Enfin, se disait Louise, je trouve donc ici une véritable amie! »

Elle ne vit d'abord madame de Montespan qu'en particulier, presque toujours tête à tête; ensuite, pour la voir davantage, elle désira qu'elle fût admise dans la société intime du roi. Lauzun s'unit à elle pour prévenir le roi en sa faveur; et Louis bientôt, en la connaissant, souscrivit à tous les éloges qu'on lui prodiguait.

Louise, qui craignait toujours que le roi ne s'ennuyât chez elle, s'aperçut avec plaisir que la conversation et les saillies de la marquise amusaient son amant; elle remerciait avec ingénuité son amie de tous les frais qu'elle faisait pour plaire au roi. Madame de Montespan, instruite par les entretiens et les confidences de la duchesse, connaissait parfaitement les goûts, le caractère et le genre d'esprit de Louis; elle sut profiter de cet avantage avec une adresse profonde. Sous l'apparence de la légèreté, quelquefois même de l'étourderie, elle flattait le roi de mille manières indirectes, sans qu'il dût lui en supposer le dessein. Elle montrait des opinions qui s'accordaient avec les siennes, et des sentiments qui le touchaient. Toujours variée, toujours ingénieuse, elle conservait dans tous les moments cette mesure, cette délicatesse qui peuvent seules donner de la grâce à la gaieté. Toute cette séduction, réunie aux charmes d'une figure ravissante, produisit l'effet qu'elle en attendait.

Les amis de mademoiselle de La Vallière ne virent pas sans jalousie l'intimité de sa liaison avec madame de Montespan. La duchesse connaissait leur égoïsme et leur ambition : elle démêla sans peine leurs vrais motifs, et cette pénétration l'aveugla sur la vérité des avertissements qu'on lui donna. On lui fit entendre que cette nouvelle amie, si jeune, si brillante, épouse d'un homme bizarre et ridicule, qu'elle méprisait et dont elle se moquait ouvertement, pourrait devenir une rivale dangereuse. Cette idée parut à la duchesse une calomnie atroce; c'était, à ses yeux, noircir le caractère du roi, et sa sécurité sur ses sentiments était inébranlable. Bientôt l'amitié de la duchesse n'eut plus de bornes pour madame de Montespan. Elle voulut que son amie eût un logement dans sa maison, afin de passer deux ou trois jours entiers de la semaine avec elle. Tant de tendresse commençait à causer de l'embarras à la marquise; ses projets étaient arrêtés, et tout le monde les secondait. Madame l'attira chez elle, et le roi retourna plus souvent chez sa belle-sœur : là, il entendait sans cesse louer ou citer madame de Montespan; on vantait sa beauté, son naturel, son esprit; on ne laissait pas échapper une occasion de la faire valoir. Louis écoutait et regardait l'objet de tant d'éloges avec autant de trouble que d'étonnement. Il ne pouvait s'empêcher d'être de l'opinion de tout le monde; il trouvait la marquise adorable. Néanmoins, madame de Montespan était si différente de mademoiselle de La Vallière, que trouver celle-là charmante était presque une infidélité envers celle-ci; on ne pouvait en vérité aimer l'une encore, en admirant l'autre avec sincérité.

Madame, qui poursuivait son système de vengeance à l'égard de la pauvre Louise, faisait tous ses efforts pour nuire à celle qu'elle considérait toujours comme sa rivale. Voulant ménager à la marquise une occasion de voir le roi secrètement, elle donna à la cour un bal masqué. Parmi les masques, le roi ne chercha que madame de Montespan; à l'aide d'un signalement qui lui avait été donné, il n'eut pas de peine à la découvrir; et bientôt on vit deux masques s'éloigner de la foule et entrer dans un cabinet écarté. La belle marquise reçut une déclaration sans trop d'embarras, et un rendez-vous fut indiqué pour le lendemain.

Cependant le roi, dans l'ivresse d'un triomphe brillant et d'un nouvel amour, n'était pas sans remords et sans inquiétude; tous ses sentiments pour mademoiselle de La Vallière n'étaient pas éteints; il ne se la représentait plus sous les traits ravissants qui l'avaient charmé, mais elle était encore à ses yeux la plus intéressante de toutes les femmes. Madame de Montespan sut dissiper ses scrupules : ce n'était pas assez pour elle de le rendre infidèle, il fallait le rendre ingrat. Afin de ne pas avoir l'air de jouer un rôle si évidemment odieux, elle ne craignit pas de faire l'éloge du caractère de la duchesse; elle savait que l'estime peut fortifier l'amour, mais qu'elle ne le rallume pas. La marquise, en rendant justice aux vertus de la duchesse, prétendit qu'elle n'avait jamais véritablement aimé Louis, puisqu'elle avait pu conserver des regrets; elle assura que l'amour ne se rappelle ses sacrifices que pour s'applaudir de les avoir faits, et que, lorsqu'il est extrême, il se croit justifié, et qu'il l'est en effet, puisqu'il cède à une force irrésistible. Le roi se laissa facilement persuader ce qu'il désirait si vivement qui fût vrai; d'ailleurs il trouvait dans madame de Montespan tous les emportements de la passion. Lorsqu'il comparait cette violence à la douce et profonde sensibilité de Louise, il se disait qu'il était aimé pour la première fois; l'amour l'enivrait, et néanmoins ne pénétrait pas son cœur comme il l'avait jadis été. Les transports tumultueux ne laissent que des idées fugitives et confuses; mais le charme de la tendresse en répand un si doux sur les souvenirs! Louis, cependant, trop certain que la duchesse n'apprendrait son changement qu'avec une vive douleur, voulut cacher sa nouvelle intrigue. Madame de Montespan, qui avait des ménagements à garder et des précautions à prendre, désirait aussi que sa faiblesse fût ignorée, du moins pendant quelque temps : ainsi l'on se conduisit, de part et d'autre, avec un grand mystère, mais qui ne fut impénétrable que pour la pauvre duchesse.

Vers ce temps mourut Philippe IV, père de la reine. Louis eut des prétentions sur les Pays-Bas, et la guerre fut résolue. Le roi annonça qu'il irait en Flandre, et qu'il se mettrait à la tête de son armée. En effet, aussitôt que la saison permit d'ouvrir la campagne, il partit pour la Flandre. Ce départ plongea deux personnes dans un état véritablement digne de pitié, la reine et la duchesse de La Vallière. Mais l'une recevait des consolations de tout genre, et rien n'adoucissait les chagrins déchirants de l'autre. La reine s'honorait de son affection, tous les cœurs s'y intéressaient, l'estime publique en diminuait l'amertume. Tel est le bonheur attaché aux sentiments légitimes, que l'on trouve des jouissances au milieu même des peines les plus amères qu'ils produisent; mais comment supporter la douleur quand elle est un sujet de scandale, qu'elle excite le dédain et la censure des dévots et des prudes, et qu'elle n'obtient des gens vertueux qu'une compassion humiliante!

La duchesse recevait sans cesse des courriers du roi et des lettres de Lauzun, qui lui contait tous les traits relatifs au monarque. Il lui écrivit que Louis XIV, à la tranchée de Lille, s'exposant aux feux des remparts, avait eu un page tué derrière lui, et qu'un vieux soldat l'avait pris rudement par le bras, en disant : « Otez-vous! est-ce là votre place? » Ces détails, en exaltant l'admiration de la duchesse, portaient au comble ses terreurs; et de son côté, la reine éprouvait les mêmes alarmes.

Un jour mademoiselle de La Vallière reçut un billet de son amant, par lequel il l'instruisait que la reine devait aller au-devant de lui jusqu'à Amiens; il invitait la duchesse à faire aussi partie de ce voyage. Ce billet était court, mais on est content de tout lorsqu'on est heureux, et la duchesse se trouvait au comble de la joie: elle allait revoir l'objet de son amour. On partait le lendemain à la pointe du jour; mademoiselle de La Vallière ne s'occupa plus que des préparatifs de son voyage; et, quoiqu'elle ne fût pas de la suite de la reine, elle partit le lendemain, en même temps que cette princesse : par respect et par bienséance, elle n'avait osé la devancer. Ce voyage fut pour la duchesse un véritable enchantement : elle se représentait l'entrevue qu'elle allait avoir avec le roi, comme le moment le plus doux, le plus beau de sa vie; elle le revoyait débarrassé de la préoccupation de la guerre, passionné, heureux, tout à elle, jouissant surtout pour elle de ses succès et de sa gloire. Chacune de ses pensées lui causait une émotion et des battements de cœur qu'elle n'avait pas encore éprouvés.

Comme on approchait d'Amiens, la duchesse aperçut sur une hauteur, dans un grand éloignement, une partie de l'armée... A cette vue, la prudence et la raison l'abandonnent; elle oublie toutes les considérations humaines; elle n'est plus capable de faire qu'un seul calcul, c'est qu'en quittant la grande route et en suivant un chemin de traverse, elle verra le roi quelques minutes plus tôt. Aussitôt elle ordonne à ses postillons de prendre ce chemin ; on lui représente vainement qu'il est impraticable :

« C'est le seul bon, s'écrie-t-elle, puisqu'il est le plus court ! »

On s'y engage : il était affreux ; quoique la duchesse fût naturellement très-craintive, rien dans ce moment ne pouvait l'effrayer ; elle ne considérait, dans le péril de verser, que le malheur d'un retard ; nul autre danger n'existait pour elle. L'amour donne à la fois la confiance et l'intrépidité : quand c'est pour lui qu'on s'expose, on compte tellement sur son étoile, qu'on croit presque ne rien risquer.

Malgré les ornières, les pierres et les trous profonds, la duchesse pressait tellement les postillons, que l'on avançait avec rapidité : il restait peu de chemin à faire ; mais ce chemin paraissait immense à la duchesse, il la séparait de Louis ! Dans la plus violente agitation, la tête hors de la portière, le visage baigné de larmes, elle portait au loin ses yeux avides, quoique le terrain aplani et les grandes masses d'arbres ne lui permissent plus d'apercevoir les troupes ; mais elle savait qu'elle s'en approchait, et chaque pas augmentait son émotion et l'ardeur de son impatience.

« Nous allons nous revoir ! s'écriait-elle. Oh ! quelle sera sa joie ! quel sera son bonheur ! »

Au milieu de ces idées délicieuses, tout à coup on tombe dans une espèce de fossé; la voiture se renverse, une glace est brisée, et mademoiselle de La Vallière reçoit deux blessures assez graves, l'une au menton et l'autre au bras droit, qui est en même temps foulé dans cette chute. Au moment même de cet accident, le premier mouvement de Louise fut de crier à ses gens de se hâter de relever la voiture; on obéit, et bientôt la voiture est en marche. La duchesse souffrait de son bras, qui saignait; elle se fit une écharpe d'un mouchoir, et elle se disait :

« Il connaîtra ce que j'ai risqué pour le revoir un peu plus tôt!... »

Cependant, afin de ne pas l'effrayer, elle essuya avec soin le sang de ses blessures; dans ce moment, jetant les yeux sur la campagne, un cri pénétrant s'échappa du fond de son cœur : elle voyait enfin le roi!... Le prince, de son côté, reconnaît la voiture et la livrée de la duchesse de La Vallière; il met son cheval au galop, il s'avance vers sa maîtresse éperdue, il approche, et s'élançant à la portière :

« Quoi donc! lui dit-il, avant la reine!... »

Ce fut son premier mot... un mot d'improbation sur un empressement imprudent, sans doute, mais si tendre!... un reproche sévère sur tant d'amour!... La duchesse, frappée comme d'un coup de foudre, reste immobile, glacée, anéantie; elle garde un profond silence. Que dirait-elle pour se justifier, quand c'est *lui* qui la condamne?... Cependant le roi, jetant les yeux sur elle, s'aperçoit qu'elle a un bras en écharpe; il s'émeut, il interroge : la duchesse étant hors d'état de répondre, ses yeux expliquent ce qui était arrivé :

« Ah ! s'écria le roi, quand j'étais fâché de vous voir arriver par ce chemin, c'était un pressentiment de la peine que j'éprouve! »

Cette phrase ranima un peu la duchesse, mais ne la consola point. Il est des occasions où rien ne répare un mot dur échappé du premier mouvement; on le pardonne quand on aime, on ne l'oublie jamais : un cœur profondément blessé ne guérit point; la douceur et la tendresse préservent du ressentiment, et non de la souffrance... Le roi montra de la sensibilité, mais il n'était plus temps : toutes les chimères de bonheur venaient de s'évanouir ; une illusion trop chère se dissipait enfin !...

Cet entretien fut court, le roi était forcé de continuer sa route, la reine arrivait. Il dit à la duchesse qu'afin de lui procurer quelques heures de repos, il coucherait à Amiens. A ce mot de *repos*, Louise ne put retenir un profond soupir ; le roi ne l'entendit point, et la quitta. Elle éprouva un nouveau serrement de cœur en le voyant s'éloigner d'elle au grand galop ; il lui sembla qu'il l'abandonnait pour jamais. Elle se sentait défaillir, et cependant elle le suivait toujours des yeux : il ne retourna pas la tête une seule fois !... Bientôt un nuage de poussière le dérobe à sa vue. Alors, près de s'évanouir, elle retombe accablée dans le fond de sa voiture : elle s'épouvante de se trouver seule, livrée à elle-même ; elle veut en vain écarter des réflexions cruelles ; une pensée dominante et terrible oppresse son cœur et remplit son imagination ; une voix funèbre crie au fond de ce cœur déchiré :

« Il ne m'aime plus !... »

Semblable à des éclairs effrayants de lumière, des souvenirs vifs et rapides lui font entrevoir l'affreuse vérité... Elle se rappelle les avertissements qu'elle a méprisés... Les sentiments les plus amers se joignirent à sa douleur ; elle ne pouvait pleurer, l'indignation séchait ses larmes ! Son bras la faisait beaucoup souffrir, et cette douleur physique produisait une douleur morale mille fois plus cuisante ; elle s'en rappelait la cause et le résultat !...

A peine fut-elle arrivée à Amiens, que le roi, suivi d'un chirurgien, entra dans sa chambre : elle ne vit dans ce soin que de l'humanité et de la compassion. Tandis qu'on examinait son bras, madame de Montespan survint ; la duchesse tressaillit et sur-le-champ regarda le roi. Il eut l'air embarrassé... Madame de Montespan courut embrasser la duchesse, dont elle toucha légèrement le bras ; la duchesse la repoussa en disant :

« Oh ! retirez-vous, vous me faites mal !... »

La marquise, que rien ne déconcertait, eut l'air d'attacher le sens le plus simple à ces paroles ; elle sortit quelques instants après avec le roi, lorsque le chirurgien eut déclaré que les blessures n'offraient rien de dangereux.

Un seul soupçon suffit souvent pour dissiper une longue erreur : on ouvre les yeux, on regarde et l'on voit. L'intelligence du roi et de madame de Montespan parut si frappante à la duchesse, surtout en se rappelant tant de traits qui la confirmaient, qu'elle ne s'étonna plus que de son aveuglement passé. Malgré cela, son cœur combattait encore la conviction de son esprit ; elle se répétait :

« Je n'ai point de preuves certaines. »

Elle n'en était pas moins convaincue de son malheur ; mais c'était pour elle une consolation de pouvoir faire cette dernière réflexion...

Tandis que ces pensées agitent son âme, elle jette les yeux sur un miroir qui se trouve devant elle, et tressaille en voyant le changement de son visage : au même instant elle se rappelle la brillante figure de madame de Montespan, elle se compare à sa rivale, et un sentiment humiliant remplit son cœur d'amertume. Dans la candeur de son âme, elle n'avait jamais pensé que les charmes de sa figure dussent être un moyen d'attacher le roi ; mais dans ce moment, quoiqu'elle en rougît, elle regretta sa beauté. Elle se trouvait plus changée qu'elle ne l'était effectivement : elle avait toujours les mêmes grâces, des yeux incomparables et une physionomie céleste ; mais, avec tant de sensibilité, comment pourrait-on conserver la vive fraîcheur de la jeunesse ?

Madame de Montespan ne manqua pas d'instruire le roi que la reine était excessivement blessée que mademoiselle de La Vallière eût voulu le voir avant elle. Elle exagéra beaucoup le ressentiment de Marie-Thérèse, et elle prétendit que la froideur naturelle de la duchesse la rendant incapable d'enthousiasme elle n'avait pu faire cette action que pour braver la reine. Quoique le roi n'eût plus pour Louise les mêmes sentiments qu'auparavant, il ne pouvait attribuer néanmoins l'empressement qu'elle avait montré pour le voir, à la seule intention de braver la reine ; Marie-Thérèse avait, il est vrai, été un peu piquée d'avoir été précédée par la favorite, mais sa peine n'avait été qu'instantanée : son parti était pris depuis longtemps, elle avait pardonné et ne gardait aucune espèce de ressentiment. La reine, d'ailleurs, avait intérêt à conserver au roi mademoiselle de La Vallière, dont la modestie et la réserve étaient si manifestes, et qui ne pouvait être supplantée que par une rivale plus coquette et plus ambitieuse.

Malgré la préférence marquée que le roi montrait à madame de Montespan, il conservait pour mademoiselle de La Vallière un reste d'affection, et il voulait qu'on honorât toujours devant lui l'objet qu'il avait tant aimé. Mais la marquise ne pouvait se contenter de n'être préférée qu'en secret ; tous les intérêts de son cœur et de sa vanité lui faisaient désirer avec ardeur d'occuper, seule, ce qu'on appelait à la cour la *place* de mademoiselle de La Vallière. Elle se répétait que cette dernière ne savait pas distinguer l'amour de l'amitié ; que, crédule et confiante, elle ne verrait dans le refroidissement du roi que l'effet d'une longue habitude, et que tant qu'il aurait pour elle les mêmes soins, et qu'il lui montrerait de la tendresse, elle serait satisfaite. La marquise n'osait déclarer la vérité à sa rivale, de crainte d'irriter le roi : c'eût été manquer à toutes ses promesses, et dévoiler grossièrement son ambition. Il fallait donc que le hasard découvrît tout à mademoiselle de La Vallière, ou que du moins on pût le faire croire au roi : cette réflexion donna l'idée d'un stratagème qui fut promptement exécuté.

Madame de Montespan possédait des tablettes dans lesquelles se trouvaient le portrait du roi et deux petites pages très-passionnées, écrites de la propre main de Sa Majesté. Elle les prit dans sa poche et se rendit chez la duchesse. L'entretien fut languissant et contraint, mais la visite assez longue ; enfin madame de Montespan se leva et sortit précipitamment. Au bout de quelques minutes, la duchesse jeta les yeux sur la place que venait d'occuper sa rivale, et elle aperçut sur le fauteuil des tablettes ouvertes, de manière qu'elle entrevit distinctement le portrait du roi!... Elle resta un moment immobile, les yeux fixés sur cet objet. Ensuite, d'une main tremblante, elle saisit les tablettes, bien certaine qu'on n'a pu les perdre, et qu'on ne les a laissées là qu'à dessein : elle regarde et reconnaît l'écriture du roi... Elle lit en frémissant... La première page était datée trois mois avant le voyage d'Amiens, et la seconde page était écrite depuis le retour. C'est ainsi que tout à coup la vérité fut dévoilée à l'infortunée duchesse. Le saisissement qu'elle éprouva faillit lui être funeste ; elle ne répandit pas une seule larme. Un ressentiment amer, une profonde indignation s'étaient emparés de son cœur, et la faisaient souffrir affreusement. Jetant autour d'elle des regards étonnés, elle se vit seule dans l'univers ; seule, avec la honte de ses remords!

Cette dernière réflexion oppressa tellement son âme, qu'elle sentit que toutes ses forces l'abandonnaient ; cependant elle ne voulait point appeler de secours, et elle allait perdre connaissance, lorsqu'on annonça Benserade. La vue d'un ami la ranima, elle s'attendrit, et ses larmes coulèrent enfin. Benserade, vivement touché, la questionna. La duchesse ne répondit d'abord que par des torrents de pleurs, ensuite elle lui donna les tablettes, en lui disant que madame de Montespan les avait laissées chez elle.

« Eh bien, répliqua le poëte, il est évident qu'elle a voulu vous instruire d'un secret qui n'était ignoré que de vous ; le détour qu'elle a pris doit vous prouver qu'elle agit sans l'aveu du roi, et même contre son intention. Dès que le roi veut vous cacher cette intrigue, il a le désir de vous conserver ; vengez-vous de la marquise en restant. Ayez l'air de ne rien savoir, de n'avoir pas vu ces tablettes...

— Que me proposez-vous? s'écria-t-elle ; de dissimuler, de rester, quand Louis me trompe, me trahit... quand il ne m'aime plus!...

— Si vous le voulez, reprit Benserade, vous régnerez toujours, vous régnerez seule, en dépit de votre rivale.

— Eh! que m'importe? interrompit la duchesse. Lorsqu'il n'aimait que moi, ai-je voulu régner?

— Non, répondit Benserade, et vous eûtes tort, pour l'intérêt même de votre amour. On n attache solidement les princes qu'en profitant avec éclat de leur faveur, qu'en obtenant d'eux des grâces extraordinaires : ce qu'ils accordent est à leurs yeux, ainsi qu'à tous les autres, la mesure du sentiment qu'ils éprouvent; ils croient avoir aimé à ne pouvoir plus rompre ni se dédire, quand ils sont étonnés de leurs propres bienfaits; ils ne veulent pas former une liaison nouvelle qui donnerait le droit d'avoir la même ambition; ils ont intérêt à laisser croire qu'ils ne feraient rien de semblable pour une autre. Votre modération vous a valu l'estime des Parisiens, et vous a privée de toute la considération que vous auriez pu avoir à la cour. Reprenez cet empire, il en est temps encore : vous ne le tiendrez pas du premier enivrement de la passion, il en sera plus solide; la reconnaissance et l'amitié vous le donneront, et rien ne pourra vous l'ôter.

— Ah! s'écria la duchesse, qu'en ferais-je de cet empire odieux, qui me serait offert comme un dédommagement?... Je l'ai refusé de l'amour, le recevrais-je de la pitié?... Moi! me consoler par l'ambition, usurper un crédit déshonorant à mes yeux!...

— Vous poussez trop loin la délicatesse; la réflexion vous donnera d'autres sentiments...

— Jamais.

— Songez qu'il est doux de déjouer, d'humilier sa rivale et tous ses ennemis; si vous prenez un parti violent, vous comblerez tous leurs vœux.

— Hé! que me fait leur joie! je ne puis songer qu'à ma douleur. Qu'ils triomphent ou non, je n'en serai pas moins malheureuse. Il ne m'aime plus! quelle autre pensée peut se mêler à celle-là. Hélas! la jalousie même ne saurait m'en distraire... Il ne m'aime plus! je ne suis plus nécessaire à son bonheur; que dis-je! j'y suis un obstacle. Il ne souffrira plus loin de moi, il ne me cherchera plus, il m'oubliera! Idées terribles, incompréhensibles! elles glacent et confondent l'imagination... »

En prononçant ces paroles, il se peignit sur son visage un tel égarement, que Benserade en fut effrayé; il lui dit tout ce que son amitié put lui suggérer de plus consolant. La duchesse ne répondit plus : elle venait de prendre son parti, et l'on ne confie point une résolution inébranlable, lorsqu'on est sûr qu'elle sera combattue. A peine Benserade se fut-il retiré, que la duchesse, se mettant à son secrétaire, écrivit au roi la lettre suivante :

« Vous ne m'aimez plus! J'ai vu cet arrêt affreux tracé de votre propre main, je l'ai lu!... Du moins il ne me sera pas confirmé par votre bouche. Cette voix chérie, qui n'a jusqu'ici frappé mon oreille que pour rassurer mon cœur et pour l'attendrir, je ne l'entendrai point se parjurer!... Je vais partir... adieu!... J'ai mérité mon sort par mon imprudence et par ma faiblesse; je suis résignée... je gémis et je ne murmure pas. Si quelquefois vous pensez à celle qui n'a point cessé de vous aimer, dites : Elle pleure comme le jour de son départ. »

La malheureuse duchesse chargea un valet de chambre de remettre cette lettre au roi lorsqu'il sortirait du conseil. Ensuite, après avoir embrassé ses enfants en versant un déluge de pleurs, elle s'arracha de leurs bras, et alla de nouveau s'enfermer au couvent de Chaillot.

Les religieuses de Chaillot, en gémissant sur ses erreurs, avaient conservé pour elle un tendre attachement. Mademoiselle de La Vallière, loin de les oublier durant son séjour à la cour, s'était plu à les combler de bienfaits, en leur envoyant tous les ans des aumônes pour leurs pauvres et de riches présents pour leur église. En arrivant, son premier soin fut de s'enfermer seule dans son appartement. Elle écoutait... Le moindre bruit venant des cours et du côté des portes, le plus léger mouvement dans la maison, lui causaient de violentes palpitations de cœur, et ensuite elle tombait dans un abattement stupide... Le jour s'écoula ainsi. Lorsqu'elle vit la nuit, elle perdit entièrement l'espérance secrète qu'elle avait nourrie confusément jusqu'alors. Cet instant mit le comble à sa douleur. L'agitation d'un départ précipité et l'idée vague de l'effet qu'il produirait sur le cœur du roi, l'avaient fortifiée jusqu'à cette époque ; mais elle était depuis huit heures à Chaillot ; on l'y laissait, on ne daignait pas lui répondre : on joignait la dureté, le mépris le plus barbare à l'inconstance.

Mademoiselle de La Vallière se livrait à ses tristes réflexions, lorsque, de sa fenêtre, elle distingua dans l'éloignement le bruit d'un homme à cheval, et bientôt celui d'une voiture, qui, un instant après, s'arrêta devant la grande porte du couvent. Respirant à peine, elle écoute toujours avec un saisissement inexprimable : on sonne ; les religieuses accourent ; on leur parle à travers la porte. La duchesse n'entendit pas ce que l'on disait, mais elle ne put s'empêcher de tressaillir en voyant les religieuses baisser précipitamment leurs voiles. « C'est lui ! c'est lui ! » s'écria-t-elle avec transport ; et la joie trompeuse vint encore une fois séduire son âme agitée. La grille s'ouvre, et la duchesse voit paraître le grand Condé ! Il était seul ! La malheureuse duchesse se retire avec précipitation de la fenêtre, et va tomber sur un fauteuil ! Quelques minutes après, le prince entra dans sa chambre ; il s'avança vers elle avec l'air de l'empressement et de la sensibilité, et il lui remit une lettre du roi, en lui disant qu'il était chargé de la ramener, que le roi l'attendait avec impatience, qu'il était extrêmement affligé de sa fuite... « Autrefois, dit la duchesse, il venait me chercher lui-même... »

A ces mots, elle ouvrit d'une main tremblante la lettre du roi : cette lettre exprimait une tendresse que Louis ne pouvait refuser à tant de qualités touchantes; il conjurait la duchesse de revenir, il lui protestait qu'il ne pouvait être heureux sans elle. C'était le ton d'une amitié sincère, mais ce n'était plus celui de l'amour.

Mademoiselle de La Vallière posa la lettre sur une table, et, baissant les yeux, elle garda un morne silence. Le prince reprit la parole; il avait toujours eu de l'amitié pour elle, et il lui donna des conseils à peu près semblables à ceux qu'elle avait déjà reçus de Benserade. Il lui parla d'ambition, elle ne l'écouta point; mais après avoir réfléchi quelque temps :

« Allons, dit-elle, puisqu'il me rappelle... Je quittai jadis cet asile pour le suivre; je ne veux pas aujourd'hui refuser à l'amitié ce que j'eus la faiblesse d'accorder autrefois à l'amour. »

En disant ces mots, elle se leva en soupirant, et s'appuyant sur le bras du grand Condé, elle sortit avec lui. A la porte du couvent, elle embrassa les religieuses en pleurant :

« Ce n'est point un adieu, leur dit-elle. Je reviendrai sûrement, et peut-être bientôt... »

Elle monta en voiture avec le prince, et l'on prit à toutes brides le chemin de Versailles.

A peine la duchesse fut-elle arrivée à Versailles, que Louis accourut chez elle. L'attendrissement qu'il éprouva en la voyant le préserva de l'embarras qu'il aurait dû avoir. Il n'y eut point d'explication; le roi serra la duchesse dans ses bras, et exprima et peignit avec une vive sensibilité le chagrin qu'il avait ressenti. L'émotion du roi fit croire à la duchesse qu'il n'était qu'entraîné, séduit, et qu'il reviendrait à elle. Cette illusion dissipa comme par enchantement sa douleur, et la dédommagea de tout ce qu'elle avait souffert.

Comme personne n'avait approuvé sa disgrâce apparente, chacun voulut se faire honneur d'un sentiment autorisé par la conduite du roi. Tout le monde se rendit avec empressement chez elle; Madame même envoya savoir de ses nouvelles. Madame de Montespan, la rage dans le cœur, mais entraînée, pour ainsi dire, par la foule, se présenta aussi chez la favorite en titre ; la porte était consignée pour elle, elle n'entra pas. Pour comble de chagrin, elle s'aperçut que la réception brillante que l'on faisait à la duchesse produisait une vive impression sur l'esprit du roi ; elle sut qu'il avait repété plusieurs fois qu'il était charmé que l'on rendît enfin justice à mademoiselle de La Vallière, et qu'il voyait avec joie, par l'intérêt qu'on lui montrait dans cette occasion, qu'au fond on avait toujours eu pour elle l'estime qu'elle était si digne d'inspirer.

La marquise se plaignit au roi du refus que mademoiselle de La Vallière avait fait de la recevoir. Elle lui dit que ses ennemis répandaient le bruit qu'elle avait fait exiler la duchesse, et que, pour faire cesser ces bruits calomnieux, il devait exiger que mademoiselle de La Vallière revît une femme qui n'avait cessé de l'aimer, et dont tout le tort était de n'avoir pu se défendre d'un sentiment auquel elle avait cédé elle-même. La proposition de forcer la duchesse à recevoir sa rivale parut étrange ; le roi la combattit.

« Vous avez exigé de Madame à peu près la même chose pour mademoiselle de La Vallière, répondit la marquise ; vous ne m'aimez pas autant qu'elle. »

Enfin elle insista avec force, elle supplia, elle pleura, elle menaça de quitter la cour...

Le roi était amoureux ; après beaucoup de résistance, il donna sa parole de faire ce qu'elle désirait.

N'osant hasarder une telle proposition de vive voix, il écrivit à la duchesse pour lui faire cette demande avec des expressions très-tendres, et en même temps avec un ton d'autorité très-marqué. Quand la duchesse reçut ce billet, elle était seule avec Benserade ; sa surprise égala son chagrin. Le poëte, informé par elle du contenu de la missive, lui conseilla sans hésiter de refuser nettement.

« Mais il le veut ! répondit-elle en gémissant.

— Non, reprit Benserade : le roi est juste, il approuvera votre refus, il estimera votre résistance ; il est temps de montrer du caractère.

— Oh ! Benserade, quand on a eu la faiblesse de trahir tous ses principes, ne serait-ce pas un tort de plus d'avoir de la fermeté dans une occasion où l'on pourrait en manquer sans crime ?

— Vous ne devez plus admettre dans votre société une femme dangereuse et perfide qui vous a trahie avec indignité ; ne dégradez pas votre caractère par une si lâche complaisance.

— Que peut-on refuser à celui auquel on a sacrifié son honneur !

— Pourquoi vous exposer aux plus étranges humiliations ?

— Hélas ! je les mérite toutes. D'ailleurs, si le roi n'est pas touché de ma soumission, ma place est marquée, j'irai m'y ensevelir ; mais je suis persuadée qu'il veut seulement fermer la bouche à ceux qui prétendent que, non contente de m'avoir enlevé le cœur du roi, elle a voulu me faire exiler et s'est opposée à mon rappel.

— J'admire votre crédulité !...

— Je ne puis me refuser de la justifier des torts imaginaires qu'on lui impute ; et puis, je vous l'ai dit, le roi le veut.

— Ah ! s'écria Benserade, malgré votre esprit et votre raison, vous ne pouviez jamais, avec un tel caractère, éviter de tomber dans les piéges des fourbes : vous étiez née pour devenir leur victime. »

Malgré l'extrême répugnance que mademoiselle de La Vallière éprouvait à recevoir chez elle madame de Montespan, elle écrivit au roi qu'elle ne devait que lui obéir et qu'elle se conformerait à ses vœux.

Le soir même, madame de Montespan se rendit chez la duchesse. Elle fit une espèce de scène sentimentale ; elle l'embrassa à plusieurs reprises et pleura beaucoup. Mademoiselle de La Vallière fut froide et silencieuse ; elle ne pouvait être dupe de ces démonstrations. Cependant une sorte de pudeur l'empêcha de les recevoir avec mépris : elle les trouvait si abjectes, qu'elle n'osait témoigner qu'elle en connaissait toute la fausseté. Il y a des choses que l'on a honte de laisser voir qu'on découvre ; il semble que les apercevoir ou les deviner soit une souillure. Cette délicatesse, que beaucoup de gens ne sauraient comprendre, donne souvent aux personnes qui pensent noblement l'apparence d'un aveuglement ou d'une crédulité qu'elles n'ont pas.

La duchesse fut extrêmement surprise de voir madame de Montespan revenir chez elle, comme autrefois, tous les soirs à l'heure où le roi s'y rendait avec quelques personnes de la société intime de mademoiselle de La Vallière. En vain cette dernière reçut-elle sa rivale avec la plus grande sécheresse, la marquise n'eut pas l'air de s'en apercevoir. Elle fit constamment les frais de la conversation, et ne parut jamais si brillante ni plus aimable. Tandis qu'elle charmait le roi par ses grâces, sa vivacité et par l'originalité de ses saillies, mademoiselle de La Vallière, triste, rêveuse, accablée, souffrait en silence. Loin d'être en état de lutter d'agréments avec sa rivale, elle ne pouvait éprouver que du découragement lorsqu'elle voyait le roi l'applaudir. Sentant combien elle était éclipsée et même abaissée par la confiance et l'insultante gaieté de la marquise, elle joignait au tourment de la jalousie le ressentiment qu'une conduite si audacieuse devait inspirer, et tout l'embarras que pouvait causer un rôle qu'il était impossible de soutenir avec aisance et dignité.

Parmi les personnes que mademoiselle de La Vallière recevait dans son intimité se trouvaient Lauzun et le duc de Longueville. Voyant la position difficile du monarque, en présence de deux favorites qui se disputaient son amour, voyant aussi la froideur ou plutôt l'indifférence qu'il manifestait en toutes circonstances à l'égard de l'une d'elles, ces courtisans crurent faire une chose agréable au roi et en même temps utile à leur ambition, que de le débarrasser de celle des favorites qui paraissait n'avoir plus de crédit auprès de Sa Majesté. Ce fut dans cette intention qu'ils aspirèrent, l'un après l'autre, à la main de Louise.

Ce fut Lauzun qui commença. La duchesse écouta sa demande avec une surprise douloureuse ; une seule chose la frappa dans cette proposition faite par le favori le plus intime du roi.

« Vous êtes donc bien sûr, lui dit-elle en pleurant, qu'il ne m'aime plus, et qu'il renonce à moi sans retour ? »

Telle fut sa seule réponse à cette demande indiscrète.

Lauzun, parfaitement traité de la duchesse uniquement à cause de sa liaison avec le roi, s'était flatté qu'elle consentirait à l'épouser ; il s'en était vanté d'avance. Lorsqu'il fut rejeté par elle, ses ennemis profitèrent de cette déception pour tâcher de lui donner un tort et un ridicule : cette action fut d'autant plus blâmée, que l'on savait que l'amour n'en était pas le motif. Lauzun fut obligé de se disculper, de vanter les qualités de la duchesse et de parler de son amour pour elle. Un jour qu'il exprimait son admiration pour Louise, devant beaucoup de monde et en présence de madame de Montespan, celle-ci, piquée d'entendre ainsi louer sa rivale, demanda tout haut, au courtisan, depuis quand il était amoureux de mademoiselle de La Vallière.

« Du moment que vous avez été sa confidente et son amie intime, » répondit Lauzun, irrité d'une pareille question.

Cette réponse ne déconcerta point madame de Montespan, qui n'avait jamais l'air de comprendre les choses qui pouvaient l'embarrasser, mais qui ne les oubliait de sa vie.

« Vous prouverez, dit-elle, qu'il n'est pas impossible, comme on le suppose, de cacher une grande passion ; car personne ne s'est douté de celle-là.

— Au reste, reprit Lauzun, il n'était nullement nécessaire que je fusse amoureux de mademoiselle de La Vallière pour l'épouser...

— Eh ! quel motif alors auriez-vous eu ?

— Comment ! s'écria Lauzun : celui d'obtenir la préférence de la seule femme que le roi ait véritablement aimée !... »

Ce mot perdit Lauzun.

La marquise, confondue et sans réponse pour la première fois de sa vie, jura au fond de l'âme de se venger avec éclat. On sait qu'elle en attendit l'occasion avec autant de dissimulation que de patience, et l'on sait aussi avec quelle perfidie et quel succès elle parvint à satisfaire à la fois ses anciens ressentiments et son ambition.

Le duc de Longueville avait aimé autrefois Louise ; il le lui avait manifesté sans qu'il fût payé de retour ; il conservait même encore sinon de l'amour, du moins beaucoup d'estime et d'amitié pour elle. Lorsque cette fois il offrit de l'épouser :

« Quoi ! lui dit la duchesse attendrie, vous m'aimez encore ?

— Mes sentiments pour vous sont inaltérables.

— Hélas ! pourquoi faut-il que vous soyez le seul homme capable de constance ? »

Après cette exclamation si naïve, le duc, interdit, vit bien qu'il devait renoncer à son projet.

Cependant la duchesse ne voyant plus le roi, n'ayant pu, dans l'espace de trois semaines, lui dire un seul mot en particulier, connut enfin qu'elle avait perdu non-seulement tous les droits de l'amour, mais encore ceux de l'amitié. Benserade lui conseilla en cette occasion d'adresser à son amant quelques légères plaintes sur son changement. Jusqu'alors elle n'avait fait au roi aucun reproche sur son inconstance ; mais se laissant persuader cette fois par les raisons que lui donnait son ami, elle écrivit au roi quelques mots de tendres reproches avec le sonnet suivant :

Tout se détruit, tout passe ; et le cœur le plus tendre
Ne peut d'un même objet se contenter toujours.
Le passé n'a point eu d'éternelles amours,
Et les siècles futurs n'en doivent point attendre.

La constance a des lois qu'on ne veut point entendre ;
Des désirs d'un grand roi rien n'arrête le cours :
Ce qui plaît aujourd'hui déplaît en peu de jours ;
Son inégalité ne saurait se comprendre.

Louis, tous ces défauts font tort à vos vertus :
Vous m'aimiez autrefois... et vous ne m'aimez plus;
Mes sentiments, hélas! diffèrent bien des vôtres!

Amour, à qui je dois et mon mal et mon bien,
Que ne lui donniez-vous un cœur comme le mien!
Ou que n'avez-vous fait le mien comme les autres!

Le roi fut blessé de la lettre et du sonnet. Il écrivit froidement à la duchesse qu'il était trop sincère pour lui cacher la vérité, et qu'elle ne devait pas ignorer qu'un roi de son caractère n'aimait pas à être contraint.

La duchesse, accablée de ce dernier coup, se retira dans sa chambre, en fit fermer la porte, et passa douze jours dans une solitude absolue. Le roi, cependant, envoya demander de ses nouvelles ; et cet intérêt inattendu vint jeter un peu de baume sur la blessure de cette infortunée.

Madame de Montespan ne tarda pas à recevoir du roi la communication du sonnet. L'attribuant à la muse de Benscrade, elle lui fit ôter pour toujours les faveurs de Louis XIV. Le poëte, désespéré d'avoir perdu les bonnes grâces du roi, se retira à sa maison de campagne de Gentilly, où il fit inscrire sur la porte de son cabinet ces quatre vers :

Adieu, fortune, honneurs ; adieu, vous et les vôtres!
Je viens ici vous oublier.
Adieu, toi-même, amour! bien plus que tous les autres,
Difficile à congédier.

Depuis cette époque, la marquise se conduisit de la manière la plus choquante envers sa rivale. Elle n'observait même pas avec elle les plus simples égards de la politesse, ne lui adressant jamais la parole, s'occupant du roi avec affectation, lui parlant souvent à l'oreille, avec l'air du mystère ou de la malignité. La pauvre Louise, confondue, n'était vivement frappée que de la conduite du roi. Ses regards suppliants cherchaient en vain ceux de Louis : il les redoutait, et il évitait de les rencontrer.

Enivré d'amour pour madame de Montespan, enchaîné par sa beauté, maîtrisé par ses vices même, par ses emportements en tout genre, par son audace, sa malignité piquante, il prit le parti non de rompre entièrement avec la duchesse, mais de n'avoir plus pour elle que des égards publics. Il cessa totalement de la voir tête à tête ; et en outre, au lieu d'aller chez elle tous les soirs avec ses favoris, il n'y alla plus qu'une ou deux fois la semaine. Les autres jours il allait publiquement chez madame de Montespan, qui, par dérision, invita la duchesse à venir à ses petits comités, en lui disant qu'elle y verrait le roi.

Le roi, qui avait le goût des fêtes et des plaisirs, voulut encore donner à sa cour le spectacle d'un carrousel. Les temps étaient bien changés. Le roi ne portait plus sur son écu l'emblème touchant de la rose entr'ouverte : il était paré des couleurs de madame de Montespan. Un des amis de cette dernière lui composa une devise, qui portait, sur un fond d'azur, une superbe étoile de diamants, entourée d'une multitude d'étoiles d'argent, avec ces mots : *Pour la plus brillante et la plus belle.*

Durant ce carrousel, mademoiselle de La Vallière, tristement renfermée dans l'hôtel Biron, se rappelait douloureusement ces fêtes ingénieuses dont elle avait jadis été l'objet. Quel changement affreux ! et comment le comprendre, lorsqu'en descendant au fond de son cœur déchiré, elle y retrouvait encore tout l'amour qui causa ses égarements !

Le cœur de la duchesse était trop profondément blessé pour qu'il lui fût possible de renfermer une douleur si vive. Un jour qu'elle se trouva enfin seule avec le monarque, elle se hasarda de lui rappeler de tendres souvenirs :

« Vous ne m'avez jamais aimé, dit le roi d'un air morose.

— Quoi ! dit la duchesse, je ne vous ai point aimé ?...

— Non ; je n'ai jamais pu triompher de vos scrupules...

— Il est vrai que mes principes m'étaient plus chers que ma vie, et je vous les ai sacrifiés...

— Jamais vous n'avez eu d'amour.

— Je me suis donc vendue par ambition ?... »

Ce mot, dans la bouche d'une personne si noble et si désintéressée, déconcerta le roi ; mais on ne pouvait le confondre sans l'irriter.

« Non, reprit-il, l'ambition ne saurait dominer les caractères sans énergie.

— Par cette maxime, vous flattez-vous d'excuser l'insatiable avidité de celle que vous me préférez ?

— Madame de Montespan a mérité mon attachement par une passion véritable...

— Plus tendre que la mienne ?

— Mille fois plus réelle.

— Comment, Sire, pouvez-vous prononcer ces paroles inhumaines, que tous vos souvenirs désavouent ! Voulez-vous donc me ravir toute consolation ?... Déshonorée à tous les yeux, privée de votre amour, je n'étais pas encore dépouillée de tout ; du moins je pensais qu'il ne vous était pas possible de comparer les sentiments d'une autre aux miens ; et maintenant vous avez la cruauté de me dire que madame de Montespan sait mieux aimer que moi ! Tous ces sacrifices que je vous ai faits sont donc perdus ?... C'est donc, à vos yeux, par insensibilité que j'ai consenti à recevoir chez moi la femme qui m'a trahie ? Sa hauteur, son arrogance, les caprices que j'ai supportés avec tant de douceur, vous ne m'en saviez aucun gré ? J'ai vaincu ma haine, réprimé mes sentiments, dévoré ma jalousie, caché ma douleur et mon amour, sans exciter votre reconnaissance ou votre compassion ? Vertu, réputation, amour-propre, fierté, repos, je vous ai tout immolé, et voilà le prix que j'en reçois !... Quoi ! ce sentiment si profond n'a pas même suffi pour vous apprendre à connaître l'amour !... Vous n'avez pu perdre le souvenir de ma tendresse, sans oublier aussi comme on aime. Ah ! jamais, jamais ma rivale ne vous le rappellera !... »

A ces reproches si fondés, le roi ne répondit que vaguement, et avec un froid laconisme ; il avait trop de torts pour s'attendrir. Cet entretien l'embarrassait cruellement ; il le termina avec une sorte d'autorité, en priant la duchesse de lui épargner, à l'avenir, des scènes inutiles autant qu'affligeantes.

« Oui, répondit l'infortunée en essuyant ses larmes, je garderai désormais un éternel silence ; je n'ai plus rien à vous dire ! »

Le lendemain la duchesse se rendit chez Bossuet, son directeur, et lui déclara qu'elle avait l'intention de passer ses jours dans un couvent et de se faire carmélite. L'évêque interrogea sa pénitente. Il vit encore chez elle tant de passion, tant de regrets déchirants ; la résolution qu'elle prenait était si surprenante avec de tels sentiments, qu'il crut devoir lui faire beaucoup d'objections. Elle répondit à tout en pleurant, mais avec fermeté ; et après une longue conversation, Bossuet n'exigea d'elle que de s'examiner et de réfléchir encore six mois en silence sans parler de son projet.

La duchesse promit et tint parole. Plus silencieuse et plus humble que jamais, bravée par madame de Montespan, négligée par le roi, elle supporta avec une patience devenue sublime par ses motifs, l'indifférence du roi, les dédains, les hauteurs et les caprices insultants de sa rivale ; sa douceur avait pris un caractère de calme et de résignation, qui lui donnait l'air de l'insensibilité.

Les six mois de réflexion et de discrétion prescrits par Bossuet étant écoulés, la duchesse annonça publiquement son dessein irrévocable d'entrer aux Carmélites. Tous ses amis s'affligèrent, et mirent tout en usage pour ébranler sa résolution. Benserade accourut à Versailles, uniquement pour s'entretenir avec elle sur un projet dont il était vivement effrayé. Il dit à la duchesse, entre autres choses, que, sans prendre un semblable engagement, elle pouvait vivre partout avec autant de régularité que dans un couvent, et qu'elle devait rester dans le monde pour l'édifier.

« Oh ! répondit-elle, après le scandale de ma vie, ce serait à moi une horrible présomption de me croire propre à édifier les autres... »

Elle ne crut pas pouvoir se dispenser d'instruire le roi de sa résolution. Louis l'écouta avec surprise ; il parut s'attendrir, et la duchesse fondit en larmes. Alors le roi combattit un dessein si extraordinaire, mais avec une faiblesse d'expressions qui sécha promptement les pleurs de mademoiselle de La Vallière. Elle répondit d'un ton ferme que son parti était pris depuis longtemps et d'une manière irrévocable. Le roi réfléchit un moment, et reprenant la parole, il conjura la duchesse de choisir un couvent moins austère, et il lui offrit la direction de la plus riche abbaye de France.

« Oh ! s'écria la duchesse, comment pourrais-je conduire les autres, après m'être perdue moi-même !... »

Le roi n'insista plus ; mais il exigea formellement de Louise la promesse de rester encore une année à la cour. Elle fut obligée, quoique à regret, de céder à une autorité qu'elle n'avait jamais su combattre.

La conversion de mademoiselle de La Vallière intéressa tout le monde à Paris, et fit peu de sensation à la cour, parce qu'en général on n'y crut pas : les uns dirent simplement qu'elle n'aurait jamais le courage de faire à vingt-huit ans un tel sacrifice ; les autres prétendirent qu'elle n'annonçait une si étrange résolution que pour attendrir le roi, et dans l'espoir de ranimer ses premiers sentiments. Ce fut l'opinion secrète de madame de Montespan ; mais elle se garda bien de la montrer ; elle eut l'air de croire parfaitement, dans cette occasion, à la sincérité d'une rivale qu'elle craignait encore, afin d'accoutumer le roi à cette idée, et surtout de rendre plus difficile ou plus ridicule la rétractation de mademoiselle de La Vallière.

Louise menait, depuis plusieurs années, un genre de vie si solitaire, que, sans rien faire de singulier, elle pouvait consacrer presque toutes les journées à la méditation et à la piété. Cependant elle allait encore de temps en temps à la cour. Un matin, le roi partant pour la chasse avec beaucoup de monde, passa devant l'hôtel Biron, et s'y arrêtant, fit proposer à la duchesse de descendre et de suivre la chasse, qui ne devait durer que le temps d'une promenade. La duchesse y consentit, et montant avec distraction dans la première voiture qui se présenta, elle se trouva dans une petite gondole, tête à tête avec madame Scarron; elle aperçut devant elle le roi et madame de Montespan dans une calèche. Elle eut besoin dans ce moment de tout son courage pour supporter une semblable situation; il était étrange pour elle de se voir en public à la suite du roi et de sa maîtresse, reléguée avec une personne subalterne de la marquise...

La duchesse était loin de se douter que cette femme obscure, protégée par sa rivale, devait un jour la venger, et régner légitimement sur la France!...

Louise gardait le silence; madame Scarron prit la parole, et parla avec tant de grâce et d'agrément, qu'elle tira la duchesse de sa rêverie, et parvint même à l'intéresser. Bientôt la conversation tomba sur la retraite projetée par mademoiselle de La Vallière, et madame Scarron désapprouva surtout le choix du couvent des Carmélites.

« Comment pourrez-vous, lui dit-elle, vous accoutumer à de telles austérités?

— Ah! madame, répondit la duchesse en lui montrant la calèche du roi, si j'y trouve quelques peines, je n'aurai qu'à me rappeler toutes celles que ces deux personnes m'ont fait souffrir! »

Cependant le temps s'écoulait, et mademoiselle de La Vallière vit enfin expirer le délai d'un an demandé par le roi. A l'exception de Bossuet, personne au monde ne se doutait qu'elle fût à la veille de son départ... Elle fit en secret demander une audience particulière à la reine, et elle en reçut la permission de se rendre au château au déclin du jour. A neuf heures du soir, Louise, vêtue d'une robe de bure noire, le visage couvert d'un voile, alla chercher à pied une chaise et des porteurs de place, et dans cet humble équipage, elle se fit conduire au château. On l'introduisit chez la reine, et elle trouva cette princesse seule dans son cabinet. La duchesse, en entrant, relève son voile et découvre un visage inondé de larmes; elle s'avance en chancelant, et joignant les mains, elle se jette à genoux devant Marie-Thérèse :

« Je viens, dit-elle, implorer un généreux pardon... O madame ! ne me repoussez pas!... dans quelques heures je serai pour jamais renfermée au couvent des Carmélites ! »

A ces mots, la reine, profondément attendrie, relève la duchesse et l'embrasse étroitement.

« Oh ! s'écria la duchesse, c'est dans ce moment que je me crois véritablement réconciliée avec la vertu !... »

Comme elle prononçait ces paroles, une porte s'ouvre et le roi paraît... Il reste immobile en voyant la duchesse de La Vallière dans les bras de la reine... Il comprend que la reine reçoit un dernier adieu; cette pensée le fait tressaillir. Il voyait la victime de sa séduction et de son inconstance prête à s'ensevelir pour jamais dans le cloître le plus austère; et il la voyait encore dans tout l'éclat de sa jeunesse... La duchesse avait rougi en apercevant le roi; ses larmes, le vif incarnat qui colorait ses joues, le voile de crêpe et l'habit noir qui relevait son éblouissante blancheur, tout, dans cet instant, donnait à sa beauté quelque chose de surnaturel... En la contemplant, Louis ne put s'empêcher d'éprouver un sentiment d'admiration. Insensiblement l'attendrissement et la pitié le gagnèrent, et ses yeux se mouillèrent de larmes.

La duchesse ne put se défendre d'un mouvement de joie en apercevant le roi, qu'elle avait cru ne revoir jamais; elle jeta sur lui le plus tendre et le plus douloureux regard; mais aussitôt, appuyant sa bouche sur la main de la reine, et serrant fortement cette main contre son cœur :

« Adieu, madame ! » dit-elle d'un ton touchant et cependant assez ferme.

A ces mots, elle s'inclina profondément et elle sortit avec précipitation.

Cette apparition du roi avait jeté dans l'âme de la duchesse un trouble involontaire que sa raison ne pouvait supporter.

« C'en est donc fait! disait-elle, je ne le verrai plus que dans l'éternité... »

Cette pensée l'accablait : il lui semblait qu'avant de quitter le monde, l'univers entier venait de s'anéantir à ses yeux.

Avant de rentrer dans son hôtel, elle se rendit dans la chambre de ses enfants, qui étaient élevés au château de Versailles. Ils dormaient tous deux en ce moment. Elle s'approcha bien doucement de leur lit; elle les couvrit de ses larmes et de ses baisers. Elle regarda surtout sa fille, dont la figure était déjà ravissante, et qui semblait lui sourire au milieu du sommeil.

« Tu souris, chère enfant, dit-elle; tu ne connais encore de la vie que les douceurs; tu ignores les dangers dont plus tard tu seras environnée... O ma fille, tu sauras les craindre, quand je t'aurai peint tout ce que j'ai souffert!... Dans ce palais, je t'ai dérobé mes pleurs, je t'ai caché ma honte; dans ma cellule, je t'ouvrirai ce cœur maternel, tu verras ces profondes blessures; tu verras qu'une courageuse expiation peut les cicatriser, mais que rien n'en efface la trace!... Adieu, enfant chérie! Hélas! je dois à jamais gémir sur ta naissance; mais Dieu m'ordonne de t'aimer et de te bénir!... Adieu!... Fasse le ciel que tu sois moins sensible et plus heureuse que ta mère!... »

Après avoir embrassé de nouveau ses deux enfants, elle s'échappa de la chambre en versant un torrent de larmes.

La duchesse revint aussitôt à l'hôtel Biron, où elle donna des ordres pour son départ. Tout fut prêt à deux heures du matin. Après avoir distribué à ses domestiques les diverses choses qu'elle leur destinait, elle les réunit tous dans son oratoire, et là elle leur demanda pardon du scandale qu'elle leur avait donné, et leur fit l'exhortation religieuse la plus touchante. Enfin, au point du jour, elle embrassa ses femmes éplorées, et, s'arrachant de leurs bras, elle sortit d'un pas ferme, monta dans sa voiture, et fit signe au cocher de partir. En passant le seuil de sa porte, mille souvenirs confus lui serrèrent le cœur : elle écarta ceux qu'elle devait repousser, en fixant sa pensée sur ses enfants... Au moment où elle entra dans l'avenue de Paris, elle aperçut le château, elle frissonna, et détourna aussitôt les yeux.

Elle était seule dans une berline attelée de quatre chevaux, et suivie d'un domestique sans livrée. Sur la route, elle jeta les yeux sur la campagne ; elle admira la fraîcheur de la verdure, la beauté des arbres en fleur, et cette vue lui fit de la peine ; elle soupira : c'était un adieu aux champs, aux riants coteaux, à la nature ! Elle leva les yeux au ciel :

« C'est là, dit-elle, que je dois fixer mes regards ! Là, désormais, se dirigeront tous mes désirs ! »

Elle arriva au monastère des Carmélites à six heures du matin. La supérieure, à la tête de la communauté, vient la recevoir à la porte du couvent ; mademoiselle de La Vallière se jeta à ses pieds, en disant :

« Ma mère, j'ai toujours fait un mauvais usage de ma volonté, que je viens remettre entre vos mains pour ne plus la reprendre ! »

On la conduisit à l'église ; lorsqu'elle en sortit, elle fit sur-le-champ couper ses longs et superbes cheveux, qu'elle envoya à ses enfants. On abrégea, en faveur de son zèle, les épreuves qui précèdent ordinairement le noviciat. Elle choisit, pour prendre l'habit, le troisième dimanche après la Pentecôte (2 juin 1674), où l'Église propose aux fidèles la parabole de la *Brebis égarée,* qui est ramenée dans la bergerie par le bon pasteur. Cette parabole fut le texte du discours qui fut prononcé en cette occasion par l'abbé de Fromentières, depuis évêque d'Aire. Mademoiselle de La Vallière prit le nom touchant de *sœur Louise de la Miséricorde.*

Elle prononça ses vœux le 3 juin de l'année suivante. Toute la cour, à l'exception du roi et de madame de Montespan, voulut assister à cette cérémonie solennelle, dont Bossuet immortalisa le souvenir par le charme de son éloquence. L'illustre pénitente se montrait pour la dernière fois ; on ne pouvait plus l'envier ni la haïr ; on la vit avec admiration, modeste et courageuse : jamais sa figure n'avait été si touchante, si remplie de douceur.

« Elle fit cette action, dit madame de Sévigné, comme toutes les autres de sa vie, d'une manière noble et toute charmante. Elle était d'une beauté qui surprenait tout le monde. »

La reine lui donna le voile noir : mademoiselle de La Vallière se mit à genoux pour le recevoir ; on la vit seulement alors lever avec timidité les yeux vers la reine ; son regard suppliant semblait encore implorer un pardon qu'elle avait obtenu. La reine l'embrassa avec l'expression la plus tendre ; Louise baissa respectueusement la tête, et de douces larmes s'échappèrent de ses yeux. Tous les cœurs furent vivement émus.

« J'étais si touchée, dit la princesse de Bavière qui assista à cette solennité, de voir prendre cette résolution à une si charmante personne, qu'au moment où on la mit sous le drap mortuaire, mes pleurs coulèrent avec tant d'abondance, ma douleur fut si amère, que je fus obligée de me cacher. La cérémonie étant finie, La Vallière vint me trouver pour me consoler, et me dit que je devais me réjouir avec elle, plutôt que de pleurer ; qu'elle commençait dès lors à être heureuse... Peu de jours après, ajoute la princesse, j'allai la voir ; j'étais curieuse de pénétrer les motifs qui l'avait déterminée à être si longtemps comme la suivante de la Montespan. Elle me dit que Dieu ayant touché son cœur, lui ayant fait connaître ses péchés, elle avait pensé qu'elle devait en faire une grande pénitence, et souffrir, par conséquent, ce qui était la perte du cœur du roi, et de se voir méprisée de lui ; que pendant les trois années après l'amour du roi, elle avait souffert comme une âme damnée, et avait offert toutes ses peines à Dieu, pour expier, s'il était possible, les péchés commis; que comme son scandale avait été public, il fallait que sa pénitence le fût aussi; qu'on disait d'elle, dans le temps de ses tourments volontaires, qu'elle était une sotte qui ne voyait rien; qu'elle le savait très-bien et l'avait fait à dessein; que c'était précisément alors qu'elle souffrait horriblement; qu'enfin Dieu lui avait inspiré le désir de se vouer à lui, de le servir uniquement, et d'abandonner tout pour lui; qu'elle avait cédé à cette inspiration; que la seule chose qui l'affligeait encore, c'était de sentir que ses vices la rendaient indigne de vivre avec des âmes aussi pures et aussi pieuses que l'étaient les carmélites. On voyait que c'était du fond de l'âme qu'elle parlait. »

Il est certain que depuis sa profession, mademoiselle de La Vallière tourna ses pensées vers le ciel. Elle donnait à Dieu tout ce qu'elle avait eu dans le cœur pour le roi, dont l'image dut cependant la poursuivre encore longtemps au fond de sa retraite; car l'année même de son noviciat, elle écrivait au maréchal de Bellefonds, son ami :

« Je sens que, malgré la grandeur de mes fautes, que j'ai présentes à tout moment, l'amour a plus de part à mon sacrifice que l'obligation de faire pénitence. »

Quant à Louis XIV, il l'oublia si bien, qu'il semblait, dit un contemporain, *ne l'avoir connue ni vue de sa vie*. Tel fut le prix de la passion la plus vraie et la plus désintéressée!

La reine vint souvent visiter, dans son couvent, la sœur Louise de la Miséricorde. La princesse lui demandant un jour si elle était bien aise dans sa nouvelle position :

« Non, répondit-elle, je ne suis pas aise, mais je suis contente. »

La reine, ayant voulu la faire asseoir en sa présence, comme duchesse, elle refusa cet honneur, qui lui rappelait ses faiblesses :

« Je ne suis et ne dois plus, dit-elle, être que religieuse; veuillez, s'il vous plaît, me permettre de rester debout. »

Madame de Montespan, au milieu de son triomphe, eut la curiosité de venir contempler, dans sa cellule de pénitente, celle qu'elle avait fait si cruellement souffrir. Elle vint aux Carmélites, accompagnée de la reine. Après l'avoir entretenue quelque temps sur divers sujets, elle lui demanda si elle n'avait pas quelque chose à faire dire au roi. La religieuse repoussa cette question avec grâce, et d'un air aimable, quoiqu'elle fût un peu piquée.

En 1679, sœur Louise de la Miséricorde eut à soutenir en face les compliments de la cour et de la ville, sur le mariage de sa fille avec le prince de Conti. Au mois de novembre 1683, Bossuet s'étant chargé de lui annoncer la mort du comte de Vermandois, elle répandit d'abord beaucoup de larmes; mais revenue bientôt à elle-même :

« C'est trop, dit-elle à l'illustre prélat, pleurer la mort de mon fils, dont je n'ai pas encore assez pleuré la naissance... »

« Elle assaisonnait parfaitement, dit madame de Sévigné, sa tendresse de mère avec celle d'épouse de Jésus-Christ... Elle était encore belle en 1680, ayant bonne grâce, bon air, et la plus noble, la plus touchante modestie... En vérité, cet habit et cette retraite sont pour elle une grande dignité. »

Elle passa la fin de sa vie dans les plus grandes austérités. Un jeûne continuel, de cruelles macérations altérèrent enfin une santé qu'un zèle plus éclairé eût dû lui faire ménager. La veille même de sa mort, elle se leva à trois heures du matin pour se prosterner, comme à l'ordinaire, au pied de l'autel : les forces lui manquèrent; on fut obligé de la secourir. Elle mourut à l'âge de soixante-six ans, entre les bras de sa fille, la princesse de Conti.

Le château de Saint-Germain, qui fut le théâtre des amours et des premiers chagrins de la duchesse de La Vallière, a été, ainsi que nous l'avons déjà dit, transformé en caserne. En sortant du château, on arrive à une terrasse qui est de la plus grande beauté ; la vue dont on y jouit est étonnante par son étendue et sa variété ; l'imagination ne peut rien enfanter de plus merveilleux. Cette terrasse est l'ouvrage de Le Nôtre ; elle avait primitivement douze cents toises de longueur sur quinze de large.

Quoique aujourd'hui l'antique résidence de nos rois ait perdu presque tout l'éclat dont elle brillait jadis, on se rend encore volontiers à Saint-Germain pour y recueillir de précieux souvenirs historiques, y admirer l'auguste monument, témoin de tant de délices et de tant de splendeurs, s'y promener dans la forêt qui avoisine le château, et surtout pour parcourir la magnifique terrasse où mademoiselle de La Vallière venait d'abord rêver sentimentalement à ses amours, et plus tard pleurer l'inconstance de celui qui l'avait séduite et sacrifiée à une rivale intrigante et ambitieuse.

Vous qui allez visiter le château de Saint-Germain, accordez une pensée à la fille d'honneur de Madame, et une larme à la sœur Louise de la Miséricorde.

CHANTILLY.

Cette belle madame de Prie, avec beaucoup d'esprit et d'attraits, l'air et la taille de nymphe, était une véritable Médée, prodige de l'excès des plus funestes passions.

SAINT-SIMON, *Mémoires*.

LE CHATEAU DE CHANTILLY.

(Mystères des Vieux Châteaux de France).

CHANTILLY.

Le château de Chantilly est situé à neuf lieues de Paris, sur la route de Senlis.

D'anciennes chroniques en font remonter la fondation au delà du dixième siècle.

En 1383, il appartenait à Guillaume Bouteiller, qui y fit bâtir une chapelle, dans laquelle il fut enterré.

Peu de temps après, Gui de Laval le vendit à Pierre d'Orgemont, pour une somme de huit mille livres tournois, avec la tour de Montmélian et le fief de Montey-le-Neuf.

Les descendants mâles de Pierre d'Orgemont étant éteints, la terre de Chantilly passa par mariage dans la maison de Montmorency.

Anne de Montmorency, dont nous avons déjà parlé au château de Chambord, fit ériger cette belle propriété en châtellenie ; et c'est dans cette résidence qu'il se retira lorsque François Ier, le soupçonnant d'aimer la reine, cessa de lui accorder ses faveurs.

Henri de Montmorency, fils du précédent, était désigné pour faire partie des victimes de la Saint-Barthélemy; mais, averti secrètement par une personne amie, il parvint à se soustraire à la mort qui l'attendait, en se réfugiant, deux jours avant les massacres, dans sa résidence de Chantilly. Il était, dans sa jeunesse, un des plus beaux hommes du royaume et l'un des plus adroits. On admirait en lui un grand nombre de bonnes qualités, toute la galanterie des chevaliers français. Il aima passionnément Marie Stuart, veuve de François II; et il en fut si tendrement aimé, que, s'il eût été libre, cette princesse l'aurait épousé. Il la suivit en Écosse, lorsqu'elle fut obligée, par la jalousie et la haine de Catherine de Médicis, d'abandonner la France. Comme général, il passait pour être plus heureux qu'habile. Du reste, il montra beaucoup de discernement et de droiture dans le maniement des affaires publiques et dans les négociations dont il fut chargé. Brantôme rapporte qu'il ne savait pas lire, et que son seing n'était qu'une marque.

« Tout peut me réussir, disait Henri IV, par le moyen d'un connétable qui ne sait pas écrire, et d'un chancelier (Sillery) qui ne sait pas le latin. »

Henri II de Montmorency fut le dernier de cette maison qui posséda la terre de Chantilly. Le duc, à sa naissance, avait été tenu sur les fonts de baptême par Henri IV, qui ne l'appela jamais que son fils. Louis XIII le fit amiral, puis maréchal, et lui accorda longtemps sa confiance et son amitié. Mais le duc, s'étant révolté contre le gouvernement de Richelieu, fut pris les armes à la main et condamné à mort par le parlement de Toulouse. La mort de ce grand personnage avait été résolue, à ce qu'il paraît, dans un conseil secret où le cardinal et le père Joseph, en présentant à Louis XIII, sous toutes les faces, la raison d'État, obtinrent de lui qu'il serait inflexible; et le roi n'osa pas manquer à l'engagement qu'on lui avait fait prendre. En vain toute la cour, les princes, les grands du royaume, se jetèrent à ses pieds pour qu'il accordât la grâce du coupable;

c'était contre eux-mêmes, contre les intrigues, les machinations de plusieurs d'entre eux, que ce terrible exemple était dirigé par une politique rigoureuse. Les marques de l'intérêt le plus vrai, de la compassion la plus profonde, furent données par toutes les classes à l'infortuné Montmorency, mais ne purent rien changer à son sort. La princesse de Condé, sa sœur, accourut, et, après s'être abaissée à supplier Richelieu, épia vainement l'occasion d'implorer aussi à genoux la clémence du roi. Louis XIII se rendit inaccessible pour demeurer inexorable.

Lorsque le maréchal fut introduit dans la grand'chambre du parlement, la plupart des juges se couvrirent le visage de leur mouchoir pour cacher leurs larmes. Guitaut, capitaine aux gardes, étant interpellé par les juges pour déclarer s'il avait reconnu le duc dans le combat :

« Le feu, le sang et la fumée dont il était couvert, répondit cet officier les larmes aux yeux, m'ont empêché d'abord de le distinguer; mais voyant un homme qui, après avoir rompu six de nos rangs, tuait encore des soldats au septième, j'ai jugé que ce ne pouvait être que M. de Montmorency. Je ne l'ai su certainement que lorsque je l'ai aperçu à terre, percé de coups, sous son cheval mort. »

Ce témoignage éclatant donné à son courage augmenta l'intérêt des juges à son égard, sans néanmoins désarmer la justice.

Après la condamnation, de nouveaux efforts furent faits de toute part auprès du roi.

« Le visage et les yeux de ceux qui sont devant vous, dit le maréchal de Châtillon au monarque lui-même, font assez connaître à Votre Majesté qu'elle contenterait bien des personnes si elle daignait pardonner au duc de Montmorency. »

Louis XIII lui répondit qu'il ne serait pas roi s'il avait les sentiments des particuliers.

L'infortuné duc se disposa donc à terminer son sacrifice. Tous les actes de sa vie, pendant son agonie de cinq journées que dura son procès, furent marqués du sceau de la piété la plus sincère. On lui avait accordé d'être décapité dans l'intérieur de l'hôtel de ville, au lieu de l'être publiquement sur la place du Salin, comme l'arrêt le portait. Cette apparente condescendance ne réserva à sa fin qu'une douleur de plus, car il fut exécuté devant la statue du roi Henri IV, son parrain, qui était en partie redevable de son trône au feu connétable de Montmorency. Il s'avança vers l'échafaud avec fermeté, mit la tête sur le billot, et dit au bourreau d'une voix haute :

« Frappe hardiment. »

Et il reçut le coup mortel.

Ainsi périt, à l'âge de trente-huit ans, le maréchal duc de Montmorency, aussi intéressant que coupable. Avec lui finit cette illustre maison, et la terre de Chantilly fut confisquée par Louis XIII.

Le roi fit présent de cette châtellenie à Louis de Bourbon, prince de Condé ; et dès lors cette résidence devint une des habitations les plus magnifiques de France. Le prince n'épargna rien pour embellir cet antique domaine. Ce fut Le Nôtre qui fut chargé de tous les embellissements. Un nouveau corps de bâtiment fut ajouté au premier, des jardins immenses furent dessinés, des bassins énormes furent construits, des jets d'eau et des cascades admirables, des bois, des parcs, des labyrinthes mystérieux, s'élevèrent tout à coup comme par enchantement ; et l'habile architecte sut donner au château de Chantilly toute la beauté, toute la grandeur désirables pour être habité par l'homme le plus illustre de l'époque.

La postérité a confirmé à Louis de Bourbon, prince de Condé, le nom de *grand*, qui lui fut donné par ses contemporains.

Il était né général. « L'art de la guerre était en lui, dit Voltaire, un instinct naturel. »

Il n'avait que vingt-deux ans quand il gagna sur les Espagnols la fameuse bataille de Rocroi. Dix mille des ennemis restèrent sur le champ de bataille, cinq mille furent faits prisonniers. C'était l'élite de leurs troupes, et l'on a remarqué que, depuis cette journée, l'infanterie espagnole, auparavant si renommée, n'a plus rien fait de remarquable. D'un autre côté, ce fut comme le présage de cette époque si glorieuse pour les armes de la France. Tous ces avantages furent obtenus par les bonnes dispositions et l'activité du jeune prince. Après cette journée, Condé ne fit plus que marcher de succès en succès. Les batailles de Lens et Nordlingen, gagnées sur des ennemis supérieurs en nombre, ne firent que consacrer sa gloire et rendre le prince plus cher à la France.

Lors de la Fronde, guerre civile excitée par les grands contre le gouvernement de Mazarin, Condé, recherché par les deux partis, se déclara en faveur de la cour, quoiqu'il eût à s'en plaindre, et se servit de son influence pour amener la paix. On l'accusa bientôt d'avoir mis un prix trop haut à ce service ; mais un tort plus réel, suivant toutes les apparences, fut d'avoir voulu empêcher le mariage de la nièce de Mazarin avec le duc de Mercœur, et de s'être permis publiquement des railleries très-vives sur l'administration du ministre.

Condé, rappelé à la cour par la reine régente, fut arrêté avec son frère le prince de Conti, et enfermé dans le donjon de Vincennes, où il resta treize mois. Lorsqu'il sortit de prison, il ne songea plus qu'à se venger. Bientôt il lève des troupes, marche sur Paris, et force le maréchal d'Hocquincourt à se réfugier vers Auxerre. Mais Turenne, s'étant mis à la tête du parti royaliste, s'avança contre Condé. Leurs armées se rencontrèrent, en 1652, dans le faubourg Saint-Antoine, et il y eut un combat où il se fit de part et d'autre de si grandes choses, que la réputation des deux généraux, déjà si grande, s'en accrut encore. C'est en ce moment que mademoiselle de Montpensier, la grande Mademoiselle, dont nous avons déjà parlé au château de Choisy-le-Roi, s'étant concertée avec le grand Condé, pour qui elle avait alors, sinon de l'amour, du moins une vive sympathie, fit ouvrir les portes de Paris aux troupes du prince et braquer les canons de la Bastille sur l'armée royale, qui fut obligée de se retirer en désordre. Sans l'intervention courageuse de la jeune princesse, Condé, malgré son talent militaire, acculé par Turenne contre les murs de Paris, et n'ayant aucune voie pour la retraite, aurait été infailliblement amené à capituler ou à se battre à outrance.

Lorsque les troupes du roi eurent repris le dessus, désespérant d'obtenir son pardon d'un ministre implacable, Condé se retira au delà des Pyrénées, et se mit au service des Espagnols contre son pays. La paix des Pyrénées vint heureusement mettre fin à la fâcheuse situation du prince.

Louis XIV, étant entré dans son âge de majorité, pardonna généreusement au prince, malgré le cardinal de Mazarin, qui ne tarda pas à mourir.

Condé resta quelque temps sans être employé ; mais en 1663, il fut mis de nouveau à la tête des armées françaises, et il se distingua, comme autrefois, par son courage et ses succès militaires. Il fit la conquête de la Franche-Comté en moins de trois semaines, assiégea et prit Dôle en peu de jours, et gagna plus tard la meurtrière bataille de Senef.

Le roi donna souvent au grand Condé les témoignages les plus flatteurs de son estime et de sa considération. En 1671, il voulut même honorer le vainqueur de Rocroi d'une visite solennelle, et Sa Majesté se rendit à Chantilly avec toute sa cour. Jamais le château n'avait vu tant de splendeurs, jamais il n'avait reçu tant d'hôtes aussi illustres. Condé déploya dans cette circonstance un faste véritablement royal. Il y donna des fêtes dignes en tout point de l'hôte auguste qu'il recevait.

« Paris se trouva pendant trois jours, dit un auteur contemporain, sans musique et sans spectacles. La cour entière, défrayée aux dépens du prince, trouvait partout des plaisirs nouveaux et variés ; elle n'avait pas le temps de respirer. »

Madame de Sévigné nous a conservé la description de ces fêtes dans une de ses lettres : « Le roi, dit-elle, doit aller à Chantilly le 25 de ce mois (avril) ; il y sera un jour entier : jamais il ne s'est fait tant de dépenses au triomphe des empereurs qu'il y en aura là ; rien ne coûte : on reçoit toutes les belles imaginations sans regarder à l'argent ; on croit que monseigneur le Prince n'en sera pas quitte pour quarante mille écus. Il faut quatre repas : il y aura vingt-cinq tables servies à cinq services, sans compter une infinité d'autres qui surviendront. Nourrir tout, c'est nourrir la France et la loger. Tout est meublé ; de petits endroits, qui ne servaient qu'à mettre des arrosoirs, deviennent des chambres de courtisans. Il y aura pour mille écus de jonquilles ; jugez à proportion. »

Dans une autre lettre, madame de Sévigné continue à parler de la magnificence de la fête, et surtout de la mort de Vatel, ce héros culinaire qui se suicida à cause d'un retard dans l'arrivée de la marée.

« Ce n'est pas une lettre, c'est une relation que Moreuil vient de me faire de ce qui s'est passé à Chantilly, touchant Vatel (maître d'hôtel du prince de Condé). Voici l'affaire en détail : Le roi arriva le jeudi au soir. La promenade, la collation dans un lieu tapissé de jonquilles : tout cela fut à souhait. On soupa ; il y eut quelques tables où le rôti manqua, à cause de plusieurs dîners, à quoi l'on ne s'était point attendu. Cela saisit Vatel ; il dit plusieurs fois : « Je suis perdu d'honneur ; voici un affront que je ne supporterai pas. » Il dit à Gourville : « La tête me tourne, il y a douze nuits que je n'ai dormi ; aidez-moi à donner des ordres. » Gourville le soulagea en ce qu'il put. Le rôti qui avait manqué, non pas à la table du roi, mais aux vingt-cinquièmes, lui revenait toujours à l'esprit. Gourville le dit à M. le Prince. M. le Prince alla jusque dans la chambre de Vatel, et lui dit : « Vatel, tout va bien ; rien n'était si beau que le souper du roi. » Il répondit : « Monseigneur, votre bonté m'achève ; je sais que le rôti a manqué à deux tables. — Point du tout, dit M. le Prince, ne vous fâchez point, tout va bien. » Minuit vint ; le feu d'artifice ne réussit point ; il fut couvert d'un nuage : il coûtait seize mille francs. A quatre heures du matin, Vatel s'en va partout : il trouve tout endormi ; il rencontre un un petit pourvoyeur qui lui apportait seulement deux charges de marée ; il lui demande : « Est-ce là tout? — Oui, monsieur. » Il ne savait pas que Vatel avait envoyé à tous les ports de mer. Vatel attendit quelque temps ; les autres pourvoyeurs ne vinrent point ; sa tête s'échauffait : il crut qu'il n'aurait point d'autre marée. Il trouva Gourville, et lui dit : « Monsieur, je ne survivrai point à cet affront-ci. »

« Gourville se moqua de lui. Vatel monte à sa chambre, met son épée contre la porte, et se la passe au travers du cœur ; mais ce ne fut qu'au troisième coup, car il s'en donna deux qui n'étaient pas mortels ; il tombe mort. La marée cependant arrive de tous côtés ; on cherche Vatel pour la distribuer ; on va à sa chambre, on heurte, on enfonce la porte, on le trouve noyé dans son sang ; on court à M. le Prince, qui fut au désespoir. M. le duc pleura : c'était sur Vatel que tournait tout son voyage de Bourgogne. M. le Prince le dit au roi fort tristement. On dit que c'est à force d'avoir de l'honneur, à sa manière ; on le loua fort ; on loua et on blâma son courage... Cependant Gourville tâcha de réparer la perte de Vatel ; elle fut réparée ; on dîna très-bien, on fit collation, on soupa, on se promena, on joua, on fut à la chasse ; tout était parfumé de jonquilles, tout était enchanté. Hier, qui était samedi, on fit encore de même ; et le soir le roi alla à Liancourt, où il avait commandé *médianoche*... Je jette mon bonnet par-dessus les moulins, et je ne sais rien du reste. »

Désormeaux, dans son *Histoire du prince de Condé*, fait monter la dépense de cette fête à deux cent mille livres, qui, au temps où il écrivait, en valaient, dit-il, le double, et qui équivaudraient aujourd'hui à plus de trois fois cette somme.

Louis XIV fut si enchanté de tout l'éclat qu'il avait vu à Chantilly, peut-être aussi fut-il si jaloux de tant de magnificence, qu'il demanda au prince de Condé de vouloir bien lui céder sa propriété, en le laissant maître de fixer le prix. On rapporte que le prince, qui tenait beaucoup à sa résidence, fit connaître au roi son sentiment d'une manière fort adroite :

« Elle est à Votre Majesté, dit-il, pour le prix qu'elle déterminera elle-même ; je ne lui demande qu'une grâce : c'est de m'en faire le concierge.

— Je vous entends, mon cousin, répliqua le roi ; Chantilly ne sera jamais à moi. »

Vers 1776, le grand Condé se retira des théâtres de la guerre et de la cour, pour vivre en paix dans son domaine de prédilection. C'est dans cette retraite qu'il se plaisait, sur la fin de ses jours, à rassembler tout ce que la littérature offrait alors de plus éminent. Bossuet, Corneille, Boileau, Racine, Bourdaloue, se rencontraient souvent à Chantilly. Dans ces réunions de savants, Condé, qui montrait du reste beaucoup d'enthousiasme pour la science, soutenait quelquefois une mauvaise cause avec trop de chaleur et d'opiniâtreté. Le prince, habitué à commander, n'aimait pas à être contredit dans ses opinions. Boileau fut un jour tellement effrayé par une de ses brusques interruptions, qu'il dit tout bas à son voisin : « Dorénavant, je serai toujours de l'avis de M. le Prince quand il aura tort. »

L'inégalité et la brusquerie de son caractère n'étaient pas les seuls défauts que l'on remarquât dans le prince. On lui reprocha, comme général, de ne point assez ménager le sang de ses soldats, et comme particulier, de se montrer ingrat envers ceux qui lui avaient rendu quelques services. Voici ce que Jean de Coligny, son historien, écrivit à son sujet sur les marges d'un missel :

« Je ne reprends jamais la plume, dit-il, que ma pensée ne soit de dire pis que pendre de M. le prince de Condé, duquel, à la vérité, on n'en saurait jamais assez dire. Je l'ai observé soigneusement durant treize ans que j'ai été attaché à lui, mais je dis devant Dieu, en la présence duquel j'écris, et dans un livre fait pour l'honorer (le missel), et où je ne voudrais pas avoir mêlé, avec l'Evangile qui y est contenu, une menterie : je professe donc devant Dieu que je n'ai jamais connu une âme si terrestre, si vicieuse, ni un cœur si ingrat que celui de M. le Prince, ni si traître ni si malin ; car, dès qu'il a obligation à un homme, la première chose qu'il fait est de chercher en lui quelque reproche, pour qu'il se puisse, en quelque façon, sauver de la reconnaissance à laquelle il est obligé : qui est une chose diabolique, et qu'il n'y a peut-être jamais eu que M. le Prince qui ait été capable de la penser, et, qui pis est, de la mettre en pratique. Il ne cherche, de plus, qu'à diviser ceux qui sont près de lui, et me disait à Bruxelles :

« Coligny, quand je serai à Paris, il y aura bien des gens qui auront « de grandes prétentions de récompense, mais il n'y en a pas un à qui je « n'aie à répondre et à lui faire quelque reproche qui égale les obligations « qu'on croit que je puis leur avoir. »

« C'est-à-dire, en bon français, que devant que de partir de Bruxelles, il était déjà résolu de ne faire justice à personne ; et avant que les obligations qu'il avait aux gens eussent cessé, il commençait déjà à mitonner son ingratitude et à se préparer à ne reconnaître personne. Je voudrais bien savoir si le diable le plus exécrable d'enfer a eu de telles pensées ; mais il n'en eut et n'en aura jamais d'autres : il en est incapable. M. de La Rochefoucaud m'a dit cent fois qu'il n'avait jamais vu d'homme qui eût plus d'aversion à faire plaisir que M. le Prince, et que les choses même qui ne lui coûtaient rien, il enrageait de les donner, vu qu'en les donnant il aurait fait plaisir. Le b..... qu'il est, et je le maintiens b..... sur les saints évangiles que je tiens en main, le b..... donc avéré, fieffé, n'a que deux bonnes qualités, à savoir : de l'esprit et du cœur ; de l'un il s'en sert mal, et de l'autre il s'en est voulu servir pour ôter la couronne de dessus la tête du roi. Je sais ce qu'il m'en a dit beaucoup de fois, et sur quoi il fondait ses pernicieux desseins ; mais ce sont des choses que je voudrais oublier, bien loin de les décrire. »

Le tableau de Jean de Coligny ne représente pas le héros de Lens et de Rocroi sous un aspect bien favorable. Les grands personnages ont malheureusement leurs côtés faibles comme les autres hommes. Quand on les regarde sous un point de vue qui n'est pas celui de leur génie, quand on les examine de près et qu'on les suit dans leurs actions journalières, bien souvent le grand personnage ne paraît plus qu'un homme ordinaire, et alors, comme le dit J.-B. Rousseau :

Le masque tombe, l'homme reste
Et le héros s'évanouit.

A la fin de sa vie, Condé se livra avec ardeur aux exercices les plus minutieux de la religion : on le voyait à l'église, un chapelet à la main, se prosterner devant les autels ; on l'entendait réciter des oraisons pieuses ou répéter machinalement à la suite quelques centaines de *Pater* ou d'*Ave Maria*. On aurait dit que son esprit s'était entièrement éclipsé.

Ce prince mourut dans les plus grands sentiments de piété, le 11 décembre 1686, la même année que son historien Jean de Coligny.

Voici le portrait qu'en a tracé Folard, digne appréciateur de son talent militaire :

« Incapable de céder, quelques obstacles qu'il pût rencontrer dans la poursuite de ses desseins, d'un esprit extrêmement vif, tout plein de feu, de lumière et de ressources, d'un coup d'œil admirable ; impérieux, quelquefois violent dans le commandement, plus encore dans l'action, où l'on prétend qu'il suivait assez volontiers les voies meurtrières... »

La physionomie du grand Condé annonçait bien ce qu'il était :

« S'il avait, a-t-on dit, le cœur d'un lion, il avait aussi le regard d'un aigle. »

Le fils du grand Condé fit ses premières armes sous son père, et se distingua par son courage, par ses talents militaires et par beaucoup d'esprit. Cependant, il se faisait remarquer par une bizarrerie de caractère insupportable, et même par des accès d'une espèce de folie dans laquelle il se croyait transformé en chien de chasse. Sa maladie s'annonçait par des agitations dans les jambes et des aboiements réitérés.

Ce prince affectionna sa résidence de Chantilly encore plus que son père n'avait fait. C'est lui qui fit exécuter le parc de Sylvie, et beaucoup d'autres embellissements dans les appartements et dans la forêt.

« Chantilly, dit le duc de Saint-Simon, c'était les délices de ce prince ; il s'y promenait toujours, suivi de plusieurs secrétaires, avec leur écritoire et du papier, qui écrivaient à mesure ce qui lui passait par l'esprit : il y dépensa des sommes prodigieuses. »

Louis-Henri de Bourbon, fils du précédent, fit construire les superbes écuries qu'on admire dans cette fastueuse demeure. C'était alors l'époque de la Régence : le prince, se conformant à la mode, réunit dans son palais une troupe de roués et de courtisanes, et Chantilly retentit quelques temps du bruit des orgies et des saturnales les plus effrénées.

Lors de la majorité de Louis XV, le prince de Condé fit partie du conseil du roi, à la suite du duc d'Orléans, qui conserva encore quelques années l'autorité suprême. Mais le duc d'Orléans étant venu à mourir des excès de ses débauches, entre les bras de la duchesse de Phalaris, l'une de ses complaisantes, Condé fut alors appelé à diriger l'État, en qualité de premier ministre.

Son ministère fut déplorable ; il ne porta, du reste, que son nom, car il fut le règne de la marquise de Prie, sa maîtresse, qui était parvenue à le dominer complétement, et qui était bien, a dit Duclos, la créature la plus dépravée du temps ; ce qui certainement n'était pas peu dire.

La marquise était fille de Bertelot de Pléneuf, riche financier, qui étant un des premiers commis du chancelier Voisin, ministre de la guerre, avait fait une fortune immense dans les entreprises des vivres, et tenait une maison opulente. Madame de Pléneuf en faisait les honneurs. Avec de l'esprit, de la figure et un ton noble, elle s'était formé une espèce de cour

LOUIS-HENRI DE BOURBON ET MADAME DE PRIE, SA MAITRESSE.

(Mystères des Vieux Châteaux de France).

dont elle était l'idole. Entourée d'adorateurs qui s'empressaient à lui plaire, elle eut beaucoup d'amis distingués qui ne lui manquèrent dans aucun temps de disgrâce. Elle se fit un devoir, durant l'enfance de sa fille, de lui donner l'éducation la plus soignée, et s'applaudissait de ses soins. Mais à peine la fille commença-t-elle à fixer sur elle les regards, qu'elle déplut à sa mère. L'aigreur de celle-ci excita les plaisanteries de l'autre; une haine réciproque s'alluma entre elles, et bientôt devint une antipathie. Pléneuf, pour avoir la paix chez lui, maria sa fille au marquis de Prie, parrain du roi, et qui fut nommé à l'ambassade de Turin, où il emmena sa femme. Au retour, la fille, se prévalant de son état, traita sa mère comme une bourgeoise, et ne voulut voir, de l'ancienne société, que ceux qui lui étaient exclusivement dévoués.

La marquise de Prie avait plus que de la beauté; toute sa personne était séduisante Avec autant de grâces dans l'esprit que dans la figure, elle cachait sous un voile de naïveté la fausseté la plus dangereuse. Sans la moindre idée de la vertu, qui était pour elle un mot vide de sens, elle était simple dans le vice, violente sous un air de douceur, libertine par tempérament. Elle trompait sans scrupule son mari; elle trompait de la même manière son amant, qui avait la bonhomie de croire tout ce qu'elle lui disait, malgré ce qu'il voyait lui-même. On pourrait rapporter à ce sujet une foule de traits assez plaisants, s'ils n'étaient pas trop libres. Qu'il suffise de dire qu'elle eut un jour l'art de lui persuader qu'il était coupable d'une suite de libertinage dont il n'était que la victime.

Les gens du prince, qui connaissaient le mal de leur maître et les débordements de la marquise, surent fort bien attribuer à la maladie sa véritable cause. Tout en déplorant la crédulité extraordinaire du premier ministre, ils eurent quelquefois l'occasion de l'exploiter à leur profit ou autrement, et toujours d'une manière fort comique.

Le prince mangeait habituellement une aile de poulet tous les soirs. Un jour, à l'heure qu'on allait le servir, un chien emporta le poulet. Les valets ne trouvèrent rien de mieux à faire que d'en remettre promptement un autre à la broche. Le prince demande à l'instant son poulet ; le maître d'hôtel, prévoyant la fureur où il le mettrait en lui disant le fait, ou en lui proposant d'attendre plus tard que l'heure ordinaire, prend son parti, et lui dit avec le plus grand calme.

« Monseigneur, vous avez soupé.

— J'ai soupé ! s'écrie le prince.

— Sans doute, monseigneur.

— J'aurais soupé sans le savoir?...

— Vous avez soupé, monseigneur, voilà tout ce que je puis dire. Il est vrai que vous avez peu mangé ; vous paraissiez occupé d'affaires ; mais si vous voulez, on vous servira un second poulet. »

Le médecin Chirac, qui voyait le prince tous les soirs, arrivait dans ce moment. Les valets le préviennent et le prient de les seconder.

« Parbleu, dit Son Altesse, en voyant son médecin, voici quelque chose d'étrange ! mes gens veulent me persuader que j'ai soupé ; je n'en ai pas le moindre souvenir, et, qui plus est, je me sens beaucoup d'appétit !

— Tant mieux, répond Chirac ; le travail vous a épuisé, les premiers morceaux n'auront que réveillé votre appétit, et vous pourriez sans danger manger encore, mais peu. Faites servir monseigneur, dit-il aux gens ; je le verrai achever son souper. »

Le poulet fut apporté. Le prince regarda comme une marque évidente de santé, de souper deux fois par ordre de Chirac, l'apôtre de l'abstinence, et fut, en mangeant, de la meilleure humeur du monde.

La marquise de Prie tenait entre ses mains la clef des titres et des honneurs. Un jour, cédant à une fantaisie bizarre, elle voulut donner une marque de distinction à tous les roués de l'époque qui lui avaient adressé des hommages. Elle en fit une liste complète, la présenta à son amant, et l'engagea à les nommer tous chevaliers du Saint-Esprit. Le prince acquiesça facilement à la demande de sa maîtresse, et la marquise ne fut plus entourée que des décorations les plus brillantes.

C'est avec beaucoup de peine qu'elle se vit enlever par Fleuri la nomination aux bénéfices ecclésiastiques ; la marquise aurait voulu avoir sous sa domination le temporel et le spirituel, et remplir toute la France, l'armée, les finances et les abbayes, de ses créatures. Aussi adressa-t-elle de grands reproches à son amant d'avoir cédé à l'évêque de Fréjus une partie aussi importante de l'administration, et fit-elle tous ses efforts pour ressaisir ce qui venait d'échapper à son autorité absolue. Elle accabla de ses avances et de ses caresses l'évêque de Fréjus, qui reçut ces hommages avec plaisir, mais qui ne voulut point se déposséder de ce qu'il tenait entre les mains.

Madame de Prie avait la manie du pouvoir ; c'était chez elle un dessein formé de se faire la maîtresse de tous ceux qui pouvaient avoir quelque influence dans le gouvernement ; elle avait réussi auprès du prince de Condé ; mais elle avait échoué auprès du régent. En effet, à son retour de l'ambassade de Turin, où elle avait accompagné son mari, elle avait entrepris de plaire au duc d'Orléans : celui-ci parut un instant être épris de ses charmes ; mais il était inconstant. D'ailleurs, en comblant ses maîtresses de galanteries et de grâces de toute espèce, il ne leur donnait point de part dans les affaires de l'État. L'ivresse même ne lui arrachait pas une indiscrétion sur cet article.

La marquise, avec le descendant du grand Condé, était arrivée au but de ses désirs ; elle gouvernait seule et absolument. Elle était fière de sa position, et elle ne craignait pas de la faire connaître à tout le monde, et, même souvent d'une manière assez énergique. Lorsque en 1725, année où les pluies perdirent la récolte, on porta en procession la châsse de sainte Geneviève :

« Le peuple est fou, disait-elle ; ne sait-il pas que c'est moi qui fais la pluie et le beau temps. »

La favorite, dans le dessein de se ménager dans l'avenir une très-grande faveur à la cour, voulut marier le jeune roi Louis XV. D'après les conseils de sa maîtresse, le premier ministre porta ses vues sur sa sœur, mademoiselle de Vermandois. Devenant ainsi beau-frère du roi, son autorité n'en aurait été que mieux appuyée. D'un autre côté, personne n'ignorant que le prince ne faisait rien que par l'aveu de sa maîtresse, mademoiselle de Vermandois ne pouvait pas douter qu'elle ne dût son élévation à la marquise, qui se croyait en droit d'espérer tout de la reconnaissance d'une reine qu'elle aurait faite.

Cependant, avant de se décider absolument, la favorite voulut s'assurer à cet égard des sentiments de la princesse, et convenir avec elle des conditions préliminaires. La première était que mademoiselle de Vermandois, en se bornant à des égards de bienséance avec sa mère, ne lui donnerait aucun crédit. La marquise, qui ne pouvait souffrir la sienne, fut aussi étonnée que mécontente de trouver dans la princesse des sentiments fort différents. De plus, accoutumée aux soumissions de son amant, elle fut choquée de n'en pas recevoir autant de la sœur. Il n'en fallut pas davantage à madame de Prie pour lui faire abandonner son projet, et chercher une princesse plus complaisante. Elle n'eut pas de peine à persuader son amant que, loin de s'affermir par une alliance avec le roi, il se mettrait lui-même dans la dépendance de sa sœur et de sa mère. Il ne s'agissait plus que de trouver un parti sortable pour le roi; ce qui n'était pas aisé par la disproportion d'âge des différentes princesses de l'Europe, les unes étant trop jeunes, les autres trop âgées.

On fut pendant quelque temps à la recherche de la reine future de France. Personne ne pensait à la princesse Leczinska, fille de Stanislas, précédemment roi de Pologne, et alors fugitif et même proscrit. Ce fut cependant ce qui détermina dans son choix la marquise de Prie, et conséquemment le premier ministre. Ils ne pouvaient pas douter de la reconnaissance d'une princesse qu'ils faisaient passer, de la situation la plus malheureuse, sur le trône de France.

Lorsque Stanislas apprit, par une lettre particulière du prince, le bonheur inespéré qui lui arrivait, il passa aussitôt dans la chambre où étaient sa femme et sa fille, et dit en entrant :

« Mettons-nous à genoux, et remercions Dieu.

— Ah ! mon père, s'écrie la fille, vous êtes rappelé au trône de Pologne ?

— O ma fille ! répond le père, le ciel nous est bien plus favorable encore... Vous êtes reine de France ! »

Le duc d'Antin avait été chargé d'aller au-devant de la reine future et de la complimenter sur son mariage. Le duc, quoique homme d'esprit et fin courtisan, dit assez maladroitement dans sa harangue, que le prince premier ministre, ayant pu préférer une de ses sœurs, n'avait cherché que la vertu. Sur quoi, mademoiselle de Clermont, l'une des sœurs du prince, qui était présente à ce compliment, dit hautement, de manière à être entendue des personnes qui l'entouraient :

« D'Antin nous prend apparemment, mes sœurs et moi, pour des catins. »

Le mariage du roi ne changea rien dans le gouvernement. La reine monta sur le trône, et la marquise de Prie continua de régner : affaires générales ou particulières, tout était de son ressort. Le prince, en prévenant tous les goûts et les fantaisies de cette femme, était encore obligé d'en servir les fureurs. Le conseiller d'État Le Blanc, le comte et le chevalier de Belle-Isle, furent tous trois mis à la Bastille, pour le crime irrémissible d'être les amis de sa mère. Le maréchal de La Feuillade, voulant faire ostentation de son crédit dans le Parlement, persuada au prince d'y renvoyer l'affaire, et lui répondit de la condamnation des accusés. Condé fit ce qui lui était conseillé. L'arrêt qui suivit trompa l'espoir du prince et de la marquise ; il fut si favorable aux accusés et l'applaudissement si général, que c'était une espèce de triomphe. Le ministre et sa maîtresse en furent outrés ; mais il fallut dissimuler : il est des occasions où la voix publique impose aux despotes.

Le prince et la marquise de Prie avaient trouvé dans la reine toute la reconnaissance et la complaisance qu'ils s'en étaient promises. Cette princesse, uniquement occupée du désir de plaire au roi, ne pensait nullement aux affaires ; et le roi, distrait par la chasse, les fêtes et les voyages de Chantilly, se serait trouvé fort importuné des détails du gouvernement ou des négociations politiques. Ainsi les choses s'étaient assez bien arrangées au gré du prince. Il allait chaque jour, à l'exemple du régent, faire sa cour au roi, lui parler sommairement de quelques affaires, comme pour travailler avec lui, ou plutôt en sa présence. L'évêque de Fréjus ne manquait jamais de s'y trouver en tiers. Ce tiers éternel incommodait le premier ministre, et déplaisait fort à la marquise, qui regrettait toujours la feuille des bénéfices, et projetait depuis longtemps de s'en emparer avec son amant. Pour se délivrer du vieil évêque, elle imagina un moyen par lequel elle devait elle-même le remplacer, et entrer presque ouvertement dans le conseil d'État. Elle persuada au prince d'engager le roi à venir travailler chez la reine, que Sa Majesté aimait alors avec toute l'ardeur d'un jeune homme. Le précepteur, n'ayant point là de leçons à donner, n'y suivrait pas son élève ; de manière que, sans être trop rudement poussé, il glisserait de sa place, et se trouverait naturellement à terre. Alors la marquise, appuyée des bontés de la reine, s'introduirait en quatrième, et de là gouvernerait ostensiblement l'État. Quoique le plan parût admirable, le succès n'y répondit pas.

Le prince de Condé ayant donc un jour engagé le roi à venir travailler chez la reine, l'évêque de Fréjus, qui l'ignorait, se rendit à l'heure ordinaire dans le cabinet du roi, qui n'en était pas encore sorti. Mais, après quelques moments, le prince n'arrivant point, Sa Majesté, sans rien dire à l'évêque, sortit et passa chez la princesse, où Condé s'était rendu.

L'évêque, resté seul à attendre, voyant l'heure du travail presque passée, ne douta point qu'on n'eût voulu l'exclure. Il rentra chez lui, écrivit au roi une lettre d'un homme affligé, mais tendre et respectueuse, dans laquelle il prenait congé de Sa Majesté, et annonçait qu'il allait finir ses jours dans la retraite.

Le roi, étant rentré, reçut la lettre, et en la lisant, se crut abandonné. Ses larmes coulèrent, et, pour dérober sa douleur aux yeux de ses valets, il se réfugia dans sa garde-robe. Le duc de Mortemar, qui était la créature de Fleuri, instruit de ce qui se passait, accourut chez le roi, le trouva dans la désolation, et eut beaucoup de peine à lui faire avouer le sujet de sa douleur. Mortemar, prenant alors le ton du zèle et du dépit :

« Eh quoi ! Sire, lui dit-il, n'êtes-vous pas le maître ? Faites dire à M. le Prince d'envoyer à l'instant chercher M. de Fréjus, et vous allez le revoir. »

Mortemar, voyant le roi embarrassé sur l'ordre à donner, offrit de s'en charger. Le monarque, fort soulagé, accepta l'offre, et Mortemar alla notifier l'ordre au prince de Condé, qui en fut consterné.

Dès que Mortemar fut parti, le prince et madame de Prie tinrent conseil sur leur position. La marquise ouvrit l'avis d'arrêter l'évêque sur-le-champ, et de le diriger sur une province éloignée, où une lettre de cachet le retiendrait en exil. Le coup était hardi ; et il y a apparence qu'il aurait réussi. On aurait fait croire au roi que l'évêque avait refusé de revenir, et personne n'eût osé contredire un prince premier ministre. Le roi, étant encore fort jeune, et alors plus occupé de la reine que d'un vieux précepteur, l'absent eût été oublié. Heureusement pour l'Etat en proie à une femme forcenée, tandis que le conciliabule délibérait, l'évêque arriva chez le roi, qui le reçut comme un père.

Après la scène que nous venons de voir, il est aisé de juger quels sentiments le prince de Condé et l'évêque de Fréjus eurent l'un pour l'autre. Le premier, voyant qu'il fallait désormais compter pour quelque chose un homme si cher au roi, commença à lui marquer les plus grands égards ; et l'évêque, qui n'estima jamais que le réel du crédit, évita tout air de triomphe, et continua de marquer au prince le respect dû à sa naissance.

Quant à la marquise de Prie, fort attachée à la fortune de son amant et nullement à sa personne, elle comprit aisément qu'il fallait renoncer à la feuille des bénéfices et borner beaucoup d'autres prétentions. Elle fit la cour au prélat, et mit tout en œuvre pour le convaincre qu'elle n'avait jamais été l'amante du prince, mais seulement son amie ; elle lui déclara que le prince avait agi contre son conseil, et qu'à cause de cela elle cesserait de lui accorder son amitié. La meilleure preuve qu'elle eût pu alléguer de son peu d'amour pour le prince était les infidélités qu'elle lui faisait journellement ; mais il ne lui était pas aussi facile de tromper le vieil évêque qu'un jeune prince. Le prélat avait décidé la perte de son rival ; il sut convaincre le roi de la nécessité d'un changement dans l'administration des affaires de l'État, et bientôt le prince de Condé reçut l'ordre de se retirer à Chantilly, et la marquise dans sa terre de Courbe-Épine, en Normandie.

Madame de Prie ne montra pas une grande douleur à la nouvelle de sa disgrâce. Soit que l'espérance la soutînt, soit que le chagrin n'étouffât pas en elle tout autre sentiment, une heure avant son départ, elle passa dans un cabinet où elle avait fait venir un amant obscur, dont elle prit congé. Ils étaient apparemment trop occupés l'un de l'autre, ou trop pressés, pour songer à fermer les fenêtres : de sorte que de celles d'une maison voisine, quelques personnes furent témoins de ces tendres adieux, et purent reconnaître, dans le rival favorisé du prince de Condé, le valet de chambre du mari de la marquise.

La fermeté de madame de Prie ne se soutint pas longtemps. A peine était-elle à Courbe-Épine, qu'elle apprit que sa place de dame du palais de la reine lui était ôtée et donnée à madame d'Alincourt. Elle vit clairement alors qu'elle était chassée de la cour à n'y jamais reparaître. Le désespoir la saisit; le chagrin la consuma, et elle mourut à vingt-neuf ans, après avoir séché quinze mois dans son exil.

Le ministre déchu se consola de sa disgrâce en embellissant par de nouveaux ornements sa charmante demeure de Chantilly.

Le dernier prince de Condé, celui qui eut pour fils le duc d'Enghien, exécuté dans les fossés de Vincennes, et pour maîtresse la baronne de Feuchères, accusée, sans doute faussement, d'avoir assassiné son amant, fit construire, un peu avant l'époque de la révolution, un nouveau pavillon appelé le château d'Enghien, un cabinet d'histoire naturelle, et un musée destiné à conserver des médailles. Le hameau et l'Ile-d'Amour, que l'on voit encore aujourd'hui, sont dus aussi à ce prince infortuné.

Nous allons donner la description que Dulaure a faite de ce château, en 1787, au moment de sa plus grande splendeur :

« A droite est un château construit à l'italienne, pour monseigneur le duc d'Enghien. Le grand château est entouré, ainsi que le nouveau, de beaux fossés remplis d'une eau vive. Les carpes, qui s'y sont multipliées, y viennent manger à la main. Pline parle de semblables carpes, qui se trouvaient dans les maisons de plaisance de César.

« Le *grand château* rappelle à l'imagination la demeure de nos anciens preux, et les merveilles que l'on racontait. Il est flanqué de tours qui communiquent l'une à l'autre par une galerie extérieure fort étroite, et qui fait le tour du château.

« La cour, vaste et irrégulière, est entourée de bâtiments ornés de sculptures et de colonnes régulières. Trois arcades décorées de colonnes corinthiennes et d'un fronton brisé, mènent au grand escalier. Au milieu de cet escalier paraît une belle statue équestre du grand Condé : elle est entourée des attributs de sa gloire.

« Le *petit château,* qui communique au grand par des ponts et des corridors, est simple dans ses dehors; mais son intérieur l'emporte de beaucoup en beauté sur le grand château.

« Outre ces deux châteaux, il en est un troisième, appelé *Buquam*, destiné au logement des seigneurs ; il forme un carré avec l'orangerie.

« Les *écuries*, situées, ainsi que le réservoir, sur la pelouse de Chantilly, sont immenses et d'une architecture magnifique. A chaque extrémité est un pavillon dont l'entablement est couronné d'une balustrade de pierre qui tourne autour du bâtiment. Ces pavillons ont trois arcades. Celles du milieu sont des portes avec des amortissements, qui soutiennent trois figures de chevaux. Dans le renfoncement du cintre de l'arcade de la principale porte, sont trois chevaux de demi-bosse. Aux côtés de l'arcade on voit deux groupes de lions, supportés par quatre pilastres ioniques. La corniche forme un fronton circulaire, sur le cintre duquel deux anges tiennent les armes du prince. Le comble est surmonté d'une terrasse avec une Renommée de plomb.

« Par cette grande porte on entre sous le dôme, et, en face, paraît une fontaine dont l'eau est reçue dans une cuvette où sont deux chevaux de plomb, de grandeur naturelle : l'un semble boire, et est accompagné d'un enfant, qui embouche une conque marine ; l'autre boit dans une coquille que tient un autre enfant. En haut, sont deux génies tenant un cartel dans lequel est l'inscription suivante :

LOUIS-HENRI DE BOURBON, SEPTIÈME PRINCE DE CONDÉ,
A FAIT CONSTRUIRE CETTE ÉCURIE ET LES BATIMENTS
QUI EN DÉPENDENT,
COMMENCÉS EN 1719 ET FINIS EN 1735.

« Ces écuries peuvent contenir deux cent quarante chevaux. Les murs sont ornés de têtes de cerfs ; chaque extrémité forme une portion circulaire, fermée en cul-de-four, au-dessous de la voûte, où sont peintes deux chasses, l'une au loup, l'autre au sanglier. Cinquante appartements de maître occupent l'étage supérieur.

« Le *parc*. De la terrasse du château on descend par un superbe escalier dans les jardins, chef-d'œuvre du célèbre Le Nôtre. Cet ingénieux artiste a su tirer le parti le plus heureux des avantages que lui fournissait la nature. La rivière de Nonette y répand la richesse de ses eaux. Elle forme, dit l'auteur de la *Description des eaux de Chantilly,* la fontaine de la Gerbe, que l'on voit avec tant de plaisir; elle produit à droite, une superbe pièce d'eau qui symétrise avec les fossés du château, qu'elle a eu soin de remplir. De là on aperçoit un bras du grand canal, et, sur les côtés, le parterre, enrichi de dix bassins enchanteurs : ceux du milieu forment miroirs. C'est un superbe tableau, dont toutes les richesses semblent s'encadrer au moyen d'une grande portion de cercle percée en son milieu par une belle et large allée qui mène à la forêt de Halate.

« L'*orangerie* est à gauche; son architecture est belle, et son parterre a cinq bassins remplis par des jets d'eau qui jouent continuellement. Le bassin du milieu est orné d'une colonne antique de porphyre, dont la base fournit une nappe d'eau ; cette colonne supporte un octaèdre sur les pans duquel sont placés huit cadrans qui indiquent les heures pour différentes villes de la terre.

« La *salle de spectacle* est construite d'après les dessins de M. Bellisard; l'élégance de sa forme, la richesse de sa décoration ne sont pas ses seuls avantages : le théâtre offre un effet que l'on chercherait en vain dans les autres théâtres de la France. Le fond s'ouvre et laisse voir en dehors une cascade ornée de la figure d'une nymphe ; par le moyen d'un tuyau, que l'on dispose à volonté, il s'élève sur le théâtre huit nappes d'eau. Ces eaux, qui ne sont point en peinture, combinées avec les autres décorations, produisent le plus agréable et le plus étonnant des spectacles.

« Un petit canal, que forme la Nonette, sépare du parterre de l'orangerie l'Ile-d'Amour et celle du Bois-Vert.

« On arrive par un pont de bois dans la première de ces îles. A l'une de ses extrémités est, sur un piédestal, une statue de marbre représentant la Vénus pudique ; à l'autre extrémité, en face, est de même la Vénus Callipigique ; au centre est une salle entourée de thermes en marbre ; au milieu s'élève un Amour sans ailes, sans carquois, et tenant à la main un cœur.

« L'*île du Bois-Vert* forme une espèce de vauxhall. Elle renferme une infinité de jeux : escarpolettes, jeux de bague, bascule à ressort, salle de danse, cabinets mystérieux ; et, à l'extrémité, un superbe portique en treillage qui décore un bassin cintré, où sont placées deux figures de dragons qui se combattent : les jets qui sortent de leurs gueules se heurtent l'un contre l'autre et se brisent avec impétuosité. »

La révolution passa sur tant de merveilles entassées à grands frais ; la bande noire des démolisseurs fit tomber sa hache sur le palais des Montmorency et des Condé ; le grand château fut démoli de fond en comble ; le petit château, le pavillon d'Enghien et les écuries sont restés debout, pour rappeler l'ancienne magnificence de cette demeure, qui fut la résidence de tant de héros.

A présent, le château de Chantilly appartient au duc d'Aumale, héritier testamentaire du dernier prince de Condé.

SEMBLANÇAY.

Celui que François Ier appelait son *vieux père*, fut pendu et étranglé à Montfaucon, et ses biens furent confisqués.

MÉZERAI.

RUINES DU CHATEAU DE SEMBLANÇAY.

(Mystères des Vieux Châteaux de France).

SEMBLANÇAY.

Le château de Semblançay était situé sous le beau ciel de la Touraine, à quatre lieues de Tours. Sa plus grande splendeur eut lieu à l'époque de François Ier, où Louis de Semblançay, ayant toute la confiance du roi, administra les finances de l'Etat pendant près de quinze ans. C'était dans ce château que le comte venait se reposer des fatigues de sa charge, et méditer les réformes qu'il introduisit dans la partie confiée à sa gestion.

François Ier avait pour le comte la plus grande estime ; il écoutait tous ses avis avec déférence et ne l'appelait que son *vieux père*.

Lors de l'expédition du Milanais, le monarque avait destiné certaines sommes pour être envoyées à son armée d'Italie. La duchesse d'Angoulême, mère du roi, détourna ces sommes, et l'expédition manqua faute d'argent. François Ier demanda des explications à son surintendant : celui-ci déclara qu'il avait remis les sommes à la régente (1). La princesse nia le fait ; et le vieux comte, jugé par une commission extraordinaire,

(1) La duchesse d'Angoulême avait été nommée régente du royaume par son fils.

fut condamné « à être pendu et étranglé à Montfaucon, et à avoir ses biens confisqués jusqu'à la restitution des sommes mal prises sur les finances du roi. »

Le moine Nic-Gridius fit courir, à cette occasion, un quatrain en langue latine, que l'on peut traduire de la manière suivante :

Si le roi te nomme son père,
Ne va pas t'en glorifier:
En se disant ton fils, il est clair qu'il espère
Devenir à ce titre un jour ton héritier.

Une partie de ses biens furent vendus, l'amende à laquelle il avait été condamné fut payée, et le château de Semblançay resta à sa famille.

Parmi les petits-fils du surintendant, il en est un qui s'est fait remarquer dans son temps par ses galanteries, son humeur aventureuse et surtout par son mariage extraordinaire avec Athénaïs Mirecourt. C'est principalement pour avoir l'occasion de parler d'Auguste de Semblançay, de la belle comtesse, sa femme, et de Henri, leur fils, que nous avons entrepris de dire quelques mots sur le château de Semblançay.

Athénaïs, sans être d'une famille noble, était née de parents assez riches. Ayant perdu son père et sa mère dès son enfance, elle demeura sous la conduite d'une tante assez jeune, qui prit soin d'elle pendant quelques années, avec beaucoup de zèle et de tendresse. Elle parvint à l'age de quatorze ou quinze ans, sans que rien eût altéré son repos et son innocence ; mais l'amour vint empoisonner sa vie, dans une campagne solitaire d'où elle n'était jamais sortie. Le comte de Semblançay la vit, et la trouva aimable. Il s'attacha fort assidûment auprès d'elle, le voisinage d'une de ses terres lui en procurait la facilité. Elle s'accoutuma à recevoir ses soins, et même à l'aimer, avant de connaître ce que c'est que l'amour. Elle ignorait quelles étaient les vues du comte et s'il pensait à l'épouser. Quoique d'un rang fort inférieur au sien, elle était distinguée, et sa fortune n'était pas méprisable. Mais elle se livrait au penchant de son cœur, sans s'occuper de ces réflexions, lorsqu'elle se trouva exposée à mille chagrins d'une nature fort extraordinaire.

Sa tante, qui avait vécu jusqu'alors dans la même solitude qu'elle, prit plaisir à voir souvent le comte dans sa maison. Loin de s'alarmer pour l'intérêt d'Athénaïs, elle contribua par ses civilités à rendre ses visites plus fréquentes. Peut-être n'était-ce d'abord que simple goût pour l'amusement et la compagnie; mais l'air complaisant du comte, qui se croyait intéressé à la ménager, lui fit naître la pensée qu'il n'était pas sans inclination pour elle, et que celle qu'il marquait pour sa nièce était un voile dont il couvrait ses véritables sentiments. Elle se trouvait encore dans une certaine jeunesse, avec quelque beauté, et un fonds inépuisable d'amour-propre. Il en faut bien moins dans une femme pour lui persuader qu'elle peut être aimée. L'ambition et l'amour prirent tout à la fois possession d'elle, et firent un progrès presque égal dans son esprit et dans son cœur.

Le comte et Athénaïs ne s'en aperçurent pas tout d'un coup, mais aux premières marques qu'ils en eurent, ils ne regardèrent point cet incident comme un mal à redouter pour eux. Au contraire, le fruit qu'ils pouvaient en attendre était de se voir plus librement. Ils se flattèrent quelque temps de cette opinion; jusqu'à ce qu'étant un peu fatigué de sa présence continuelle, Auguste résolut, de concert avec son amante, de la traiter plus froidement pour se délivrer de son importunité. Ce fut le signal de leur ruine. Elle sentit aisément cette différence; et s'imaginant que sa nièce pouvait être sa rivale, elle conçut contre elle une haine furieuse. Cependant, pour garder quelque mesure, elle affecta d'abord de ne mettre aucun changement dans ses manières. La crainte d'offenser le comte lui fit conduire ses desseins avec une prudence dont la jalousie n'est pas toujours capable. Elle prit le parti de marier Athénaïs à un jeune homme du voisinage, qui avait déjà marqué de l'affection pour elle; elle régla secrètement toutes les conditions de ce mariage, et elle n'en avertit sa nièce que la veille du jour fixé pour l'exécution.

Le respect d'Athénaïs pour une parente qui lui tenait lieu de mère la jeta dans un extrême embarras. Malheureusement, le comte était à Paris pour quelques jours. Elle ne pouvait lui communiquer sa peine, et la tante avait choisi exprès cette conjoncture pour rendre le succès de ses vues plus certain. Cependant l'amour trompa sa prévoyance : il inspira assez de fermeté à Athénaïs pour se défendre. Elle prit pour prétexte sa grande jeunesse, et l'aversion qu'elle avait pour le mariage. La jalousie de sa rivale, plus éclairée que jamais, se convertit en fureur. Les injures et les mauvais traitements en furent les premiers fruits; et par un horrible excès de malignité, cette indigne tante introduisit elle-même pendant la nuit dans la chambre de sa nièce le jeune homme dont elle voulait la forcer d'être l'épouse.

Son but était de la réduire effectivement à cette nécessité pour apaiser l'éclat d'une si étrange aventure, ou du moins de la déshonorer dans l'esprit du comte. Elle prit soin de répandre elle-même ce qui s'était passé, en cachant avec une adresse cruelle que sa nièce s'était tirée heureusement des mains du ravisseur. Le comte, qui revint quelques jours après, n'eut besoin que d'un moment d'entretien avec sa maîtresse pour se convaincre de sa fidélité et de son innocence. Il continua de la voir, tandis que la rage de sa tante ne faisait que redoubler; et pour la venger de l'insulte qu'elle avait reçue, il fit maltraiter par ses domestiques le jeune homme qui avait eu la hardiesse de la troubler pendant la nuit. Elle lui devint plus chère après cet accident. Il lui confessa que son inclination le portait à l'épouser, mais que ne pouvant espérer l'aveu de la comtesse sa mère, il n'y avait d'autre voie pour être à elle que de lui donner la main en secret, jusqu'à ce que l'âge ou quelque autre changement les mît tous deux en liberté. Elle y consentit avec joie. Ils s'occupèrent des moyens de hâter leur bonheur, et n'ayant mis dans leurs intérêts que des amis fidèles, il semblait que rien ne fût capable de les traverser.

Cependant leur ennemie commune avait veillé avec tant de soin sur leurs discours et sur leurs démarches, qu'elle avait pénétré leur secret. La haine qu'elle portait à sa nièce ne souffrant plus aucun ménagement, elle jura sa perte, au risque même de la sienne. Elle disposa d'abord le jeune homme qu'elle avait voulu lui faire épouser, à exécuter toutes ses volontés. Il avait deux motifs au lieu d'un : son ressentiment contre le comte, dont il avait été maltraité, et sa passion pour Athénaïs, qu'il se flattait toujours de vaincre par la constance; on se garda bien de lui faire connaître qu'il était question de nuire à sa maîtresse. Il se laissa persuader qu'on voulait le rendre heureux, et qu'il ne pouvait le devenir que par les moyens qu'on lui offrait. Comment se serait-il défié d'une femme qui lui avait rendu le service qu'on a rapporté? Il entra dans toutes ses vues. Elle lui recommanda de se rendre à Paris, un jour qu'elle avait résolu d'y mener sa nièce. Elle la prit effectivement avec elle, sous prétexte d'y acheter quelques bijoux. Elle la conduisit chez divers marchands, pour faire traîner le temps en longueur, et lorsqu'elle vit la nuit arrivée, elle reprit avec elle le chemin de sa terre, dans son équipage. Trois hommes qu'elle avait apostés sur la route arrêtèrent le carrosse, dans un endroit écarté; ils les volèrent toutes deux avec des menaces feintes, et se saisissant d'Athénaïs, qu'ils regardaient, disaient-ils, comme la plus meilleure partie de leur proie, ils ordonnèrent brusquement à la tante de se rendre seule à sa maison.

On peut juger de la frayeur et de la consternation de cette jeune personne lorsqu'elle se vit au milieu de trois voleurs, dans l'obscurité de la nuit, et sans espoir même que ses cris, qui étaient son unique ressource, pussent être entendus. La perte de son honneur et de sa vie lui parut inévitable. Au moment qu'elle appréhendait les dernières extrémités, elle entendit le bruit d'un homme à cheval qui semblait s'approcher. Elle crut l'avoir attiré par ses cris. Il fut à elle en un instant. C'était le jeune homme, qui agissait de concert avec la tante : il feignit de ne la pas reconnaître, et, s'adressant aux trois hommes qui s'étaient saisis d'elle, il les exhorta à traiter une personne de son sexe avec plus d'humanité. Il ajouta que si leur profession était de voler, il leur offrait volontairement sa bourse, à condition qu'ils lui accorderaient la liberté de cette jeune demoiselle. Ils lui refusèrent nettement cette faveur. Elle, qui le reconnut à sa voix, se jeta aussitôt à ses genoux pour implorer son secours, en répétant plusieurs fois qu'elle était Athénaïs.

« Vous ! s'écria-t-il avec une admiration simulée ; ô ciel ! que vous rendrai-je pour un tel bienfait ! » — Ensuite, s'adressant aux voleurs : « Messieurs, leur dit-il, votre fortune est faite, si vous me permettez d'entretenir un moment cette demoiselle en sûreté. »

Il obtint la liberté de s'approcher d'elle ; et lui ayant fait considérer que son honneur et peut-être sa vie étaient perdus sans ressource : « La rencontre que j'ai faite de vos ravisseurs, ajouta-t-il, est un miracle du ciel en faveur de votre honneur et de mon amour. Je vais sacrifier tout mon bien pour vous sauver ; mais à condition que vous vous engagerez à m'épouser, et que pour prévenir toutes mes défiances, vous m'accorderez ici ce que ces trois scélérats allaient sans doute vous ravir. »

Quelque horrible que cette proposition dût paraître à Athénaïs, il n'y avait pas à balancer un moment. La certitude de sa perte, si elle demeurait entre les mains de ces trois hommes, et l'espérance, du moins, de se défendre plus facilement, lorsqu'elle n'en aurait à combattre qu'un seul, lui arrachèrent une promesse à laquelle sa volonté avait peu de part. Son libérateur, qui ne lui paraissait pas un monstre moins détestable que les trois autres, continua de traiter avec eux en sa présence, pour lui faire comprendre l'importance du service qu'il lui rendait, et les congédia, après avoir achevé son personnage avec beaucoup d'adresse. Lorsqu'il fut resté seul avec Athénaïs, il la pressa d'exécuter sa promesse ; danger plus redoutable que celui dont elle se croyait délivrée. Il n'y avait, en effet, que le ciel qui pût la secourir; mais il veillait sur elle.

Athénaïs demeurée en tête-à-tête et sans défense avec un amant qui la respectait si peu, conçut que s'il restait quelque choix à faire, ce n'était plus qu'entre le sacrifice de son honneur et de sa vie. Quelque horreur qu'une fille ait pour le crime, il n'y a jamais dans ces occasions deux à parier contre un en faveur de la vertu; non que la vertu manque de force pour demeurer victorieuse; mais elle est comme suspendue par la crainte, lorsque celle-ci s'empare du cœur, et ne présente à l'esprit que les horreurs de la mort; de sorte que sans en être plus faible, elle cesse seulement d'agir, parce qu'il devient comme impossible qu'elle se fasse entendre. Je ne décide point de quelle manière cette scène aurait pû se terminer, si Athénaïs eût regardé la mort avec les mêmes yeux que la plupart des personnes de son âge; mais les chagrins qu'elle avait essuyés, ceux qu'elle prévoyait encore, et surtout la pensée qu'en achetant la vie par un crime, elle allait se rendre indigne du comte, et perdre tout droit à son amour : ces trois raisons étaient suffisantes pour lui rendre la vie odieuse, et pour faciliter la victoire à l'honneur.

Elle eut le temps de faire ces réflexions pendant qu'un reste de bienséance faisait attendre au jeune homme que les voleurs supposés fussent éloignés. L'ayant pressée aussitôt de tenir sa promesse, il fut surpris de la voir tomber à ses genoux, et de recevoir d'elle une réponse touchante, par laquelle elle le conjurait de la délivrer de la vie comme du plus insupportable de tous ses maux. Cette prière fut sans doute accompagnée de larmes, et de tout ce qui était propre à toucher un cœur qui ne pouvait être insensible à la compassion, puisqu'il était si sensible à l'amour. L'effet surpassa toute espérance. Ce jeune homme n'était point un scélérat ni un barbare. La tante d'Athénaïs l'avait empoisonné par ses conseils. Avec une passion ardente et l'aiguillon de la jalousie, il n'est pas surprenant qu'il eût marqué trop de facilité à les suivre. Mais l'amour, qui est capable successivement de tous les excès, le fit passer en un moment des plus lâches désirs aux plus nobles sentiments de la vertu. Il eut de l'embarras à trouver des termes pour exprimer son repentir; et la résolution formée du crime, qui l'avait rendu si téméraire, étant enfin sortie de son cœur, il parut plus tremblant devant sa maîtresse qu'elle ne l'avait était devant lui.

Il lui fit quitter la posture humiliante où elle était encore. La honte qu'il eut de l'y avoir forcée la lui fit prendre à son tour. Il lui représenta ce qu'il crut capable de l'apaiser : l'excès de son amour, le désespoir où elle l'avait jeté par ses mépris. Il la conjura de lui rendre la vie plus aisée à supporter, ou de lui donner la mort; c'était la même scène, les rôles seulement avaient changé. Athénaïs, sans être fort versée dans l'art de ménager les passions des hommes, tira de son esprit naturel ce qu'elle ne pouvait devoir à l'expérience; elle crut que, dans une occasion de cette nature, il fallait flatter une passion si dangereuse.

« Voilà, lui dit-elle, des témoignages qui me persuadent de votre tendresse, et j'y suis plus sensible que je ne l'ai été jusqu'à présent à tous vos soins. »

Elle le pressa ensuite de la conduire promptement chez sa tante, en continuant de lui promettre qu'il serait content de sa reconnaissance.

Ce pauvre amant baisa la trace de ses pas, et se crut trop heureux de cette faveur, lui qui s'en était promis de si différentes. Dans le mouvement de sa joie, il crut se faire un mérite d'apprendre à sa maîtresse que c'était par les conseils de sa tante qu'il s'était porté à lui causer le chagrin qu'elle venait d'essuyer, et en lui racontant de quelle manière l'artifice avait été conduit. C'était lui rendre service, en effet, que de lui découvrir la malignité de sa rivale, et par conséquent de lui inspirer de la défiance contre les nouvelles insultes de cette furieuse. Athénaïs résolut sur-le-champ de profiter de cette ouverture, pour chercher un asile dans une autre maison que la sienne. Elle fit connaître son dessein au jeune homme, qui ne se fit pas presser pour y consentir, parce qu'il se flatta aussitôt qu'en lui procurant lui-même une retraite, il aurait la liberté non-seulement de la voir et de lui rendre ses soins, mais de disposer d'elle avec une espèce d'empire. Il lui proposa la maison d'une parente qu'il avait dans un village voisin, et Athénaïs, qui ne pensait qu'au danger présent, accepta l'offre volontiers. Elle se mit à cheval derrière lui. L'obscurité de la nuit rendait le chemin fort difficile. Ils ne laissèrent pas de marcher quelque temps assez satisfaits l'un de l'autre en apparence. Mais la pauvre jeune fille sentait au fond du cœur toute la dureté de son sort. L'aveu qu'elle venait d'entendre ne lui permettait guère de prendre une certaine confiance dans son guide. Quoique son repentir parût sincère, il venait à la suite d'un projet si horrible, qu'elle n'y pouvait penser sans frémir. C'était moins à lui-même qu'elle avait obligation de son changement, qu'à un miracle du ciel qui avait arrêté tout d'un coup ses criminels desseins. Quelle assurance avait-elle qu'ils ne pouvaient point renaître? Elle pressentait d'ailleurs que, dans la retraite où elle se aissait conduire, sa liberté serait éternellement contrainte, ou lui serait vendue bien cher.

Pendant qu'elle était occupée de ces réflexions, elle entendit le bruit d'un équipage qui s'avançait dans le grand chemin, et qui était accompagné de plusieurs hommes à cheval. Son guide pensait à prendre un chemin détourné pour l'éviter; mais elle lui représenta sans affectation que, marchant tous deux de compagnie, ils n'avaient à craindre aucune rencontre. Déjà le carrosse était assez proche, et le grand nombre de laquais et de flambeaux annonçait une personne de distinction. Athénaïs prit sur-le-champ un parti fort étrange : elle se laissa glisser de dessus la croupe, et courant légèrement au-devant du carrosse, elle étendit les bras, en suppliant le cocher d'arrêter. Ce spectacle fixa effectivement toute la troupe. L'archevêque N...., qui en était le maître, et qui retournait à Paris, quoique la nuit fût fort avancée, mit la tête à la portière. Il fut surpris d'apercevoir une jeune fille, bien mise et pleine de charmes, qui vint se jeter à genoux devant lui et qui le pria, en joignant les mains, de lui sauver la vie et l'honneur. Il ne balança point à lui offrir une place dans son carrosse. Elle l'accepta, et son guide, ou plutôt son ravisseur, craignant que cette scène imprévue ne tournât point favorablement pour lui, se hâta de prendre la fuite avec toute la vitesse de son cheval.

Comme les larmes et les agitations d'une douleur passagère ne servent qu'à relever la beauté, Athénaïs parut aux yeux de l'archevêque une des plus charmantes personnes du monde. Il lui demanda, avec le dernier empressement, par quelle aventure il se trouvait assez heureux pour lui rendre service. Cette question, qu'elle devait avoir prévue, ne laissa pas de l'embarrasser. Elle aurait voulu cacher ses liaisons avec le comte de Semblançay, ce qui était difficile en parlant de la haine de sa tante et de la cause de son malheur. Une autre raison l'arrêtait encore : c'était l'incertitude du lieu où elle devait prier l'archevêque de la faire conduire. Elle n'avait point de connaissance particulière à Paris, et toutes les espérances du monde ne l'auraient pas fait consentir à retourner chez sa tante. Enfin, dans la nécessité de s'expliquer, elle se réduisit à raconter l'accident qui lui était arrivé la même nuit, par la malignité d'un jeune homme qui voulait l'épouser malgré elle, et elle supplia l'archevèque de lui faire trouver un asile dans un couvent.

Ce prélat reconnut sans peine qu'elle lui déguisait une partie de la vérité ; mais sa modestie et l'air noble de ses manières parlaient si fort en sa faveur, qu'il lui renouvela les assurances de sa protection. Sa bonne volonté pour elle alla si loin, que ne pouvant la mener dans un couvent à l'heure qu'il était, et la crainte du scandale ne lui permettant plus de lui faire passer le reste de la nuit dans le palais qu'il avait à Paris, il eut la complaisance de retourner avec elle à sa maison de campagne, qui n'était pas fort éloignée. Elle y fut servie avec toute sorte de soins et de respects. L'archevêque, étant obligé de se trouver à Paris le lendemain, la laissa seule, après l'avoir priée d'être tranquille jusqu'à son retour, et s'être engagé à lui fournir l'asile qu'elle souhaitait dans une maison religieuse.

Il était impossible que les gens de l'archevêque n'eussent point assez de curiosité pour souhaiter de savoir à qui leur maître avait rendu service. L'intendant de ses affaires, homme riche et volupteux, qui s'était fait raconter l'aventure du chemin, fut moins crédule que lui. Il ne put se figurer qu'une fille sage et bien née se fût trouvée malgré elle en pleine campagne au milieu de la nuit, et donnant l'essor à son imagination sur ce fondement, il forma les plus cruels soupçons sur son honneur et sa vertu. Il était d'ailleurs charmé de sa beauté ; de sorte que le prélat eut à peine repris le chemin de paris, que se promettant de tirer aisément parti d'elle, il se hâta de la voir dans son appartement. Elle le reçut avec cet air de douceur qu'on a déjà pu reconnaître pour son caractère ; un accueil si favorable augmenta l'espérance et les désirs de l'intendant. Après quelques explications sur son infortune, dans lesquelles elle se garda bien néanmoins de s'ouvrir plus qu'elle n'avait fait avec l'archevêque, il lui offrit une retraite plus agréable que le couvent qu'elle paraissait désirer, et il lui fit entendre fort clairement qu'il dépendait d'elle de devenir riche et heureuse en acceptant ses offres. Athénaïs, sans se défier encore de son dessein, le remercia civilement, avec cette simplicité d'intention qui accompagne le véritable honneur. S'il prit une meilleure idée de sa sagesse après ce refus, il s'assura du moins par son entretien qu'elle n'avait point assez d'expérience pour être difficile à tromper, et il forma aussitôt un autre projet qui lui réussit plus heureusement. Il la laissa seule pour aller travailler aux préparatifs. Vers le soir il la revit, et feignant d'avoir reçu des nouvelles de l'archevêque par un exprès, il lui fit voir une lettre supposée par laquelle ce prélat lui ordonnait de la conduire à Paris, dans un couvent dont il lui marqua le nom, avec des circonstances qui donnaient une vraisemblance parfaite à son artifice. Ses vues étaient de lui faire prendre un chemin tout différent. Il avait à quelque distance une jolie maison, qu'il faisait servir depuis longtemps aux plaisirs de l'amour. Il se flattait de vaincre Athénaïs lorsqu'elle serait en son pouvoir ; et connaissant le caractère facile de son maître, il comptait de lui persuader aisément qu'elle s'était dérobée d'elle-même, dans la crainte d'être reconnue pour une aventurière.

Elle fut, en effet, la dupe de ce scélérat. Le respect avec lequel il affectait de la traiter était capable de prévenir sa défiance, et le malheur de cette belle fille était peut-être d'en avoir toujours manqué. Elle monta avec lui dans une chaise qu'il tenait prête : mais ils ne suivirent le chemin de Paris qu'aussi longtemps qu'il était nécessaire à l'intendant pour déguiser son infâme projet.

Si le nouveau ravisseur eut assez de pouvoir sur lui-même pour tenir ses désirs en bride jusqu'à sa maison, il changea de langage en arrivant, et Athénaïs reconnut trop tard qu'elle s'était crue mal à propos hors de danger. La douleur et la crainte recommencèrent à faire couler ses larmes. Faible ressource contre un scélérat endurci, qui ne cherchait que sa propre satisfaction avec elle, sans s'embarrasser si elle en partagerait le plaisir. Les prières, les humiliations et tous les petits artifices qui lui avaient réussi avec tant de bonheur la nuit précédente, n'excitèrent que la risée de ce brutal. Elle se vit au point de regretter ce qui lui avait paru plus terrible que la mort la nuit d'auparavant, parce que le jeune amant ne demandait rien du moins qu'à titre d'époux, ou pour acquérir le droit de l'être.

Le ciel fit un second miracle en faveur d'Athénaïs. Dans le moment que ce vieux satyre était le plus incommode et le plus pressant, le comte de Semblançay paraît à la porte de la chambre, aperçoit sa maîtresse, juge à ses larmes et à la posture humiliée où il la trouve, de ce qu'elle avait à souffrir et à craindre. La fureur le saisit. Il perce l'intendant d'un coup d'épée qui le renverse.

« Ah ! chère Athénaïs, est-ce bien vous-même ? Est-ce vous ! s'écrie-t-il en l'embrassant avec transport ; et par quel affreux abandon du ciel êtes-vous tombée au pouvoir d'un lâche et d'un infâme? »

Dans la rage qui le possédait, il redouble ses coups sur l'intendant, et lui arrache la vie par une infinité de blessures.

Athénaïs, si heureusement délivrée, consentit à prendre le chemin de Paris avec le comte. Il lui raconta de quels moyens le ciel s'était servi pour lui faire découvrir ses traces, et de quelle diligence il avait eu besoin pour la retrouver dans un moment où sa présence était si nécessaire. Il était allé la veille à la maison de sa tante, où il avait appris qu'elle était à Paris avec Athénaïs, mais qu'elles devaient revenir le même jour. S'étant fait un plaisir d'attendre leur retour, il avait vu la tante revenir seule, avec des marques affectées de saisissement et de douleur. Elle n'avait pas manqué de lui faire le récit de son malheur prétendu et de celui de sa nièce. Il était monté aussitôt à cheval avec toute l'impétuosité de l'amour, et suivi de plusieurs de ses gens, il avait gagné le lieu où le vol supposé s'était commis. On ne l'avait pas trompé pour le lieu ; mais la distance avait fait prévoir à la tante que son secours arriverait trop tard. En effet, n'ayant aucune lumière sur la route qu'il devait prendre, après avoir manqué les voleurs, il avait erré dans les campagnes voisines pendant le reste de la nuit, avec moins de raison que de fureur et de désespoir. Il avait trouvé enfin le jeune homme qui avait pris la fuite à l'arrivée du carrosse, et que l'amour avait ramené comme lui pour chercher Athénaïs. Il avait su de lui une partie du détail qu'on a raconté, et s'étant informé avec soin des moindres circonstances qui regardaient l'équipage, la livrée et la route de l'archevêque, il était parvenu à découvrir quel était ce prélat. Le reste avait été plus facile, quoique ce n'eût point été sans peine qu'il avait découvert la route de l'intendant. Il avait crevé trois ou quatre chevaux dans toutes ces courses, et l'on a vu par le besoin extrême que sa maîtresse avait de son secours, qu'il avait été comme dirigé par une faveur extraordinaire du ciel.

Le comte avait à se dérober aux recherches de la justice, à cause de la mort de l'intendant. Il s'empressa donc de quitter Paris et retourna dans son château avec la jeune fille, qu'il affectionnait plus que jamais. Peu de jours après se célébraient, dans la chapelle du château, les noces du comte de Semblançay avec la belle Athénaïs Mirecourt.

De ce mariage, accompli d'une manière si romanesque, naquit un fils, Henri de Semblançay, sentimental comme son père, et dont une aventure amoureuse causa la ruine de l'antique castel.

Entre plusieurs fermiers, le comte en avait un fort honnête et fort industrieux, qui s'était procuré quelque bien par son travail, et qui, ayant perdu sa femme, était allé demeurer avec sa fille unique, dans laquelle il mettait toute sa consolation. Cette fille, qui se nommait Aline, passait pour une des plus aimables personnes du canton, et ne s'était pas moins fait estimer par sa sagesse que par sa beauté. Avec tant de mérite, elle ne pouvait manquer d'admirateurs, et plusieurs de ses voisins lui avaient déjà fait des offres fort avantageuses; mais elle avait refusé de les écouter sans le consentement de son père, et comme elle avait à peine dix-sept ans, ce dernier la croyait trop jeune encore pour la laisser s'engager dans l'état du mariage.

Elle vivait ainsi tranquille, et dans une innocence égale à sa beauté, lorsque Henri vint passer quelques semaines dans sa terre, où il n'avait pas mis le pied depuis cinq ou six ans. Il y entendit bientôt parler des charmes d'Aline, et s'étant fait raconter tout ce que l'on a dit de son caractère, il prit aussitôt la résolution de la voir; et, s'il la trouvait telle qu'on prenait plaisir à la dépeindre, d'en faire la victime de ses plaisirs. Il choisit un jour où il se fit assurer que le fermier n'était point dans sa maison, et feignant que le hasard l'y faisait entrer pour lui rendre une visite familière, il affecta de marquer quelque regret de n'y trouver que sa fille. Aline, en apprenant qui il était, le reçut avec une confusion innocente, mais avec plus de grâce et de politesse qu'il n'en avait attendu d'une jeune personne de cette condition. Il fut satisfait de ses manieres et charmé de sa beauté. L'ayant entretenue quelque temps d'un air libre et enjoué, il la salua civilement, et la quitta sans affectation.

Depuis ce moment, Henri devint plus assidu près d'elle; mais il ne lui parla d'amour qu'en secret, et ne prenant pas même les choses de trop loin, il lui fit une peinture brillante des agréments de Paris, où il lui proposa d'aller vivre avec lui. Aline fut également flattée de sa conquête et de la perspective de tant de plaisirs ; cependant le sentiment de l'honneur et celui du respect qu'elle portait à son père lui firent surmonter son penchant. Avec quelque précaution que le comte eût conduit ses desseins, ils ne purent échapper tout à fait à l'attention du fermier, qui en marqua même de la défiance à sa fille et qui l'exhorta, avec toute la force de l'affection paternelle, à rompre une intelligence qui ne pouvait manquer tôt ou tard de lui être funeste. Aline lui confessa une partie de la vérité, et lui promit de suivre ses conseils. Mais les assiduités de Henri, son adresse, les agréments de ses discours et de sa personne triomphèrent d'un cœur simple et innocent. Elle ne put se défendre de le voir, de l'écouter avec plaisir, et croyant qu'il était impossible que son cœur ne fût pas d'accord avec sa langue, elle lui laissa gagner tant d'ascendant sur toutes ses volontés, qu'il la fit absolument consentir à prendre la fuite avec lui. Le jour, l'heure et le lieu où l'on devait se joindre pour partir furent choisis avec des précautions qu'on croyait infaillibles ; mais quelques soupçons qui survinrent au fermier lui firent troubler le rendez-vous par d'autres mesures. Henri, trompé dans son attente, retourna chez lui, sans avoir pu pénétrer d'où venaient des obstacles qu'il n'avait pas prévus.

Le même jour, il fut encore plus surpris de recevoir la visite du fermier, qui lui reprocha hardiment le dessein où il était de l'accabler de honte et de douleur par la ruine d'une chère fille qui faisait toutes les délices de sa vie. Des plaintes si amères et si justes confondirent le coupable. Il se trahit par sa rougeur et par son embarras. Sa ressource fut de traiter l'accusation de chimère. Il soutint que rien n'était si éloigné de sa pensée, et que s'il avait plaisir à badiner innocemment avec Aline, il ne s'était passé rien de plus entre elle et lui. Le fermier souhaita qu'il ne fût pas allé effectivement plus loin, et le conjurant, les larmes aux yeux, d'être assez généreux pour ne pas outrager un pauvre vieillard dans la seule chose qui fût sensible à son cœur, il se retira sans être tout à fait rassuré.

Quoiqu'une visite si touchante eût fait d'abord quelque impression sur le cœur du comte, il était trop perverti pour laisser prendre le dessus aux impressions de l'humanité et de la vertu, sur son goût pour le plaisir. Dès le soir du même jour, il trouva le moyen d'engager Aline à un rendez-vous, qu'il lui donna dans sa propre maison. Il lui représenta que leur amour commençant à éclater, il valait bien mieux pour elle-même se livrer à sa tendresse et ouvrir l'oreille à son intérêt, que d'être en butte aux mauvais discours de l'envie sans en tirer aucun avantage ; qu'à l'égard de son père, il serait aisé de le satisfaire en lui donnant sa ferme à vie, et que le bonhomme aurait d'ailleurs assez de joie en apprenant que sa fille serait aimée constamment, et traitée toute sa vie comme une reine. Aline méditant sur la force de toutes ces raisons, son silence fut pris pour un consentement tacite. On ne perdit point un moment si favorable. On l'embrassa, on lui promit une tendresse et une confiance éternelles. Le plaisir que sa crédulité lui fit trouver à de si charmantes promesses l'empêcha de s'apercevoir que la nuit s'avançait. Il était bien tard pour retourner chez elle. On la pressa de passer la nuit au château. Elle y consentit. Il est aisé de juger que sa ruine ne fut pas remise au lendemain.

Le triste fermier, après avoir passé toute la soirée dans une mortelle inquiétude, ne reconnut que trop tôt qu'il avait perdu sa fille. On l'assura le jour suivant qu'on l'avait vue chez le comte. Il ne perdit pas un moment pour s'y rendre, et parvint enfin à le voir. Son cœur, abîmé de chagrin, se soulagea d'abord par un torrent de pleurs; et passant aux invectives les plus amères, il lui reprocha l'outrage qu'il lui avait fait, au mépris de la parole d'honneur qu'il lui avait donnée. Le comte se figura qu'il pouvait terminer en un moment cette bagatelle, et, protestant à son fermier qu'il ne lui demandait pas un sou de sa ferme pendant tout le reste de sa vie, il ajouta qu'une faveur de cette nature devait sans doute le consoler du petit désagrément qu'il lui avait causé. Mais le vertueux vieillard rejeta cette offre avec indignation : « Non, monsieur, dit-il à son maître, je ne suis point capable de vendre l'honneur de ma fille, ni de recevoir le prix de sa honte et de son infamie. Vous m'avez fait une mortelle injure. Ma vengeance sera du moins le mépris, et je vous déclare que je dédaigne autant votre ferme que je redoute peu votre pouvoir. A l'égard de la malheureuse fille que vous avez trompée, je ne la verrai plus. Elle se repentira trop tard d'avoir manqué à l'obéissance qu'elle me doit. Et pour vous, monsieur, je prie le ciel de vous traiter comme sa justice et sa sagesse lui feront juger qu'il le doit, envers ceux qui sacrifient l'honneur et le repos des familles à leur libertinage, et qui se font un jeu de conduire par le chemin de l'amertume et des larmes un innocent vieillard au tombeau ! »

Après ce discours, l'infortuné père sortit, en redoublant ses pleurs.

Le vieillard revint chez lui, accablé par la douleur. Sa peine, au lieu de diminuer avec le temps, augmenta de jour en jour. On le voyait à chaque instant rôder autour du château, les yeux hagards, la figure amaigrie, les traits altérés, les cheveux et les habits en désordre. A la longue, ses facultés se troublèrent, son esprit s'aliéna complétement; et un soir d'hiver qu'il était en proie à un accès de monomanie furieuse, il se saisit d'un tison ardent, se dirigea vers la demeure du comte... Bientôt les flammes enveloppèrent de toutes parts l'antique castel, dont il ne resta plus le lendemain que des ruines.

Quelques tours et quelques pans de muraille sont encore debout, comme pour attester la légitime vengeance du vieillard.

Quant au comte Henri et à la jeune fille du fermier, on ne sait s'ils ont péri dans les flammes; depuis l'incendie du château, on n'en a plus entendu parler.

FIN DU CHATEAU DE SEMBLANÇAY.

TABLE DES MATIÈRES.

FIN DE LA TABLE DES MATIÈRES.

PLACEMENT DES GRAVURES.

Paris. — Imprimerie d'ALEXANDRE BAILLY, 10, rue du Faubourg-Montmartre.

www.ingramcontent.com/pod-product-compliance
Lightning Source LLC
LaVergne TN
LVHW020530230826
846091LV00002B/227